数智经管系列教材

U0593608

电商数智化运营

E-Commerce Digital-Intelligent Operations

赵　强　　胡治芳　　邱碧珍　◎主编

厦门大学出版社
XIAMEN UNIVERSITY PRESS
国家一级出版社
全国百佳图书出版单位

图书在版编目（CIP）数据

电商数智化运营 / 赵强，胡治芳，邱碧珍主编.
厦门：厦门大学出版社，2025. 8. --（数智经管系列教
材）. -- ISBN 978-7-5615-9863-4

Ⅰ. F713.365.2-39

中国国家版本馆 CIP 数据核字第 2025KL2906 号

责任编辑　李瑞晶
美术编辑　蒋卓群
技术编辑　朱　楷

出版发行　厦门大掌出版社

社　　　址　厦门市软件园二期望海路 39 号
邮政编码　361008
总　　　机　0592-2181111　0592-2181406(传真)
营销中心　0592-2184458　0592-2181365
网　　　址　http://www.xmupress.com
邮　　　箱　xmup@xmupress.com
印　　　刷　厦门集大印刷有限公司

开本　787 mm×1 092 mm　1/16
印张　22
字数　381 千字
版次　2025 年 8 月第 1 版
印次　2025 年 8 月第 1 次印刷
定价　55.00 元

厦门大学出版社
微信二维码

厦门大学出版社
微博二维码

前　言

当今时代，数字经济蓬勃发展，电子商务作为数字经济的重要组成部分，正处于从传统电商向数智化电商转型升级的关键阶段。党的二十大报告强调，要加快发展数字经济，促进数字经济和实体经济深度融合。这为电商行业的未来发展指明了方向，也对电商运营人才提出了更高的要求。在此背景下编写本书，旨在为培养适应新时代电商行业发展需求的高素质人才提供有力支持。

本书共分为十个章节，系统地涵盖了电商数智化运营的各个方面。第一章"电商数智化运营概述"从宏观层面介绍了电商数智化运营的基本概念、发展历程以及未来趋势，帮助读者建立对电商数智化运营的整体认知；第二章"电商数智化洞察"聚焦如何通过数据分析等手段，精准把握市场动态和消费者需求，为后续的运营决策提供依据；第三章"数智化选品"探讨了在数智化时代下，如何利用大数据等技术手段选品，提高选品的科学性和准确性；第四章"数智化电商设计"则从视觉设计、用户体验等角度，阐述了如何通过数智化手段提升电商店铺的设计水平，增强对用户的吸引力；第五章"数智化营销"详细介绍了各种数智化营销工具和策略，如精准广告投放、社交媒体营销等，助力电商企业提升营销效果；第六章"数智化物流"分析了物流环节的数智化转型路径，包括智能仓储管理、物流配送优化等，目的是帮助电商企业提高物流效率和服务质量；第七章"数智化客服"探讨了如何借助人工智能等技术，实现客服的智能化升级，提升客户满意度；第八章"数智化私域运营"则聚焦于私域流量的运营，目的是帮助电商企业通过数智化手段挖掘私域流量的价值，实现用户的长期价值增长；第九章"数智化渠道管理"介绍了多渠道运营的数智化渠道管理策略，目的是帮助电商企业更好地整合线上线下渠道资源;第十章"电商数智化运营复盘"则强调了复盘的重要性,明确电商企业可通过复盘总结经验教训,持续优化运营策略。

本书在编写过程中,注重将党的二十大和二十届二中、三中全会精神融入其中,强调创新驱动发展、高质量发展等理念在电商数智化运营中的应用。同时,教材内容紧密结合行业实际,通过大量实战案例,引导学生将理论知识与实践操作相结合,培养学生的实践能力和创新思维。

在教材的编排及体例上,本书采用了模块化设计,每个章节都包含引导案例、基础知识、课程思政、案例评析与实训题等板块,方便教师教学和学生学习。此外,教材还配备了较为丰富的信息化教学资源,如教案、教学课件等,以满足不同学习者的需求。

本书由赵强、胡治芳、邱碧珍主编,在编写的过程中,参考和借鉴了谢佳艳、连志彬、林彬扬、杨正茂、曾志斌、杨艺、张研萱提供的资料和案例,在此对以上人员的辛勤付出表示感谢。本书还参考和借鉴了众多学者的研究成果,并参阅了较多网络信息,在此一并表示衷心的感谢。

由于时间和编者水平的限制,本书难免存在诸多不足,还望各位读者批评指正。

编者
2025 年 5 月

目录

CONTENTS

■ **第一章　电商数智化运营概述** …………………………………… 001

第一节　数智化概述 ……………………………………………… 004

第二节　电商数智化运营内涵 ………………………………… 010

第三节　电商数智化运营的主要技术 ………………………… 021

第四节　电商数智化发展趋势 ………………………………… 026

■ **第二章　电商数智化洞察** …………………………………… 033

第一节　数智化洞察 …………………………………………… 039

第二节　行业数智化洞察 ……………………………………… 043

第三节　竞争对手数智化洞察 ………………………………… 058

第四节　消费者数智化洞察 …………………………………… 065

■ **第三章　数智化选品** ………………………………………… 073

第一节　选品概述 ……………………………………………… 076

第二节　数智化选品概述 ……………………………………… 081

第三节　数智化选品运营 ……………………………………………… 085

第四章　数智化电商设计 …………………………………………… 095

第一节　电商设计概述 …………………………………………………… 098

第二节　数智化电商设计概述 ………………………………………… 107

第三节　数智化电商设计实践 ………………………………………… 124

第五章　数智化营销 …………………………………………………… 135

第一节　数智化营销概述 ……………………………………………… 138

第二节　数智化营销的关键环节 ……………………………………… 144

第三节　数智化营销技术与手段 ……………………………………… 150

第六章　数智化物流 …………………………………………………… 161

第一节　数智化物流概述 ……………………………………………… 166

第二节　数智化物流的发展阶段 ……………………………………… 171

第三节　数智化物流技术与工具 ……………………………………… 176

第四节　数智化物流实践 ……………………………………………… 184

第七章　数智化客服 …………………………………………………… 192

第一节　客服与数智化客服 …………………………………………… 195

第二节　数智化客服管理 ……………………………………………… 202

第三节　数智化客服未来发展 ………………………………………… 212

第四节　数智化客服实践 ·· 218

■ **第八章　数智化私域运营** ·· 231

第一节　私域运营概述 ·· 235

第二节　电商数智化私域运营的关键环节 ···························· 243

第三节　数智化私域用户运营 ·· 249

第四节　数智化私域活动运营 ·· 260

■ **第九章　数智化渠道管理** ·· 274

第一节　渠道管理概述 ·· 276

第二节　数智化渠道管理内涵 ·· 282

第三节　电商渠道数智化的发展阶段、趋势和技术工具 ············ 289

第四节　数智化渠道管理实践 ·· 297

■ **第十章　电商数智化运营复盘** ·· 309

第一节　电商数智化运营复盘概述 ······································ 312

第二节　电商数智化店铺流量分析复盘的实践与应用 ·············· 326

第三节　电商数智化店铺转化率复盘的实践与应用 ················· 336

第四节　电商数智化店铺客单价复盘的实践与应用 ················· 339

第一章

电商数智化运营概述

学习目标

▶ 知识目标

1.了解数智化的概念及起源。

2.理解电商数智化运营的内涵、作用和顶层设计。

3.熟悉电商数智化运营的主要技术。

4.了解电商数智化的发展趋势。

▶ 能力目标

1.能够区分运营与数智化运营的区别。

2.能够分析电商数智化运营的作用。

3.能对电商数智化的运营进行顶层设计。

4.会分析不同数智技术在电商中的应用。

▶ 素养目标

1.深化对我国电商发展历史的认知,增强民族自信与文化自信。

2.关注科技在电子商务中的应用,培养科学创新精神。

知识图谱

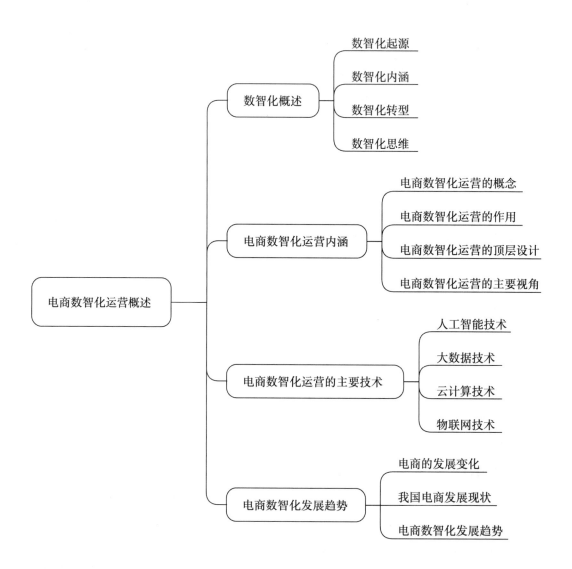

引导案例

不完成数智化改革,你可能等不来春天

北京时间 2023 年 3 月 15 日凌晨,OpenAI 公司发布了 ChatGPT-4(第四代聊天生成预测训练转换器),这一里程碑性的事件,标志着以 AI(人工智能)技术革命为代

表的数智革命的爆发。随之而来的，是人们对新技术的追捧。

但是，人们好像不约而同、选择性地遗忘了一个残酷的历史规律——每一次生产力的进步，每一次生产关系的重构，都意味着有很多企业无法适应新的竞争和变革，从而失去市场和生机。即使是如西尔斯百货、柯达、雅虎和诺基亚这些各自领域曾经的泰山北斗，在时代的洪流中，也都会因为无法及时进化而耗尽生机、黯然离场。

对于大多数传统企业而言，如果不具备持续的创新和数智化革新能力，这场数智革命可能不会是充满商机的春天，而是如同冰河时代那样的凛冬。

数智化能力对于企业而言已经是基本能力要求，企业只有做好观念转变，调整战略定位，并尽快完成数智化转型和能力重构的企业，才有坦然面对数智时代的资格。

海尔集团创始人张瑞敏先生曾说过一句发人深省的名言："没有成功的企业，只有时代的企业。"物竞天择，适者生存。在面对变化时，保持足够的敏感和敬畏，积极拥抱变化，是企业穿越周期的必由之路。

下面是三个中国新零售企业创造的工作岗位、销售收入和劳动生产率数据对比。

苏宁：成立于1990年。2019年是其发展的巅峰时期，当年创造28万个用工岗位，销售收入达4800亿元人民币，平均单人产出为171万元/年。

京东：成立于1998年。2022年，创造50万个用工岗位，销售收入达9516亿元人民币，平均单人产出为190万元/年。

抖音电商：成立于2020年。2022年，创造2500个用工岗位，销售收入达2万亿元人民币，平均单人产出为8亿元/年（由于缺少部分数据，此数据仅为大致估计的数据）。

同一时代的竞争对手之间，为什么会出现如此大的差距？其实这是互联网时代下一次从传统互联网电商到兴趣电商的"小小"的生产关系的重构与迭代。那么，能够对传统人工效率产生更加深远影响的数智革命，将会对传统企业造成怎样的冲击？毫无疑问，数智化革命在带来生产力革命性进步的同时，必将会使得低能、低效的生产力和生产关系被大规模淘汰。

那些对企业数智化变革仍然抱有温和、渐进、侥幸的"改良"心态的企业，有很大可能一开始就在观念和心态上输了。任正非说："华为总会有冬天，准备好棉衣，比不准备好。"机遇永远垂青有准备的人。数智革命已然降临，对于企业而言，自发主动地推动数智化改革自然是最明智的战略选择，但是企业一定要从观念和心态上做好转变和准备:改革是必要的,付出代价是必然的。

(资料来源:https://mp.weixin.qq.com/s/iCo-91QJw9gUKTn5qs5c0g,有删改。)

引导问题:

1.什么是数智化?

2.企业为什么要开展数智化改革?

第一节 数智化概述

一、数智化起源

1948 年,美国数学家香农发表了《通信的数学理论》一文,世界数字化的序幕由此开启。香农以信息符号数字化的逻辑,将消息、信号转化为比特,实现了在一个地方复现另一个地方选定的消息,从理论上建立了具备信源、发送器、信道、接收器以及信宿的通信系统。

数字化使得信息以一定形式存储在物理介质中。随着电脑硬件和软件的不断升级和普及,人们开始意识到数字技术在信息存储和传输方面的优势。例如,数字信息不会因为时间的推移而退化,可以无损地复制和传输,而且可以通过计算机网络迅速地传播到全世界。因此,人们开始大规模地将纸质文件扫描成电子文件,将音频、视频等信息转化为数字格式。

随着互联网的普及和发展,大量的数字信息开始在网络上流动,产生了海量的数据。这些数据包括文本、图片、音频、视频等各种格式,包含了丰富的信息。然而,如何从这些海量的数据中提取出有价值的信息,成了一个重要的问题。为了解决这个问题,人们开始研发各种数据处理和分析的工具和方法,如数据挖掘、大数据分析等。这些工具和方法可以帮助人们从大量的数据中提取出有价值的信息,使得数据变得有价值。随着计算机技术如人工智能和机器学习等的发展,人们开始尝试让机器自动处理和分析数据,从而提高处理效率,减轻人们的工作负担。通过这些技术,机器可以自动学习和理解数据,然后作出决策或者预测。

数智化脱胎于数字化,若将数字化视为信息技术自身的革新,数智化则是人与技术的融合发展。在数智化视野下,数字联合起来形成了数据集合,集合使数字的性能发生了智变,在算法程序的驱动下,人的肢体乃至大脑被解放,互联网虚拟大脑逐渐学习、模仿、继承人的习性和逻辑,通过知识与深度学习的技术融合进行数字劳动和管理。伴随着数智化,传播模式也从面对面的人际互动向"屏对屏"的人机互动转变。

二、数智化内涵

(一)数智化定义

2014 年,百度首次提出数据智能的概念,即基于大数据引擎,通过大规模机器学习和深度学习等技术,对海量数据进行处理、分析和挖掘,提取数据中所包含的有价值的信息和知识,使数据智能化,并通过建立模型寻求现有问题的解决方案以及实现预测等。

2015 年北京大学"知本财团"课题组发布的课题报告首次提出"数智化"一词并将其定义为"数字智慧化与智慧数字化的合成"。可见,数智化有三层含义:一是数字智慧化,相当于云计算的算法,即在大数据中加入人的智慧,提高大数据的效用;二是智慧数字化,即运用数字技术管理人的智慧,相当于从人工到智能的提升,把人从繁杂的劳动中解放出来;三是上述这两个方面的结合,促使人机深度对话,使机器继承人的某些逻辑,形成人机一体的新生态。

数智化可以理解为"数字化+智能化"。"数"即全链路、全要素、全场景、全触点、全网全渠道、全生命周期的数字化和在线化。"智"则包括人工智能、商业智能、数据智能和心智智能。"化"是一个过程,数字化和智能化都是一个有起点、没有终点、持续的过程。全链路、全场景、全要素、全生命周期等的数字化会持续进行,而且在此过程中,智能化的比例一定会越来越高。

用友网络的 CEO 王文京认为,数智化是一种以数字化为基础,由智能化产生新价值,以及数据驱动、智能运营的企业新范式。面对数智商业创新的大潮,越来越多的企业都在积极推进企业数智化进程。推进企业数智化的最终目的是让企业成为数智企业。数智企业已经成为新时代企业发展的范式,客户导向、生态共荣、员工能动、实时感知、数据驱动、智能运营是数智企业应当具备的六大特性。

综上,数智化是指利用数字技术和数据驱动的方法,实现智能化、自动化和优化决策。它结合人工智能、大数据分析、机器学习等技术,通过对大量数据的收集、整理和分析,为企业和其他组织提供更具洞察力和智能化的决策支持。数智化的核心是将数据转化为有价值的信息和知识,并基于这些信息和知识进行决策和行动。通过数据的收集和分析,数智化可以帮助企业发现趋势、预测未来、优化流程和提高效率。

(二)数字化与数智化的区别

数字化和数智化在信息处理和利用方面有着密切的关系,两者相辅相成,共同推动信息化时代的发展。

1.不同点

数字化(Digitalization)指的是将信息、数据、流程、操作等转换为数字形式的过程,即采用数字技术和工具将传统的非数字形式的内容或过程转化为数字形式,使其更容易存储、访问、分析和共享。数字化强调将模拟的、非数字化的内容转化为数字形式,是信息处理和管理的基础。

数智化(Digitization)则更侧重于对数字化数据和信息进行分析、解释和利用,从而形成见解、指导决策或创新业务模式。数智化是在数字化基础上更进一步的步骤,注重通过数据分析、人工智能、机器学习等技术来深入理解数字化数据、预测趋势,形成更智能化的决策。

总的来说,数字化强调的是将信息等转换为数字形式,而数智化则强调利用数字化的数据深入分析、形成见解和创造价值。

2.相同点

(1)数据驱动性质。无论是数字化还是数智化,都与数据处理、管理和利用相关,都涉及对数据的处理和应用,数字化是对数据的转化和整理,而数智化则是对数据的更深层次的分析和应用。

(2)都需要使用技术工具和平台。数字化需要借助数字技术来转换非数字化内容,而数智化则需要更进一步的技术支持,如数据分析、人工智能和机器学习等。

(3)提升业务效率。数字化和数智化都旨在提高业务效率和创造价值。数字化使数据更易于存储、访问和管理;数智化有助于为企业业务决策提供支持,促进企业业务创新和增长。

三、数智化转型

数智化转型是当前企业发展的一个重要趋势,是指企业借助数字化和智能化的技术手段,对业务流程、管理模式、决策方式等方面进行全方位的升级和变革,以提高效率和竞争力。

随着信息技术的迅猛发展,数智化已经成为企业和其他组织管理的重要手段,带来了巨大的经济效益和社会影响。近些年来,数字化技术已经深入经济社会的各个领域,企业在此过程中逐步实现数智化转型。一般来说,企业的数智化转型过程分为五个阶段。

(1)初始级阶段。企业在单一职能范围内初步开展信息(数字)技术应用,尚未有效发挥信息(数字)技术对主营业务的支持作用。

(2)单元级阶段。企业已经能够在单一业务单元内实现数据分析和应用。

(3)流程级阶段。企业能够在多个业务单元之间实现业务流程优化、数据共享和协同工作。

(4)网络级阶段。企业能实现与供应商、客户等产业链上下游伙伴的协同合作,从而实现资源的优化配置和共享。

(5)生态级阶段。企业通过数字化和智能化技术手段实现与生态合作伙伴之间的协同合作,构建生态圈,共同推动业务的发展和创新。

知识链接 1-1

科技战略助力九牧"换道超车"

不积跬步,无以至千里。深挖九牧过去 30 余年的深耕之路,便可知其发展成为"中国第一、世界前三"[①]的行业领先品牌绝非偶然。

科技创新是九牧的底气。多年来,九牧在科技研发上持续发力,每年研发投入不

————————

①　2022 年 11 月,欧睿国际发布的认证报告显示,九牧智能卫浴产品零售额及营收位居中国卫浴行业第一,规模与影响力迈入全球卫浴行业前三。

低于销售额的10%,在全球布局了16个研发设计中心。同时,九牧积极加强同知名企业的技术交流合作,与华为、宁德时代、中国电信、西门子等知名企业联合打造未来研究院和智能研发院。

在创新研发能力的加持下,九牧跟随行业及消费市场变化,持续升级自身数智战略,先后以机械化、自动化、信息化、智能化为战略核心。2023年11月,九牧发布"九牧集团数智战略5.0",计划从技术、运营、智慧场景应用等多个维度实施超越战略,进而实现产业"换道超车"。

九牧集团运营总裁林晓伟在接受"36氪"记者采访时表示:"数字人、机器人、硅基人、人机场景,一个智能社会新生态正在构建,新商业、新业态、新赛道应运而生,卫浴行业进入转型升级的关键期。从传统卫浴到数智卫浴,再到机器人卫浴,'九牧集团数智战略5.0'从全局高度谋划,打通了一条以科技创新赋能生产制造、产品研发的全链路。"

1.数字化助力生产制造

九牧集团利用数字技术对成型、装配、仓储、采购、库存等生产制造各环节进行了全面改造升级,并毫不吝啬地向全行业分享这一成果。2023年11月中旬,"36氪"记者应邀来到九牧智能马桶生产工厂参观,惊讶地发现,厂房并未充斥着机器的轰鸣声以及刺鼻的味道,一切都井然有序、"静悄悄"的。该工厂是全球首个"绿色黑灯工厂",也是全球单体产量最大的智能马桶工厂。据介绍,该工厂可实现365天无人关灯生产、5G(第5代移动通信技术)机器人精准抓取、AGV(Automated Guided Vehicle,自动导向车)包揽运输工作、MES(Manufacturing Execution System,制造执行系统)看板监测全流程作业数据,进而实现千里之外实时指挥工厂作业,使生产效率复合提升35%、人工成本节省20%、管理效率提升20%、产品研发周期年均缩短15天。值得一提的是,该工厂在节能环保、能效管理、能源低碳化、绿色制造等领域持续发挥行业标杆作用:每年节约用电超1亿度,每年减排超1.8万吨,每年节约用水超1个杭州西湖水量。从生产端拉动整个制造产业链的升级,九牧诠释了自主科技创新的关键性。

(资料来源:https://36kr.com/p/2561685621824640。节选,有删改。)

四、数智化思维

全球领先的企业数智化平台用友 BIP 的开发者用友集团提出推动企业数智化需具备的六度思维模式:用数字描述一切、用网络连接一切、用协同优化一切、用共享重构一切、用文化支撑一切、用智能驱动一切。

(一)用数字描述一切

在数字化时代,数字演化为企业的"血脉"和"神经"。从生产力的角度来说,数字赋予了企业对市场的敏感嗅觉,可被用来描述消费趋势、客户需求、供应链动态等诸多方面。在这个基础上,精细化的数据分析可以让决策更加科学合理。

(二)用网络连接一切

互联网像一张无形的大网,把全球的人和物紧密地连接起来。企业的产品销售不再受地域限制;企业可通过网络实现跨境的商业活动,促进信息的流通和资源的优化配置,构建全时全景的商业生态系统,实现与消费者之间的实时互动。

(三)用协同优化一切

在数字化背景下,传统的线性供应链正在向网络型的供应链协同体演变。通过应用大数据、云计算、物联网等技术,企业可实现供应链各个环节的透明化和实时协同,共同面对市场变化,优化资源配置,降低风险,推动整个供应链体系的升级。

(四)用共享重构一切

共享经济为企业提供了全新的商业模式、思维方式和发展空间。企业间通过共享资源技术、数据、平台等,可降低重复投资,提高投资效率与回报率,重构生产关系和市场结构。

(五)用文化支撑一切

企业具备深层文化是企业数字化转型成功的关键。文化的存在可以增强企业黏性,培养企业对变革的适应性和创新活力。开放、创新、包容的文化是企业数字化转型的基础。

(六)用智能驱动一切

人工智能的发展和应用是数字化时代商业创新不可或缺的部分,机器学习、深度学习、智能分析等技术正在重新定义产品和服务的价值链。从智能制造、智能物流到智能的客户服务,智能正在驱动一切,不仅改善了用户体验,也提高了企业运营效率和创新能力。

数字化时代的商业创新是建立在数实融合基础之上的全面升级。通过用数字描述一切、用网络连接一切等思维,企业可让共享经济和智能技术更好地服务于商业活动。只有紧紧把握数字化时代的脉搏,企业才能在竞争中脱颖而出,无限靠近那个看似遥不可及的创新巅峰。

第二节　电商数智化运营内涵

一、电商数智化运营的概念

运营是指企业在经营过程中所进行的一系列管理活动,旨在确保企业正常运转、实现业务目标,并不断提高企业的竞争力和盈利能力。运营活动涵盖了多个方面,包括产品策划、生产管理、供应链管理、销售与市场营销、客户服务等。

数智化运营是指企业利用数智技术和工具来改进和优化企业的运营过程。这种运营方式通过集成互联网以及云计算、大数据、人工智能等新技术,将企业的运营、管理、销售、服务等各个环节数字化,以实现信息共享、业务协同、流程优化和效率提升。数智化运营的核心是运营,其价值体现在对运营的辅助、提升和优化上,将运营工作逐步数字化、自动化和智能化。

数智化运营的优点包括:(1)使企业具备数字化市场战略和数字化运营能力,能够利用数据驱动业务决策,而不是用业务驱动数据。(2)实现渠道数字化和产品定制化,以满足客户的个性化需求。(3)业务智能化,通过实施按需而变的业务流程,提高业务响应速度和灵活性。(4)使企业具备敏捷性,能够快速适应市场和技术的变化。

电子商务运营是指利用电子商务平台(如淘宝、天猫、京东等)进行商品或服务的销售、推广和运营管理的过程。它涉及电子商务的各个方面,包括市场营销、产品运营、物流运营、技术运营、客服运营等。电子商务数智化运营指的是利用数智化技术和工具，特别是大数据、人工智能等先进技术，对电子商务企业的运营过程进行智能化管理和优化。这种运营方式旨在提高企业运营效率、优化客户体验、实现精准营销，并推动企业创新和业务增长。

二、电商数智化运营的作用

（一）降低运营成本

通过使用数智化技术，可以优化工作流程、提高工作效率、降低运营成本。例如：在直播行业，AI（人工智能）虚拟主播可以 24 小时不间断直播，其"人设"和输出的内容全部由品牌方掌控，以避免"人设崩塌"或有知识性错误的情况出现。另外，品牌方还能通过嵌入不同的语言种类，实现多语种直播，减少了寻找当地主播和培训学习的成本。有关京东"言犀虚拟主播"的数据显示，虚拟主播可有效降低 95％ 的直播成本，促使 GMV（商品贸易总额）提升 30％ 以上。在物流行业，菜鸟物流通过 Apollo 物流云技术，在东南亚各国的商家、快递物流公司、仓库、转运中心和消费者之间用统一的物流中台连接，相当于给当地的物流装了一个"数字大脑"。这套物流系统使包裹配送的时效预测准确率提高了 50％，包裹投递成本每单降低 10％。

课程思政 1-1

西安邮电大学数字艺术学院结合学科及师资优势，创建直播助农平台，开展"三农"领域直播电商相关的技术研究和教育培训工作，充分体现了社会责任与担当、团队合作与奉献精神以及创新创业精神。

社会责任与担当：通过举办乡村振兴直播电商培训活动，开展助农直播培训百余场，惠及西北 3 个区 269 个村；主办和参与主办助农直播带货活动 200 多次，培养学生直播助农技能与意识，为学生提供直播实操场地与实习机会；为 2000 多名本科生进行了多次相关培训。由此，引导学生将所学知识和技能应用于全面推进乡村振兴的伟大事业中，增强学生的社会责任感和使命感。

团队合作与奉献精神：在直播助农过程中，学生需要与不同专业背景的人员合作,包括技术人员、运营人员、主播等,共同完成直播活动的策划、组织和实施。这不仅锻炼了学生的团队协作能力,还培养了他们的奉献精神,让学生明白个人的努力是为了集体的利益和社会的发展。

创新创业精神:学院还率头直播赋能活动,为西安 17 个村的乡村直播基地建设提供技术咨询支持,为安吴村打造虚拟数字人形象,形成"元宇宙＋直播间"建设标准体系。由此,鼓励学生在直播助农的基础上,积极探索创新的商业模式和技术应用,培养学生的创新创业精神和能力。

(二)提升营销效果

通过大数据分析和人工智能技术,中小企业可以更好地了解客户需求和市场趋势,实现精准营销和个性化推荐,提升营销效果、客户满意度、客户复购率。例如,京东"营销云"针对某商家潜在客流狭小的痛点,通过机器学习聚焦用户,帮助商家建立潜在客源池,并基于京东特征库寻找核心相似人群,提升转化率,使该商家新客用户占比提高到 50%,投放转化率提升 30%,大大优化该商家的用户结构和销售结果。又如,在广告中使用 AR(增强现实)技术,更容易创造与品牌相关的积极记忆,提升消费者对品牌的忠诚度。根据全球著名的市场监测和数据分析公司尼尔森的数据报告,61%的消费者自愿分享有趣的 AR 广告,其中,35%的消费者与社交媒体关注者分享,26%的消费者与亲密朋友和家人分享。

(三)优化供应链管理

通过数字化和智能化的供应链管理系统,可以实现供应商、生产商、物流企业等多方数据的实时共享和协同,提高供应链的透明度,加快供应链的响应速度,降低库存成本和物流成本。例如,京东物流打造了一站式数智化供应链数据管理平台"京慧",基于大数据分析和科学的算法模型,结合客户的实际销售情况,为客户提供销量预测、库存预警、库存仿真、智能补货以及库存营销等智能决策产品,帮助客户制订更精准的供应链计划,在保持合理库存水位的前提下,最大限度地减少跨区订单,让更多订单从本地仓发出,提高履约时效并降低配送成本。

(四)改善用户体验

通过数智化技术对用户行为习惯、使用路径等进行分析,优化电商平台的设计、功能、操作方式，有助于在提高用户使用效率的同时，改善用户的购物体验，提升用户满意度和忠诚度。例如，服装品牌优衣库和 GU 强强联手，合作开发了服装穿搭检索 App"StyleHint"。这款 App 依托于优衣库和 GU 的母公司"迅销"的服装专业知识和谷歌先进的图片分析技术，帮助用户检索用户所上传图片中的服饰，寻找同款，并且附上购买链接，方便用户购买，一站式满足用户对商品检索、搭配和购买的需求。又如，阿迪达斯 App 通过人工智能技术提取消费者过往的购物记录和个人信息，根据消费者兴趣和行为生成个性化推荐内容，为消费者推荐更加合适的产品，以及消费者可能感兴趣的产品新闻、体育赛事等消息。

（五）提高决策效率

通过使用大数据分析和人工智能技术，企业能够对海量数据进行快速、准确的处理和解析，从而更快地制定和实施决策。通过使用数据模型和算法，企业可以发现数据中隐藏的规律和趋势，获得更准确的分析结果，还可以结合历史数据和实时数据对销售情况进行预测，以获得更全面的决策信息。例如：全球领先的时尚和生活方式在线零售商 SHEIN 公司用数智化赋能设计，降低设计成本，提高决策效率。该公司的技术部门从前端销售数据、欧美大牌官网等渠道抓取商品基础信息、面料信息，并将相应信息提供给设计师，设计师据此进行元素提炼和产品设计，并使用 A/B 测试方法对产品进行测试，根据测试结果逐步调整生产计划。公司的优化师则根据商品特点挑选出可能喜欢该商品的目标受众，每人每天在脸书等平台上定向推广曝光 3～5 款商品，根据数据结果筛选出潜力款，第二天增加预算继续推广。最终，公司对于持续有潜力的款式将加大生产量。由于 SHEIN 的更多决策是基于数字智能中心的预测数据进行，因此设计速度和上新速度都很快。

三、电商数智化运营的顶层设计

2019 年，阿里巴巴在云栖大会上提出了全链路数智化转型的"五部曲"：基础设施云化、触点数字化、业务在线化、运营数据化和决策智能化。"五部曲"基于生态全链路对商业中的各个环节进行价值重构，将品牌、商品、制造、渠道、营销、零售、服务七个要素组成的商流、资金链、组织、信息流进行有机融合，帮助企业实现跨越式价值增长。"五部曲"解决了电商数智化运营的顶层设计问题，为电商企业开展数智化运营提供了清晰的逻辑思路。

（一）基础设施云化

基础设施云化指的是将传统的实体基础设施,如服务器、存储设备和网络设备,通过云计算技术和方法进行虚拟化和池化,形成一种动态、弹性和自动化的资源供应方式,使得资源可以像服务一样通过互联网提供给用户,让用户可以根据自己的需求按需获取和使用这些资源。"企业上云"是电商数智化运营的基础,只有底层基础架构足够有弹性、敏捷性和开放性,企业才能更好地迎接数字化时代。

（二）触点数字化

触点数字化指的是企业借助人工智能物联网、移动互联网等技术,让全产业链各个生产要素(品牌、商品、制作、渠道、营销、零售、服务)均透过大数据参与构建与消费者的连接。触点数字化有助于企业实现多维度的消费者行为感知、员工和组织感知、商品状态感知、合作伙伴和生态感知,使得企业在全链路保持数据获取能力。触点数字化是电商数智化运营的前提,企业只有进行数字化触点布局,才能多方位、精细化地触达客户,回收相关数据,深挖客户需求,反哺产品的迭代优化。

（三）业务在线化

业务在线化是电商数智化运营中提升组织效能和业务效率的关键。触点数字化完成后,要让这些数字化后的触点连接各个业务模块,从而实现业务的实时在线。这一变革中的一个关键任务就是将原本割裂的场景触点融合化、平台化。例如:电商平台、小程序、自营网站等触点,各有各的流量触达方式,但每个触点都不能保证永久实时在线。通过打造业务中台,将各个触点的业务统一中台化,就可以确保不同渠道的关联业务相互流转,交易、订单、库存与用户行为都汇集到业务中台,使业务始终在线、割裂的场景实现统一。随着核心业务的在线化,与之匹配的应是企业组织在线、沟通在线,这一方面可以让消费者体验更好,另一方面也能让企业运营效率更高。组织在线是指利用数字化技术建立承载企业文化、员工与组织互动、团队协作、组织赋能、知识探索、员工服务等多方面元素的企业在线协同平台,实现组织的 24 小时在线服务。组织在线化的核心特征为基于数字孪生对组织内复杂要素与活动的全链路在线映射,也就是说,将组织内人、财、物、事等全面的数据进行实时记录,并投射到在线空间中,从而在虚拟空间内依托于上述全链路数据,还原组织运行过程中的组织架构。

(四)运营数据化

电商数智化运营中还需要将数据中台化,从而实现企业级的运营行为到部门级的运营行为都以数据为核心来展开。通过数据中台的赋能,可以让企业运营的各个环节都透明可视。数据既是起点,也是终点,更是运营结果的关键影响因素,在运营过程中可以根据监测数据调整运营行为。新的行为产生新的数据,根据新的数据可以发现新问题,这样快速循环迭代业务流程、资源配置方式和管理方式,就形成数智化运营的基本逻辑。

(五)决策智能化

决策智能化是指企业决策者可以基于智能算法的推荐、预测等来实现全链路的高效决策。决策智能化意味着企业发展战略从业务驱动转向数据驱动。随着人工智能系统与大数据分析技术的完善,智能系统将越来越多地参与到企业决策中来,提升企业决策的精准度与合理性。例如:在选品决策领域,传统方法存在选品周期长、选品人员认知差异大、对产品需求趋势判断不准确等问题。在人工智能技术赋能下,商家可以通过电商平台的数据分析获取更多维度、更大数据量的信息,生成消费者画像,进行消费趋势分析决策,快速形成产品创意,以更低的成本进行产品测试并抢占市场先机。

四、电商数智化运营的主要视角

(一)市场分析数智化

市场分析数智化是指利用数智化技术和工具对市场进行深入分析的过程。这种分析涵盖了市场规模、竞争态势、消费者行为、市场趋势等多个方面,旨在帮助企业更好地了解市场环境和消费者需求,从而制定更有效的市场策略。具体来说,市场分析数智化涉及以下几个方面。

(1)数据收集和处理:利用数字化工具,如爬虫技术、API(应用程序编程)接口等,从各种来源(如社交媒体、电商平台、搜索引擎等)收集大量的市场数据,并通过数据清洗、整合、挖掘等技术手段进行处理和分析。

（2）消费者行为分析：通过数字化手段对消费者的购买行为、偏好、需求等进行深入研究，从而洞察消费者的真实需求和市场趋势。

（3）市场趋势预测：基于数字化分析工具和方法，如机器学习、大数据分析等，对市场趋势进行预测和分析，把握市场机遇。

（4）竞争分析：通过数字化手段对竞争对手的产品、价格、渠道、营销策略等进行深入分析，了解竞争对手的优势和劣势，从而制定更有效的竞争策略。

（二）数智化选品

数智化选品指的是一种基于数据分析和数字化技术的产品选择方法。这种方法的核心在于以数据为导向，通过对产品的生命周期、市场容量趋势、品类 TOP100（百强）卖家销量走势、利润情况、品牌销量分布、价格区间、评价数量、评价星级分布、上架时间以及专利查询等多个维度进行深入分析，从而判断产品是否具备市场潜力。

数智化选品的优点在于：提供全面的分析维度，帮助企业关注在选品过程中可能忽视的重要数据，如竞争程度和运营成本；快速聚焦垂直类目，提高选品成功率；通过筛滤品类和自动分析每个品类的相关数据，帮助企业快速定位真正可行的"蓝海"产品，避免陷入"红海"竞争。

（三）流量运营数智化

流量运营数智化指的是通过数智化技术和工具来优化和管理企业的流量运营过程，旨在提高流量的质量和转化率，降低运营成本，提升企业的市场竞争力。具体来说，流量运营数智化涉及以下几个方面。

（1）数据收集和分析：利用数字化工具收集和分析企业的流量数据，包括用户来源、访问路径、转化率等。这些数据可以帮助企业了解用户的行为和需求，从而制定更精准的流量运营策略。

（2）用户行为分析：通过数字化手段对用户的行为进行深入分析，包括用户的兴趣偏好、购买习惯、浏览时长等。这些信息可以帮助企业更好地了解用户、优化产品和服务、提高用户满意度和转化率。

（3）流量渠道优化：基于数据分析结果，对流量渠道，包括广告投放、社交媒体推广、内容营销等进行优化。通过调整和优化流量渠道,可以提高流量的质量和转化率,降低运营成本。

(4)预测和决策支持:利用数字化工具对市场趋势和流量变化进行预测和分析,为企业的决策提供支持。通过预测和决策支持,企业可以更加精准地制定流量运营策略,提高运营效率和效果。

(四)活动运营数智化

活动运营数智化指的是通过数智化技术和工具来优化和管理企业的活动运营过程,旨在提高活动的参与度、效果和影响力,提升企业的品牌形象和市场竞争力。具体来说,活动运营数智化涉及以下几个方面。

(1)数据驱动策划:基于数据分析结果,确定活动的目标、主题、形式和内容等。通过深入了解用户需求和偏好,企业可以制定更符合用户期望的活动方案。

(2)精准营销:利用数字化工具和渠道,如社交媒体、电子邮件、短信等,对目标用户进行精准营销和推广。通过精准触达目标用户,可以提高活动的参与度和效果。

(3)活动流程优化:通过数字化手段对活动流程,包括活动报名、签到、互动、抽奖等环节进行优化。活动流程优化后,可以提高用户参与度,改善用户体验感,降低运营成本。

(4)实时监控与调整:在活动进行过程中,利用数字化工具进行实时监控和数据分析,及时发现问题并进行调整。这种实时的反馈和调整机制可以帮助企业更好地应对突发情况,提高活动的效果和影响力。

(5)效果评估与优化:活动结束后,利用数字化工具对活动效果进行评估和分析,包括参与度、转化率、用户反馈等。基于评估结果,对活动进行优化和改进,提高未来的活动效果。

(五)用户运营数智化

用户运营数智化指的是企业通过数智化技术和工具来优化和管理用户运营过程,旨在深入了解用户需求和行为,为用户提供个性化的服务和推荐,提高用户满意度和忠诚度,实现用户留存和增长。具体来说,用户运营数智化涉及以下几个方面。

(1)用户画像构建:基于数字化手段收集和分析用户数据,构建用户画像,包括用户的基本信息、兴趣偏好、购买行为等。通过用户画像,企业可以更深入地了解用户需求和偏好,为用户提供个性化服务,实现精准营销。

(2)用户行为分析:利用数字化工具对用户的行为进行深入分析,包括用户访问路径、停留时长、转化率等。通过对用户行为的分析,企业可以发现用户的痛点和需求,优化产品和服务,提高用户满意度和忠诚度。

(3)个性化服务:基于用户画像和行为分析,为用户提供个性化的服务和推荐。例如,根据用户的购买历史和兴趣偏好,为其推荐相似的产品或服务。个性化服务可以提高用户满意度和转化率,增强企业与用户之间的连接。

(4)用户留存与增长:通过数字化手段分析用户流失原因,制定针对性的用户留存策略。同时,利用数字化工具进行用户增长预测和规划,制定有效的用户增长策略。这些策略可以帮助企业提高用户留存率和增长率,实现可持续发展。

(5)社群运营:通过数字化手段建立和管理用户社群,促进用户之间的互动和交流。社群运营可以增强用户的归属感和黏性,提高用户忠诚度。

(六)数智化营销

数智化营销是指利用数智化技术和工具,通过数据分析和智能化手段,实现营销活动的优化和管理。数智化营销旨在提高营销活动的效率、效果和可衡量性,从而为企业创造更大的商业价值。具体来说,数智化营销包括以下几个方面。

(1)数据驱动决策:数智化营销强调基于数据的决策,即通过收集和分析用户数据、市场数据、销售数据等,为营销决策提供支持。数据驱动决策可以帮助企业更加精准地把握市场趋势和用户需求,提高营销活动的针对性和效果。

(2)智能化营销:利用人工智能、机器学习等技术,实现营销活动的自动化和智能化。例如,通过智能推荐算法,为用户推荐个性化的产品和服务;通过智能客服形成快速响应,为用户解决问题。智能化营销可以提高营销活动的效率和用户体验,降低人力成本。

(3)自动化营销:通过自动化工具,实现营销活动的自动化执行和监控,如自动化邮件营销、自动化广告投放等。自动化营销可以提高营销活动的执行效率和效果,减少人工操作的成本和误差。

(4)个性化营销:基于用户画像和行为分析,实现个性化营销。通过个性化营销,企业可以更加精准地满足用户需求,提高用户满意度和转化率。

(七) 数智化物流

数智化物流指的是利用数智化技术以及物联网、人工智能等新技术,对物流过程进行全面升级和改造,实现物流的数字化、智能化和网络化,从而提高物流效率和质量,降低物流成本和风险。具体来说,数智化物流包括以下几个方面。

(1)物流数字化:通过数字化技术,对物流过程进行全面的数字化升级和改造,实现物流信息的可视化、实时监控和智能分析。这主要包括物流信息的采集、传输、处理和应用等各个环节的数字化,目的是提高物流信息的准确性和时效性。

(2)物流网络化:利用互联网、移动互联网技术,构建物流服务网络,实现物流服务的全面覆盖、快速响应和便捷体验。通过物流网络化,可以实现物流资源的共享和优化配置,提高物流系统的整体效率和质量。

(3)物流智能化:采用人工智能、自动化等技术,实现物流方面的智能调度、智能配送、智能仓储等智能化应用。通过物流智能化,可以提高物流作业的自动化程度和智能化水平,降低物流成本,提高物流效率。

(八) 数智化客服

数智化客服指的是利用人工智能、自然语言处理、机器学习等技术,对传统客服进行数字化和智能化的升级和改造,以实现更高效、智能、个性化的客户服务。数智化客服可以帮助企业提高客户满意度、降低客服成本、提升品牌形象,是现代企业客户服务的重要发展方向。具体来说,数智化客服包括以下几个方面。

(1)智能问答系统。利用自然语言处理和机器学习技术,构建智能问答系统,自动回答客户的问题和疑惑。智能问答系统可以大大提高客服的响应速度和回答的准确性,减轻人工客服的工作负担。

(2)智能推荐系统。通过分析客户的历史行为和需求,构建智能推荐系统,为客户推荐最合适的产品、服务或解决方案。智能推荐系统可以提高客户满意度和转化率,增加企业的营收。

(3)智能客服机器人。利用人工智能和机器人技术,开发智能客服机器人,自主处理简单的客户问题和请求,减轻人工客服的负担。智能客服机器人可以实现 24 小时在线服务,提高客户服务的便捷性。

(4)数据分析与预测。通过对客服数据的收集和分析,发现客户服务的痛点和优化空间,预测客户的行为和需求,为企业产品和服务的改进提供参考。

(5)多渠道接入。数智化客服支持多种接入渠道,如网页、App、电话等,从而为客户提供全方位的客户服务体验。

(九)数智化管理

数智化管理指的是利用数智化技术和工具,对电商企业的运营、销售、供应等各个环节进行智能化管理和优化。这种管理方式可以帮助企业决策者实现更高效、更精准的决策,从而提升企业的竞争力和盈利能力。具体来说,电商数智化管理包括以下几个方面。

(1)数据整合与分析。首先,对海量数据进行整合和"清洗",确保数据的准确性和一致性。其次,通过数据分析和挖掘技术,总结数据中的规律和趋势,为企业的决策提供支持。

(2)智能推荐与营销。基于用户行为数据、购买记录等信息,利用机器学习算法构建智能推荐系统,为用户推荐符合其兴趣和需求的商品。同时,通过精准营销手段,提高用户转化率和用户满意度。

(3)供应链优化。通过数智化管理,企业可以实时掌握库存情况、销售情况等信息,实现供应链的智能化调度和优化。这有助于降低库存成本、提高发货效率,从而提升客户满意度。

(4)客户服务智能化。利用自然语言处理、语音识别等技术,实现智能客服机器人的开发和应用。智能客服机器人可以自动回答用户问题、处理用户投诉等,提高服务效率和质量。

(5)风险管理与预测。通过数智化管理,企业可以实时监测和分析运营风险状况,如欺诈行为、价格波动等;还可以对潜在风险进行预警和防范,提升运营的可持续性的稳健性。

第三节 电商数智化运营的主要技术

一、人工智能技术

人工智能,就是让计算机通过一定的学习和训练,模拟人类的某些行为,像人类一样完成一定的任务。人工智能包括计算智能和感知智能,前者主要指计算机的计算能力和存储能力,后者主要指计算机对人的感觉器官功能的模拟。人工智能技术中的核心技术包括:知识表示与获取技术、知识表达与推理技术、知识融合与利用技术、模式识别与机器学习技术、推理优化与决策支持技术以及人机交互技术等。其中,知识表示与获取技术是人工智能的基础,是实现智能决策的前提,而知识表达与推理技术则是智能决策的关键。人工智能技术在电商中的应用已经变得越来越广泛,以下是几个主要的应用场景。

(1)推荐系统。通过分析用户的购买历史、浏览记录、搜索记录等数据,帮助电商平台更好地为用户推荐商品,提高用户的购买满意度和电商平台的销售额。

(2)智能客服。通过运用自然语言处理技术,可以快速理解用户的问题并提供相应的解答,这不仅可以提高客户满意度,还可以减少客服人员的工作量。

(3)价格预测。人工智能技术可以帮助电商平台预测商品的价格,即通过分析市场供需关系、竞争对手的价格等数据,预测商品的价格趋势,帮助电商平台制定更合理的价格策略。

(4)欺诈检测。人工智能技术用于检测欺诈行为,即通过分析用户的行为数据,识别异常的交易行为,并及时发出警报,维护用户的利益。

(5)仓储管理。人工智能技术可以帮助企业更好地进行仓储管理,即通过分析商品的销售数据、库存数据等信息,预测商品的销售量,并帮助企业制定更合理的库存管理策略。

此外,人工智能技术还在电商领域的其他方面发挥着作用,如智能广告投放、智能供应链管理、智能订单处理等。随着人工智能技术的不断发展,其在电商领域的应用将会越来越广泛,有效促进电商行业的革新。

 知识链接 1-2

"阿里妈妈"重磅推出会写文案的 AI,1 秒可生成 20000 条

夏纳国际创意节是全球广告、创意界最具影响力的年度盛事,被誉为"广告界奥斯卡"。作为阿里巴巴旗下的大数据营销平台,"阿里妈妈"在 2018 年夏纳国际创意节上重磅发布最新的"AI 智能文案"产品。据了解,这款产品可在 1 秒内生成 20000 条文案。

"AI 智能文案"产品的推出,是科技与创意巧妙碰撞的结果,也是人们对人工智能领域探索诞生的新成果。"阿里妈妈"这款产品目前主要运用于电商行业,通过对淘宝、天猫大量优质内容进行筛选、结合,再根据产品自身属性、特质,以及商家对文案内容的需求,生成专属的商品文案。

众所周知,电商文案需求量极大,仅靠人工生成文案,效率相对较低,且可能存在文案重复的情况。AI 系统不一样,它能"不知疲惫"地大量产出文案。"AI 智能文案"产品 1 秒生成 20000 条文案的产品特点对提高商家营销效率、降低商家成本极其有益。

总的来说,"AI 智能文案"产品具有两大优势:(1)文案随心选。这款产品能根据使用者的不同需求,提供特价型、逗趣型、古诗词型等多种文案风格以供选择。这款产品还可以让使用者选择文案长度,不管是三五个字的小标题,或是几十个字的产品简述,都能轻松一键生成。(2)实时在线学。这款产品通过吸收大量优秀文案,为使用者提供相匹配的文案,所以不断更新文案库对其来说格外重要。为了长期、高效提供优秀文案,该产品的系统一直保持在线学习状态,以保证文案及时满足使用者的需求。

(资料来源:https://baijiahao.baidu.com/s?id=1604225327743872856&wfr=spider&for=pc。有删改。)

二、大数据技术

大数据技术是指通过工具和技术对大量、多样化、高速生成的数据进行收集、存储、处理和分析的一种综合性技术。大数据技术的核心在于从海量的数据中提取有价值的信息和知识，主要包括大数据采集、大数据预处理、大数据存储及管理、大数据分析及挖掘、大数据展示等环节，从而支持决策和创新。大数据技术在电商中的应用非常广泛，它可以帮助电商企业更好地了解消费者需求、优化产品运营、提高营销效果等。以下是几个主要的应用场景。

（1）用户行为分析。电商平台可以收集用户的搜索、浏览、购买等行为数据，利用大数据技术进行分析和挖掘，了解用户的兴趣爱好、消费习惯等信息，从而更准确地把握市场需求，优化产品运营和营销策略。

（2）个性化推荐。基于用户行为数据和其他相关信息，大数据技术可以帮助电商平台构建用户画像，实现用户个性化推荐。这有助于优化用户的购物体验，提升用户黏性和转化率。

（3）精准营销。大数据技术通过对目标用户的行为、兴趣、需求等进行分析，可以帮助电商企业制定针对性的营销策略，提高营销效果，实现精准效果。例如，通过向用户推送个性化的优惠券、促销信息等，增强用户的购买意愿，增加用户的购买量。

（4）供应链管理。通过大数据分析仓储、物流等环节的数据，可以实现供应链的优化和智能化管理。大数据技术能够帮助企业实现高效的库存管理、准确的订单预测和精细化的物流调度，从而提高交付速度和降低成本。通过大数据分析，企业可以更好地把握产品市场表现和运营状态，及时调整供应链策略，提高运营效率和盈利能力。

此外，大数据技术还可以应用于电商领域的其他方面，如智能客服、价格预测、欺诈检测等。随着技术的不断发展和应用场景的不断拓展，大数据技术在电商领域的应用将会更加广泛和深入，为电商行业的发展带来更多的机遇。但是，电商企业在应用大数据技术时，也需要注意安全性和隐私保护，遵守相关法律法规和道德规范，维护用户数据安全和隐私。

三、云计算技术

云计算技术是一种通过互联网提供计算资源和服务的方式,包括硬件、软件和数据存储。用户可以通过云计算平台,根据自己的需求,按需使用计算资源和服务,无需购买和维护计算设备。云计算技术将计算资源、存储资源、应用程序资源等资源集中在一个大型、分布式的计算平台上,并通过虚拟化技术将这些资源分割成若干个虚拟的资源单元,根据用户的需求动态分配这些资源单元,从而实现资源的高效利用和灵活配置。云计算技术的核心特点包括以下几个方面:第一,虚拟化。云计算技术通过虚拟化技术将物理硬件资源抽象成虚拟的计算资源,为用户提供更加灵活、高效的计算服务。第二,分布式计算。云计算平台通常由多个分布式的计算节点组成,这些节点可以协同工作,完成大规模的计算任务。第三,自动化管理。云计算平台通过自动化管理技术,自动分配、调度和管理计算资源,确保资源的高效利用和服务的可靠性。第四,按需服务。云计算平台可以根据用户的需求动态分配计算资源和服务,实现按需服务,提高资源的利用率和灵活性。云计算技术在电商中的应用非常广泛,几乎涵盖了电商业务的各个方面,以下是一些主要方面。

(1)弹性扩展和资源管理。云计算提供了弹性扩展的能力,允许电商企业在需求高峰时快速增加计算资源,而在需求低峰时减少资源使用,从而减少成本。这种自动化资源管理有助于电商企业应对突发流量,确保企业官方网站稳定运行。

(2)数据存储和访问。云计算技术提供了安全、可靠的数据存储解决方案。电商企业可以将大量数据存储在云端,通过互联网进行访问,实现数据的集中管理和共享,提高数据访问效率,减少数据丢失风险。

(3)订单处理和物流管理。云计算技术可以帮助电商企业实现高效的订单处理和物流管理。通过云计算平台,电商企业可以实时跟踪订单状态,优化配送路线,提高物流效率。同时,云计算技术的智能分析功能,还可以帮助电商企业预测销售趋势,优化库存管理。

(4)个性化推荐和营销。基于云计算技术的大数据处理能力,电商企业可以实现个性化推荐和精准营销。通过分析用户的购物历史、浏览行为等数据,云计算技术可以帮助电商企业为用户推荐合适的商品,提高用户转化率。此外,云计算技术还可以支持电商企业开展各种营销活动,如优惠券发放、会员管理等。

(5)支付和结算。云计算技术可以为电商企业提供安全、便捷的支付和结算服务。通过云支付平台,用户可以方便地完成支付操作,而电商企业则可以实时收到款项并进行结算。这有助于电商企业提高资金流转效率,降低财务风险。

(6)客户服务与支持。云计算技术可以提供高效的客户服务与支持。通过云计算平台,电商企业可以实时响应客户的咨询和投诉,为客户提供个性化的解决方案。同时,云计算技术还可以帮助电商企业建立智能客服系统,提高客户服务质量。

四、物联网技术

物联网是指通过信息传感设备,按约定的协议,将任何物体与网络相连接,物体通过信息传播媒介进行信息交换和通信,以实现智能化识别、定位、跟踪、监管等功能。它的核心技术包括射频识别技术、条形码技术、通信技术、遥感技术以及智能信息设备技术等。物联网技术在电子商务中的应用也比较广泛,以下是几个具体的应用场景。

(1)供应链优化与智能物流。物联网技术在电子商务的供应链中发挥了重要作用。通过在仓储和物流环节部署传感器,可以实时监测商品的存储、运输和配送情况,生成相应数据。这些数据可以被用来优化物流路径、提高配送效率,实现智能仓储管理。通过使用物联网技术,电商企业还可以预测库存需求,避免库存过度或不足,降低库存成本。

(2)个性化体验与智能设备。物联网技术为电子商务的个性化体验提供了新的可能性。通过在产品中嵌入传感器,电商企业可以实时了解用户的使用习惯和偏好,从而为用户提供个性化的推荐和建议。此外,智能设备如可穿戴设备、智能家居设备等也可以连接到电子商务平台,实现跨设备的智能互动。

(3)智能支付与安全保障。物联网技术也在改变着电子商务支付和安全领域。传感器有助于实现智能支付,如使用手机扫描商品上的传感器,实现自动支付。此外,利用物联网技术还可以实现生物识别,如指纹、面部识别等,提高支付安全性,这有助于减少支付过程中的问题,提升用户体验。

(4)智能营销与定位服务。物联网技术为电子商务营销提供了创新的可能。通过在店铺或产品上部署传感器,电商企业可以实时获取用户在店铺内的行为和用户兴趣的相关数据。这些数据可以被用来优化产品展示、促销策略,甚至有助于实现实时的个性化优惠券分发。通过物联网技术还可以实现定位服务,为用户提供室内导航和定位服务,提高购物便利性。

(5)人工智能与数据分析。物联网技术与人工智能的结合在电子商务中也发挥了重要作用。传感器收集的大量数据可以被输入机器学习模型中,用于分析用户行为、趋势等信息。这有助于电子商务平台更好地理解用户需求,优化产品推荐、营销策略,提升用户满意度。

第四节　电商数智化发展趋势

一、电商的发展变化

从最初的 B2B(企业对企业)模式到现在的多种模式并存,从传统的 PC(个人计算机)端购物到现在的移动电商、社交电商、跨境电商等多种新型电商模式的出现,以及智能化技术的应用,都体现了电商行业近些年来实现的多种变化和革新。

(一)电商模式的多样化

最初的电商模式主要是 B2B 模式,即企业之间的电子商务交易。随着互联网的普及和电子商务的发展,B2C(企业对消费者)、C2C(消费者对消费者)等模式也逐渐兴起,使得电商市场的竞争更加激烈。如今,电商模式已经涵盖了 B2B、B2C、C2C、B2B2C(企业—第三方平台—消费者)、O2O(线上线下相结合)等多种模式,满足了不同消费者和企业的需求。

(二)移动电商的崛起

随着移动互联网的普及和智能手机的广泛应用,移动电商逐渐成了电商市场的重要组成部分。移动电商具有便捷、快速、个性化等特点,能够满足消费者随时随地的购物需求,也为企业提供了更广阔的市场空间和更多的商业机会。

（三）社交电商的兴起

社交电商是指利用社交媒体平台开展电子商务活动的一种新型电商模式。社交电商通过社交媒体的用户关系链和社交属性，将电商和社交完美结合，实现了消费者、商家和平台之间的三方互动。社交电商因为具有用户黏性高、转化率高等特点，所以成了电商市场的新热点。

（四）跨境电商的发展

随着全球化的加速和互联网的普及，跨境电商逐渐成了电商市场的重要组成部分。跨境电商通过互联网技术，将不同国家和地区的消费者和企业连接在一起，实现了商品的跨国交易。跨境电商为企业提供了更广阔的市场空间和更多的商业机会，也为消费者提供了更多的选择和更便捷的购物体验。

（五）智能化技术的应用

随着人工智能、大数据等技术的不断发展，电商行业也开始应用这些智能化技术来提升用户体验和运营效率。比如，通过人工智能技术实现智能推荐、智能客服等功能，通过大数据技术实现精准营销、用户画像等功能，都为电商行业的发展带来了更多的可能性和创新点。

二、我国电商发展现状

（一）市场规模与增长

近年来，我国电商市场规模持续扩大，增长势头强劲。根据中华人民共和国商务部电子商务和信息化司发布的数据，2024 年一季度全国网上零售额达到 3.3 万亿元，同比增长 12.4％。这一数据不仅体现了我国电商市场的巨大潜力，也反映了我国消费者对线上购物的热情。与此同时，我国电商市场结构不断优化，从最初的以综合电商平台为主，逐渐发展为包括社交电商、直播电商、跨境电商等在内的多元化市场格局。

（二）消费趋势与热点

随着消费者需求的不断变化和升级，我国电商市场的消费趋势和热点也在不断更新。首先,服务消费持续增长。在线旅游、在线餐饮等领域成为新的消费热点,为消费者提供了更加便捷、丰富的服务体验。其次,数字消费成为新增长点。智能穿戴装备、电子音像制品等商品受到消费者青睐,为电商市场带来了新的增长动力。最后,应季消费热点不断涌现,如"赏春花""尝春菜"等,这些季节性商品和服务的销售成为拉动电商市场增长的重要因素。

(三)平台与模式创新

我国电商平台和模式的创新能力不断增强,为电商市场的持续发展提供了有力支撑。首先,电商平台在消费品以旧换新方面发挥重要作用。通过简化换新流程和加大补贴力度,电商平台有效促进了循环经济的发展。其次,内容电商和即时电商等新兴模式快速发展。短视频、直播等形式的内容营销成为拉动GMV(商品交易总额)增长和提升用户黏性的关键。再次,货架电商与内容电商的结合,促使融合型电商发展趋势形成。最后,跨境电商也成为我国电商市场的重要增长点。通过拓展海外市场、优化供应链管理等措施,跨境电商为我国电商市场带来了新的发展机遇。

(四)数实融合与产业升级

在数字经济时代,数实融合成为推动产业升级和经济发展的重要途径。我国电商行业积极拥抱数字化转型,在推动数实融合方面取得新进展。首先,中华人民共和国商务部(以下简称商务部)推动数字商务行业标准化技术委员会成立,加强数字商务标准体系建设。这有助于提升电商行业的标准化水平,推动电商行业健康有序发展。其次,我国深入开展"数商兴农"行动,推动农产品上行。通过电商平台将农产品销售到全国各地,有效解决了农产品销售难的问题,促进了农民增收和乡村振兴。最后,我国还推动电子商务与制造业深度融合,通过电子商务促进制造业数字化转型和产业升级。

(五)国际合作与跨境电商

在全球化的背景下,我国电商行业积极拓展国际市场,加强国际合作。首先,商务部加快电子商务国际合作步伐,组织中国电商平台赴双边电商合作伙伴国开展路演活动,丰富双边电商合作内容。这些活动有助于提升我国电商平台的国际影响力,促进双边贸易和投资合作。其次,我国跨境电商进出口业务保持快速增长。通过拓展海外市场、优化供应链管理等措施，跨境电商为我国电商市场带来了新的发展机遇。最后，我国还加强与"丝路电商"伙伴国的合作，推动跨境电商在沿线国家的发展。

三、电商数智化发展趋势

随着互联网技术的深入发展和数字化时代的全面到来，我国电子商务模式已经从传统的行业方式转变为数字化的商业模式。而从电商数智化发展趋势来看，主要有数实融合、数据驱动、技术集成、AI引领和商业模式创新五大趋势。

（一）数实融合

数实融合是数字技术和实体产业的深度融合，这意味着线上线下的界限逐渐模糊，消费者可以在虚拟和现实中自由穿梭，获得无缝衔接的购物体验。电商平台通过增强现实（AR）技术、虚拟现实（VR）技术、物联网技术，将实体店的感官体验转移到线上，不仅可以实现对商品的实时追踪，提高物流效率，还可以更准确地预测消费者需求，提供个性化的服务。同时，线下店铺也可以运用数字技术提升服务水平，实现数字化和实体经济的完美融合，提高运营效率。

（二）数据驱动

数据驱动是电商数智化运营的核心动力。数字化时代，数据是新的生产要素，通过对大数据的分析，电商企业能够精准地分析消费者的购买行为、喜好和需求，预测市场趋势，从而实现精细化运营商。数据不仅能够指导企业商品推荐、营销策略的制定，还能优化企业供应链、降低企业运营成本等，让企业决策更加科学和高效。

（三）技术集成

技术集成推动了电商服务的升级和创新，云计算、物联网、5G等先进技术的综合运用，使得电商平台不仅仅是一个交易平台，更是一个集成了各种技术的服务平台，更加智能化，响应速度更快，服务更个性化。这些技术的集成应用不仅提升了用户体验，也为电商平台开辟了更多的商业可能性。例如：通过集成AR、VR技术，电商平台可以提供更丰富的购物体验；通过集成区块链技术，电商平台可以提高交易的透明度和安全性。

（四）AI引领

在电商数智化运营领域，AI的作用愈发凸显。AI不仅在后台扮演着"智慧大脑"的角色，在前端也成为消费者的贴心助手。从智能客服到语音搜索，从个性化推荐到智能穿搭建议，AI的应用正在不断刷新我们的认知，重新定义电商行业的服务标准。例如：通过AI技术，电商平台可以实现智能客服功能，提高客户服务效率；可以自动优化商品推荐，提高用户满意度。

（五）商业模式创新

商业模式创新是电商数智化持续发展的关键。在数字化浪潮下，传统的B2C、C2C模式正在被打破，新的商业模式如社交电商、直播电商、社区团购等不断涌现。这些新模式不仅为消费者提供了更多元化的购物选择，也为电商企业带来了增长的新动力。例如，社交电商模式就是一种新的商业模式，是指通过社交媒体平台进行商品的推广和销售，在售卖商品的同时满足消费者的社交需求。

思考题

1.数字化与数智化有何区别？

2.简述数智化思维。

3.简述电商数智化运营的作用。

4.电商数智化运营所使用的主要技术有哪些？

案例评析

特步：加快数字转型，构筑竞争壁垒

2014年，特步敏锐地意识到，在消费升级的大背景下，消费者需求日益细分、多变。作为一个品牌，如果不能对最终用户的行为有深入了解，就无法知晓其所需，无法知晓其所想。将最终用户的需求直接、快速地输入产品设计中，产品的设计才会紧随用户需求，保持理念领先，从而获得市场认可。

在过去传统的商业模式下,特步是以批发方式、通过经销商进行产品销售,这导致特步对于市场变化、消费者的洞察存在认知断层。在过去的几年里,特步通过建立直营店、吸引联营伙伴等销售方式上的转变,努力完成了从批发到品牌零售的商业模式转型。具体来说,在线上,特步除了依靠天猫这样的电商平台之外,还建立了自己的夜间跑步社群,形成了一批有一定影响力的粉丝,实现了在网络上就接触到消费者;在线下,特步建立了一系列的全国连锁店面,并在每个店面都设置了标准化的测量设备,从而得到消费者的脚型、身材、运动习惯等数据,这些数据被反馈给特步的中台,平台再根据这些数据,运用大数据的建模分析,得出市场的预测结果。

现在,特步在全国有超过 6500 个连锁门店,其所有的零售终端都连接到特步的中台上,这为客户的触达与信息的反馈提供了很好的线下服务平台。在数字赋能之下,特步还可以对商品的销量以及消费者的购买情况有更加清晰的了解,对商品、价格进行监控,进而找出最好的销售组合。

在加深对消费者的深入了解的同时,特步也开始瞄准内部资源的整合提效。以前,特步的线上、线下营销资源是割裂的,库存独立,促销规则不统一,物流成本高。而现在,特步基于阿里云提供的技术服务,通过业务中台实现了内部资源的有效整合,同时在数字支持和消费者洞察的基础上,极大地提高了精细化运营和管理能力。

特步中台系统上线以来,会员、订单、库存、物流、结算系统得以全部打通。线下门店是前置仓,在收到订单之后,系统会根据"先就全,再就近"的智能算法将订单自动派送至最近的门店,并自动通知物流公司进行配送。特步中台系统上线当年的"双十一"期间,特步公司的 22 万份网上订单,几乎都是由这种方式来完成的,在消费者购买商品后的第二天早上,商品会按时送达消费者手上,并且有 23％的城市、78％的省份是同一时间送达。与之前的中央仓模式相比,该模式节省了至少一半的物流成本,而且还大大地减少了库存。

当前,从店铺选择、顾客管理到货品挑选,特步都在以更智能的方式来取代以往的人工方式。例如,基于店铺的销售记录,结合天气和地区偏好,店铺能够预测下一周的货品需求,生成准确到 SKU(库存单位)的补货订单;生产制造侧相应地对 SKU 进行调整,从"收到订单后发货"变成了"根据预测提前备货",将出货时间从平均 45

天缩短到了平均 20 天,这大大降低了缺货情况的发生概率,店铺的盈利水平也随之提升。

（资料来源:https://anshinko.com/hot_news_details?article_id=2693。）

问题:

1.特步在数字化转型之前遇到的问题有哪些?

2.特步如何开展数字转型?

实训题

实训项目:走近电商企业。

实训任务:选择一家电商企业做调研,了解该企业数智化运营现状及趋势。

参考文献

[1]张建锋,肖利华,许诗军.数智化:数字政府、数字经济与数字社会大融合[M].北京:电子工业出版社,2022.

[2]张建锋,肖利华,肖剑.新零售之旅:数智化转型与行业实践[M].北京:电子工业出版社,2022.

[3]冯其予.我国连续 11 年成为第一大网络零售市场[N].经济日报,2024-01-20(003).

[4]文丹枫.2024 数智电商发展趋势[EB/OL].[2024-03-02].https://baijiahao.baidu.com/s?id=1787560809736543990&wfr=spider&for=pc.2024-08-20.

第二章

电商数智化洞察

学习目标

▶ 知识目标

1.了解数智化洞察的概念及意义。

2.理解行业数智化洞察的意义、方法和内容。

3.熟悉电商的行业分析、竞争对手分析和消费者分析。

▶ 能力目标

1.能够进行电商行业数智化洞察。

2.能够开展电商竞争对手数智化洞察。

3.能够进行电商消费者数智化洞察。

▶ 素养目标

1.培养诚信客观、守法公平、精益求精的职业素养,具备良好的职业道德和敬业精神。

2.培养数据化思维、结构性思维和互联网思维,训练数据敏感度,尝试主动学习和不断创新。

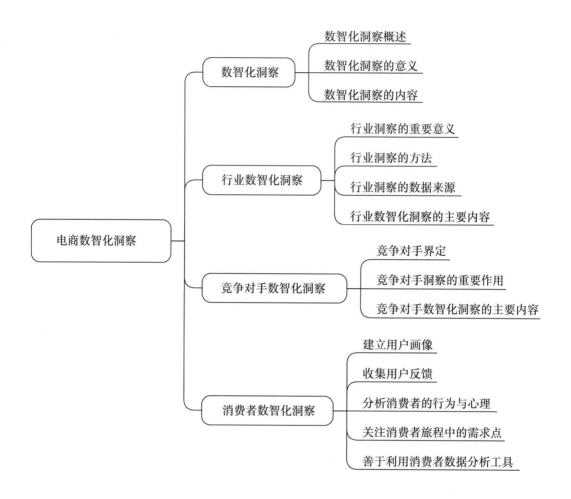

引导案例

宝洁：产品创新的基石来自对消费者的洞察

始创于1837年的宝洁公司，总部位于美国。目前，宝洁在全球70多个国家设有工厂或分公司，其中，在中国有8家工厂、22个分销中心，以及1个位于北京的全球研发中心。

对于宝洁而言，中国市场非常重要，数据显示，目前宝洁在全世界的服务人数超过50亿,其中1/5在中国。徐敏作为宝洁历史上第一位中国本土培养的首席执行官,在与新京报"贝壳财经"记者对谈过程中,分享了对于行业的最新洞察,介绍了宝洁在产品创新过程中遇到的一些问题和解决方式,回溯了宝洁电商业务的发展历程,探讨了可持续发展如何可持续化等行业共性难题。以下是访谈记录。

1.用科技创新回应市场需求,去年在中国平均每10天推出一款新产品

新京报贝壳财经:宝洁在第六届进博会上的展区分为"未来""和睦""悦己""活力""成长""绿色"六大主题,这样设计的意义是什么?

许敏:我们今年的布展思路与往年完全不同。过去,我们是按照产品的品类来布展,今年则把所有的产品做了一个重新的组合,意在搭建消费者的生活场景。我们认识到,需要通过对中国消费者的洞察,去挖掘他们未被满足的需求。

新京报贝壳财经:谈到行业洞察,在你看来,现在与10年前、5年前相比,中国的消费市场发生了哪些明显的变化?

许敏:很难用一个词来概括中国的消费市场,因为它潜力巨大、它充满个性化……在这样一个市场里,我们能够看到,用户的需求受到年龄、人生阶段等很多因素的影响。

对于当下年轻消费者的消费行为和消费习惯,我们团队有几个有趣的观察:首先,他们更加注重悦己消费,在物质和精神层面上双重取悦自己。比如,过去抗衰老被我们认为是人到中年以后的需求,但现在的年轻人一过20岁就在谈抗衰老,抗衰老的低龄化是一个非常重要的悦己的信号,基于这个洞察,我们也有对应的产品在研发中。其次,他们对绿色消费格外关注。在我们的调研当中,超过90%的消费者非常关注自己的消费方式是否会造成环境污染,是否可以有更环保的消费方式。上述例子可以体现出中国消费者在消费需求方面的多样性,而宝洁则是在用科技创新来回应需求。大家可能也会关注到,宝洁在中国的产品上新速度是很快的,以2022年为例,我们平均每10天就会推出一款新产品,来回应市场的需求。

2.产品创新过程中的"取"与"舍","变"与"不变"

新京报贝壳财经:在创新过程中,宝洁是如何进行取舍的?哪些是可以改变的,哪些是不能改变的?

许敏:我们在做创新的时候,始终在提醒自己,不能为了创新而创新,不能罔顾消费者的需求,而一味地把所谓的新技术推给消费者。因此,宝洁成立至今,始终坚持不变的就是对消费者的洞察,所有的创新核心一定是满足消费者的真实需求。对于宝洁而言,创新的基石来自对消费者的洞察,我们坚持一切以洞察为原点,而不是以技术为原点。

新京报贝壳财经:产品创新的过程中,一帆风顺是很难的,是否可以分享一些失败的案例,以及宝洁从中吸取到的经验和教训?

许敏:我们当然也有失败的案例。比如,有一些新产品,其实没有做过深刻的消费者调研,我们当时可能只是想做一个高端化的产品,或者做一个包装很好看的产品,但当我们想推荐给消费者的时候,就发现此类新品的成功率很低。

因为,有的时候我们也不免为一些新技术心动,我们也会用自己的偏好去看,觉得包装很好看。但是一成不变的、我们反复验证的就是一旦产品或品牌脱离了对消费者的深刻洞察,就无法成功。

新京报贝壳财经:今年,宝洁提出"引领品类增长"的升级战略,如何理解这个战略?

许敏:我们认为,在品类没有发展的情况下,单一地"内卷"是没有意义的,因为"内卷"会伤害创新,也会伤害到行业的长期发展。只有让品类的蛋糕越做越大,我们在品类当中的消费者、企业和品牌,还有我们的零售商和所有的合作伙伴,才能够有真正的价值创造。

那么,品类的增量从何而来?我们洞察到,大量的品类在市场渗透率、产品使用的频次、消费者使用的习惯和方法等上面还有很多的机会。在很多品类上,我们还看到了有消费升级和消费分级的机会。

3.我们做电商,并非只是为了做电商

新京报贝壳财经:我们了解到,2015年,你提出电商化、高端化和数字化战略,并且推动建立宝洁中国电商事业部。据说电商业务曾在宝洁内部被认为"不务正业",而如今,宝洁的电商业务已经撑起了公司在中国市场的半壁江山。能否给我们讲讲宝洁电商业务的成长过程?

许敏:在那个电商作为新兴渠道的时期,可能大家都在探索,而我看到的是——对于一家企业而言,它意义重大。

首先,我们在2015年就把电商当成是品牌建设渠道和产品创新渠道,用电商倒逼并重新升级了宝洁与消费者在数字化方面的连接。很大程度上,电商拉近了品牌商家和消费者之间的距离。

其次,为了在电商业务上做得更高效,宝洁在供应链方面做了大量的升级。从2018年开始,我们升级了全国仓网的运营,到今天我们所有的工厂都有包裹直发的能力,大大缩短了一个产品到消费者的家里的距离。

在这个过程中,其实对我们整体供应链的数字化、智能化提出了一个很高的要求。当我们做这些升级的时候,也更好地反哺了我们的线下业务。

因此,做电商从来都不只是单纯为了做电商。电商用更快的速度、更好更高的标准反哺了我们全国的业务,使得我们全国的消费者无论在哪里购物都会有更好的体验和更好的产品,这就是我们做电商特别想达到的目的。

4.做好可持续发展,需要更高更全面的视角

新京报贝壳财经:我们关注到,宝洁近年来在可持续发展方面进行了很多投入。作为一家外资企业,宝洁是如何在全球经验指导下,结合中国特色在国内进行可持续发展工作的?

许敏:首先,中国特色之一在于其他市场没有这么大的电商业务,电商业务所带来的对二次包装以及对包装废弃物的处理问题,其实是在国外没有遇到的,这就是为什么我们在过去几年推出的所有跟电商相关的创新,比如"小绿宝""大绿宝""空气胶囊""记忆蜂窝"等,都是中国的创新团队做的。

其次,我们看到,可持续发展在中国有一个非常重要的特点是,我们必须要把这个理念和消费者对产品功效的需求结合在一起。宝洁不是在为了可持续发展而做可持续发展,我们在推出产品时,希望产品是既环保又能满足消费者真实需求的。

新京报贝壳财经:在可持续发展这件事如何可持续化方面,还有其他的经验可以分享吗?

许敏:首先,与产品结合,只有这样才能更好地去打造我们产品的竞争力。其次,我们认为好的可持续发展,它带来的应该是成本的节省,而不是成本的增加。可持续发展不能从单点来看,而应该从全链路来看,我们必须要做全链路的改造,即如何能够让链路变得更短、去节点化,使得在全链路上整体效率和效能会提高。

因此,可持续发展不是某一个部门做的事情,而应该是一个 CEO 工程,因为只有站在一个更高的角度才能够看到全链路里面价值创造的可能性。

新京报贝壳财经:如你所言,可持续发展它不是为了给企业增加成本,而是给企业降低成本,这就有一个短期目标和长期目标的划分。从短期来讲,往往会出现成本的增加,而长期坚持下来,有望实现成本的降低。那么,在这个过程中,宝洁团队内部会有分歧吗?

许敏:这就是为什么我们在可持续发展的方案上,是以 10 年为节点来规划,因为可持续发展的所有路径,如果压缩到两年三年,带来的可能是一些比较短期的选择,或者是一些短期成本的激增,但当你把时间拉到 10 年的时候,你会发现可能有一些短期的成本的提升可以被之后的技术革新所修正。如果我们能够做全链路的改造,其实整个全链路的效率是提高的,所以 10 年的规划对我们来讲很重要。

在推进过程中,我们肯定会用一个金标准——消费者到底怎么看来全面衡量我们做的事。如果消费者觉得这个产品的包装、定位都是很棒的,消费者愿意接受,那我们就做;如果他觉得没有意义,甚至这个产品会让消费者的体验受到影响,那我们就会暂时搁置,然后重新去研究有没有替代方案,所以我们很多的方案都是经过大量的打磨以后来做的。

新京报贝壳财经:作为宝洁历史上第一位中国本土培养的首席执行官,你是如何看待外资在国内的新时代的?

许敏:我觉得,我们更多的中国职业经理人能够在中国的外资企业发挥领军作用是一件好事,因为我们了解中国市场,当然我们也了解全球的经济或者经营的一些规则。我相信,我们可以更好地做世界和中国的桥梁,同时也把中国的更多经验向世界输出。

新京报贝壳财经:对于企业而言,中国市场具有怎样的意义? 未来对于中国市场的投资是否会持续加大?

许敏:中国市场是宝洁全球第二大区域市场,在宝洁全球业务中具有举足轻重的地位,而且经过多年持续的深耕,对中国市场的洞察和创新实力已经可以反哺全世界的消费者。

宝洁从一进入中国市场开始就选择重资产投入,可以说我们在中国市场扎了三个根:第一个根是我们的供应链,第二个根是研发,第三个根是我们整个市场的销售渠道。未来,宝洁必定会持续深耕中国市场,持续在创新研发、本土人才培养上投入。

(资料来源:https://m.bjnews.com.cn/detail/1699840248129348.html。有删改。)

引导问题:

1.什么是数智化洞察?

2.为什么要进行数智化洞察?

3.如何进行数智化洞察?

第一节　数智化洞察

一、数智化洞察概述

数智化洞察是指通过数据分析、人工智能和机器学习等技术,从大量数据中提取有价值的信息和见解。这些信息和见解可以帮助企业、政府和个人作出更明智的决策,如优化业务流程、发现趋势和预测未来市场发展。数智化洞察的应用领域广泛,包括市场营销、金融、医疗保健、物流和能源等,可以说,在互联网时代,有经营的地方就需要数智化洞察。

二、数智化洞察的意义

在当今数字化和信息化程度日益提高的商业环境中,企业面临着巨大的挑战和机遇。在这样的背景下,企业数智化洞察的重要性日益凸显。企业数智化洞察是指企业利用大数据技术和先进的分析技术,更好地理解和利用数据,从而作出更明智的决策、提升运营效率、增强竞争力并创造更大的价值。本节将从决策支持、客户洞察、市场趋势分析、运营优化、风险管理和创新驱动等多个方面说明数智化洞察的意义。

(一)决策支持

在企业管理中,决策是至关重要的环节,它直接影响着企业的发展方向和业绩表现。企业数智化通过对大数据的收集、整理和分析,为企业领导者提供决策所需的关键信息,从而提高决策的准确性和效率。例如,亚马逊作为全球最大的电子商务平台之一,凭借其强大的数智化洞察能力建立了著名的产品推荐系统。该系统通过对用户历史购买行为、浏览记录以及类似用户的购买偏好进行数据分析,为用户提供个性化的产品推荐。这种个性化推荐不仅提高了用户购买率和满意度,也为亚马逊提供了丰富的销售数据和用户行为数据,进而为企业决策提供了有力支持。

（二）客户洞察

了解客户是企业成功的关键之一,而企业数智化洞察就可以帮助企业更好地了解客户,预测其行为,并提供个性化的产品和服务。例如,星巴克利用数智化洞察,通过移动应用程序和会员计划等收集大量客户数据,包括消费习惯、偏好、位置信息等。通过分析这些数据,星巴克能够向特定用户提供个性化的优惠券和推广活动,吸引客户到店消费,从而提高销售额和客户满意度。

（三）市场趋势分析

及时了解市场动态和竞争对手的策略是企业保持竞争优势的关键。企业数智化洞察可以帮助企业更好地把握市场趋势和竞争对手的动态,从而调整战略、开发新产品并抢占市场先机。例如,苹果公司在推出 iPhone 之前,对智能手机市场进行了深入的市场调研和竞品分析,从而确立了高端市场定位,推出了具有革命性创新的 iPhone 产品,在市场上取得了巨大成功。

（四）运营优化

企业运营优化是企业提高效率和降低成本的关键手段之一。企业数智化洞察可以帮助企业发现和理解运营问题和瓶颈,从而通过优化流程、提高效率来改进企业运营。例如,沃尔玛利用数智化洞察优化供应链管理,通过实时监测销售数据和库存情况,及时调整供应链的配送和补货策略,确保产品的及时供应和库存周转率的最大化。通过这种方式,沃尔玛有效降低了库存成本和运营风险,提高了客户满意度和企业盈利能力。

（五）风险管理

识别和管理潜在风险是企业稳健发展的关键保障之一。企业数智化洞察可以帮助企业更好地识别和评估潜在风险,并采取相应的措施来降低风险的发生概率和影响程度。例如,银行通过数智化洞察系统对客户信用数据进行分析,发现了一些信贷风险较高的客户群体和行业。在此基础上,银行加强了对这些客户的风险监控,并调整了信贷政策和审批流程。通过有效实施风险管理,银行成功降低了不良贷款率,提高了资产质量,保障了自身的稳健发展。

（六）创新驱动

创新是企业持续发展的重要动力之一,而企业数智化洞察可以帮助企业发现新的商业机会和创新点,推动企业不断进行产品、服务和业务模式的创新。例如,谷歌利用数智化洞察,不断挖掘用户需求和行为模式,推出了一系列创新产品和服务,如谷歌搜索、谷歌地图、谷歌云平台等。通过不断创新,谷歌拓展了自己的商业生态系统,实现了业务的多元化和可持续发展。

综上所述,在当今的商业环境中,数智化洞察对于企业具有极其重要的意义。通过发挥数智化洞察在决策支持、客户洞察、市场趋势分析、运营优化、风险管理和创新驱动等方面的作用,企业可以更好地利用数据资源,提升竞争力,实现可持续发展。在未来,随着技术的不断进步和商业环境的变化,企业数智化洞察将继续发挥重要作用,成为影响企业成功的关键因素之一。

三、数智化洞察的内容

（一）行业数智化洞察

行业数智化洞察是指通过数字化和智能化技术,对特定行业的数据进行深度分析和挖掘,以识别行业趋势、市场需求、技术发展和潜在机会。其目的是为企业提供精准的市场情报,帮助企业制订战略规划、优化资源配置,并推动行业的高质量发展。

（二）竞争对手数智化洞察

竞争对手数智化洞察是指利用数据分析和智能工具,对竞争对手的市场表现、产品特点、营销策略等进行深入研究。通过这种洞察,企业可以明确自身的竞争优势,优化市场定位,制定差异化的竞争策略。例如,企业可以通过分析竞争对手的数据,了解其产品与自身产品的差异点,从而明确自身的竞争优势。

（三）消费者数智化洞察

消费者数智化洞察是指通过大数据分析和智能算法,对消费者的行为、需求和偏好进行精准分析。它可以帮助企业更好地理解消费者,提供个性化的产品和服务,提升消费者体验和满意度。例如,百秋消费者洞察中心通过对人群数据进行分析,形成不同品类、不同品牌的人群标签,从而高效、精准地帮助品牌作出营销决策。

 知识链接 2-1

AI 大数据监测:洞察市场的新利器

在信息时代,大数据已经成了企业决策和制订战略规划的关键工具。然而,海量的数据和快速变化的市场环境使得传统的数据分析方法在使用上变得越来越困难和耗时。幸运的是,AI 的快速发展为企业提供了一种全新的解决方案,即 AI 大数据监测。

AI 大数据监测通过实时收集和分析大量的数据来实现市场洞察。首先,自动扫描互联网上的各种信息源,如社交媒体、新闻网站、论坛和博客等,从中提取出与企业相关的数据,包括消费者的看法、竞争对手的动态、市场趋势等。其次,将这些数据进行自动化处理和分析,挖掘出关键的信息和商机。由此,企业可以及时了解市场的变化和动态,作出快速反应和决策。

AI 大数据监测可以帮助企业了解消费者行为和趋势。通过对社交媒体和在线评论的监测,企业可以了解消费者对产品和服务的看法、偏好和需求。这些数据可以揭示消费者的心理和行为,帮助企业更好地理解他们的目标受众,及时调整营销策略和产品定位。AI 大数据监测还可以追踪消费者的购买决策和行为路径,识别出潜在的购买动机和转化机会。这些洞察可以指导企业制定更精准的市场推广和销售策略。

AI 大数据监测可以监测竞争对手的活动和市场表现。通过对竞争对手的产品发布动态、价格调整、促销活动等进行监测,企业可以了解竞争对手的战略动向和市场占有率;通过分析竞争对手的品牌声誉和消费者反馈,企业可以发现自身的优势和劣势,并调整自己的市场策略。这种对竞争对手的实时监测可以帮助企业保持市场敏感性和竞争优势。

AI大数据监测可以发现潜在的市场机会和风险。首先,通过对市场趋势和消费者需求的分析,可以识别出新兴的市场领域和热门的产品趋势,这些洞察可以帮助企业抓住市场机会,开发新产品和服务。其次,识别市场中的风险和挑战,例如消费者投诉、负面舆情等,通过及时的风险识别和管理,企业可以避免潜在的声誉损失和经济损失。

AI大数据监测为企业提供了一种强大的工具来洞察市场,了解消费者行为和趋势,监测竞争对手的活动,发现市场机会和风险。它通过实时收集和分析大量的数据源,帮助企业实现更准确、及时和全面的市场洞察。随着AI技术的不断发展和应用,AI大数据监测的潜力将进一步释放,为企业创造更多的竞争优势和商业价值。

(资料来源:https://www.163.com/dy/article/I9H5UB4K05389MZD.html。)

第二节 行业数智化洞察

一、行业洞察的重要意义

行业影响着产品和服务的分类,我们生活中的方方面面都与各行各业紧密相关。行业洞察在商业决策中扮演着至关重要的角色,其重要意义体现在以下几个方面。

(一)理解行业趋势

(1)把握市场动态。行业洞察能够揭示行业的发展趋势,包括市场规模的扩张或缩减、技术创新的进展、消费者偏好的变化等。这些信息对于企业制定市场进入策略、产品定位和营销策略至关重要。

(2)预测未来走向。通过对历史数据的分析,结合行业专家的见解,行业洞察可以帮助企业预测未来的市场走向,从而作出更具前瞻性的决策。

（二）评估竞争环境

（1）识别竞争对手。行业洞察有助于企业识别主要竞争对手,了解它们的市场份额、产品特点、定价策略等,从而制定有效的竞争策略。

（2）分析竞争态势。通过行业洞察,企业可以了解行业的竞争结构,如供应商议价能力、客户议价能力、潜在进入者威胁、替代品威胁和现有竞争者之间的竞争强度。

（三）制定战略决策

（1）市场定位。行业洞察有助于企业明确自己在市场中的位置,以及自己相对于竞争对手的优势和劣势,有助于企业制定差异化的市场定位策略。

（2）资源分配。通过洞察行业的竞争格局和趋势,企业可以更加合理地分配资源,以提高整体竞争力。

（3）风险规避。行业洞察可以帮助企业识别潜在的市场风险,如政策变化、经济波动和消费者行为变化等。通过提前洞察风险,企业可以更自如地应对风险。

（四）优化业务运营

（1）提高运营效率。通过了解行业的最佳实践和成功案例,企业可以借鉴并优化自身的业务流程和运营策略,提高生产效率和盈利能力。

（2）降低成本。通过行业洞察,企业可以发现潜在的成本节约机会,如采用新技术、优化供应链管理或更换原材料供应商。

（五）发现新机遇

（1）市场细分。行业洞察可以帮助企业发现新的细分市场或未满足的消费者需求,进而开发新的产品或服务以满足市场需求。

（2）跨界合作。通过了解其他行业的创新和发展趋势,企业可以探索跨界合作的可能性,以创造新的商业模式和更大的商业价值。

二、行业洞察的方法

（一）PEST 分析法

PEST 分析法是一种宏观环境的分析工具,通过评估政治（Political）、经济（Economic)、社会与文化(Sociocultural)和技术(Technological)四大类外部环境因素,来帮助企业识别和分析外部环境的变化趋势及其对企业可能产生的影响。

1.政治环境

政治环境主要涉及政府政策、法律法规、政治稳定性以及国际关系等因素。政策法规的变动会直接影响企业的经营活动,如行业准入政策、税收政策、监管制度等。以电商行业为例,政府对数字经济的扶持政策或数据安全法规的出台,都会对企业的运营模式和发展方向产生重要影响。例如,"十四五"规划将数字经济列为重点发展领域,通过建设跨境电商综合试验区、给予税收优惠等政策,推动电商企业拓展国际市场,加速数字化转型。

2.经济环境

经济环境涵盖宏观经济形势、经济增长速度、通货膨胀率、利率水平、汇率波动、消费者购买力等要素。宏观经济的变化会直接影响消费者的消费能力和消费意愿,进而影响企业的市场需求和盈利水平。例如,居民可支配收入的提高推动消费升级,消费者对商品品质和服务体验的要求将不断提升,进而推动高端电商、定制化消费市场快速发展。又如,在经济波动时期,消费者更加注重性价比,折扣电商、社交拼团等模式获得广阔的发展空间。

3.社会与文化环境

社会与文化环境包括人口结构、文化传统、教育水平、生活方式、价值观念、消费习惯等。社会与文化环境的变化会催生新的市场需求,也可能导致传统需求的萎缩。随着互联网的普及和智能手机的广泛应用,消费者的购物习惯发生了根本性变化,线上购物成为主流消费方式。同时,不同年龄群体的消费特点也日益明显:Z世代追求个性化、社交化的购物体验,推动直播电商、社交电商快速发展;老年群体对适老化购物平台的需求不断增加,为电商企业开拓新市场提供了机遇。

4.技术环境

技术环境涉及科技发展水平、技术创新能力、新技术应用、研发投入等方面。技术的进步不仅能为企业带来新的生产方式和管理模式,还能创造全新的市场机会和商业模式。例如,人工智能、大数据、区块链等技术的应用,深刻改变了电商行业的运营模式。人工智能技术帮助企业实现智能推荐、智能客服,提升了用户购物体验;大数据技术帮助企业精准把握消费者需求,优化产品策略;区块链技术则在商品溯源、供应链金融等领域发挥重要作用,提升了交易的透明度和可信度。

(二)波特五力模型

波特五力模型由迈克尔·波特于 20 世纪 80 年代初提出,他认为行业中存在着决定竞争规模和程度的五种力量,即供应商的议价能力、购买者的议价能力、新进入者的威胁、替代品的威胁、同业竞争者的竞争程度,这五种力量综合影响着产业的吸引力。

1.供应商的议价能力

供应商通过提高投入要素价格与降低单位价值质量的能力,影响行业中现有企业的盈利能力与产品竞争力。当供方所提供的投入要素的价值在买主产品总成本中占据较大比例,或是供方所提供的投入要素对买主产品生产过程非常重要、严重影响买主产品的质量时,供方对于买主的潜在讨价还价能力就大大增强。

2.购买者的议价能力

购买者主要通过其压价与要求企业提供更好的产品或服务的能力,影响行业中现有企业的盈利能力。当购买者的总数较少,而每个购买者的购买量较大,占了卖方销售量的很大比例时,或是当卖方行业由大量相对来说规模较小的企业所组成时,购买者的议价能力通常较高。

3.新进入者的威胁

新进入者在给行业带来新生产能力、新资源的同时,也希望在已被现有企业瓜分得差不多的市场中赢得一席之地,这就有可能会与现有企业发生原材料与市场份额的竞争,最终导致行业中现有企业的盈利水平降低,严重的话还有可能危及现有企业的生存。新进入者威胁的严重程度取决于两方面的因素:一是进入新领域的障碍大小,二是现有企业对于新进入者的反应情况。

4.替代品的威胁

两个处于不同行业中的企业,可能会由于所生产的产品是互为替代品,形成很强的竞争关系。来自替代品的竞争会以各种形式影响行业中现有企业的竞争战略。替代品价格越低、质量越好、用户转换成本越低,其所形成的竞争压力越大。替代品的威胁程度可以通过考察替代品销售增长率、替代品厂家生产能力与盈利扩张情况来衡量。

5.同业竞争者的竞争程度

大部分行业中的企业之间的利益都是紧密联系在一起的。企业实行竞争战略的目标都在于使得自己相对于竞争对手而言具有优势,所以,冲突与对抗现象必然会产生,这些冲突与对抗就构成了企业之间的竞争。企业之间的竞争常常表现在价格、广告、产品介绍、售后服务等方面,其竞争程度与许多因素有关。

三、行业洞察的数据来源

（一）政府或官方机构：权威数据基石

国家统计局与地方统计局发布的统计数据涵盖经济增长、产业规模、就业情况等多个维度,是行业分析的基础,可以通过访问对应的官方网站,查找并解读最新的行业数据。

行业监管部门如国家金融监督管理总局、中国证券监督管理委员会等不仅监管行业内的企业行为,还会定期发布行业报告,分析市场动态及监管政策变化对行业的影响。这些报告对于企业理解行业政策环境至关重要。

行业协会通常拥有丰富的行业资源和专业知识,会定期发布行业白皮书、市场趋势分析报告等。这些报告往往包含了对行业现状、发展趋势、竞争格局的深入分析。

国际组织如世界银行、国际货币基金组织等发布的全球经济和行业数据对于企业进行跨国比较和国际市场分析具有重要意义。

 知识链接 2-2

《中国微短剧行业发展白皮书(2024)》的八大主要发现

2024 年 11 月 6 日,中国网络视听协会在第二届杭州·微短剧大会开幕式上正式发布《中国微短剧行业发展白皮书(2024)》(以下简称《白皮书》)的八大主要发现。《白皮书》研究发现,微短剧行业已进入转型升级期,正式迈入"2.0 时代",行业体量稳步增长,用户规模、市场规模、从业机构数量及内容供给量均创下新高,生产方式和商业模式也发生了根本性变革。《白皮书》还对当前微短剧行业的整体格局与未来趋势进行了深入分析,从用户规模、市场潜力到行业生态,提供了多维度的洞察,为推动微短剧行业高质量发展提供参考。在大会现场,中国网络视听协会副秘书长周结解读了《白皮书》中的八大主要发现,为与会者勾勒出微短剧行业现状和未来的发展蓝图。

1."焕新力"强劲,微短剧成为网络视听领域新爆点

截至2024年6月,我国微短剧用户规模已达到5.76亿人,占整体网民数量的52.4%,呈稳步增长态势。微短剧已超越网络外卖、网络文学、网约车和网络音频等多类基础数字服务,成为数字生活的重要组成部分。

随着微短剧热度的持续上升,2024年其市场规模有望首次超过内地电影票房。据行业机构预估,2024年我国微短剧市场规模将达504.4亿元,同比增长34.90%,而内地电影全年总票房收入预计为470亿元。

在这一发展热潮下,微短剧相关企业注册量持续攀升,企业数量已突破8.3万家。多领域企业、明星及各大品牌纷纷入局,进一步扩大了行业市场,提升了行业影响力。

2.政府护航微短剧高质量发展,"精品化"是行业共识

国家广播电视总局从规范监管、引导扶持和生态建设三大维度着力推动微短剧实现高质量发展,为行业健康成长保驾护航。微短剧制作成本不断上升,创作者创作心态放稳,从追求爆款转向提升剧集平均质量,头部作品长尾效应初显。数据显示,2024年1—8月,月均有8000余部老剧在进行商业投流,老剧复投成为行业新趋势。

值得关注的是,在国家广播电视总局有关推动优秀网络视听作品在大屏端播出的倡导下,数十部微短剧已成功登陆电视大屏,且成绩亮眼。东方卫视与中国网络视听协会共同推出全国首个日播微短剧展播带"品质东方·微剧场",首播剧目《金猪玉叶》在播出首日即拿下电视台收视四网全域第一。

3."引力"超强,微短剧成为日常生活的"精神加餐"

超七成网络用户已经养成了看微短剧的习惯。其中,36.19%的网络用户每天都看微短剧,38.15%的网络用户每周看好几次微短剧。观看微短剧已成为大部分网络用户文娱生活的重要一环。此外,微短剧的观看呈现分散性和私密性特点,工作间隙、通勤路上等时间段都是网络用户享受微短剧的时间。网络用户对微短剧经常欲罢不能,有 65.78% 的网络用户曾重复观看同一部剧,微短剧不再是"快餐"类内容。

4.基层传播力凸显,微短剧是内容领域的超级新星

移动端微短剧用户集中在三线以下城市,而大屏端的微短剧用户则表现出老少均有、以高学历为主的区别化特点,可见大屏进一步扩展了微短剧用户群体。

微短剧的创作逻辑以"造梦"为核心,不仅成为用户情绪的"解压器",也是消费需求的"释放阀"。正因如此,微短剧的用户消费意愿较高,超过四成的用户因观看微短剧广告而产生消费。

5."钱"力无限,微短剧创造数字经济新玩法

微短剧行业的商业模式正逐步从以 IAP(应用内购买)为主,向 IAP 与 IAA(应用内广告)并重转型。微短剧不断挖掘 B 端(企业端)价值潜力,积极探索以广告营销为主的多元化变现模式,已成为品牌营销的"新宠"。

截至 2024 年 8 月,在主要短视频平台共有 332 部微短剧与各行各业的品牌达成合作,其中,美妆行业领投,电商、个护、家电、饮料等行业表现亮眼。头部达人参与的品牌合作微短剧播放量占比较高,有力提升了品牌曝光度和市场影响力。

6.破圈赋能,微短剧探索助力千行百业新模式

微短剧已成为影视剧和综艺的创意来源和推广渠道,推动新 IP(本义为知识产权,当下更多指具有特色、能够变现的文化符号等)的孵化以及老 IP 的创新衍生。此外,在政府的引导和政策支持下,"微短剧＋"融合各行各业,陆续推出"跟着微短剧去旅行""微短剧里看品牌""跟着微短剧来学法"等多个创作计划,展现了微短剧巨大的跨界赋能潜力。

7.孵化新产业,微短剧成地方新质生产力的着力点

微短剧产业发展呈现显著的地域分布特征,以临平政府为代表的多地政府已将微短剧产业纳入地方数字经济发展的重点。各地相继出台扶持政策,通过资金激励、人才引进、基础设施保障等措施,鼓励微短剧上下游机构落户,推动产业在本地扎根壮大,进一步激发当地文旅、电商等相关产业的活力。

8.海外"很上头",微短剧为外国人看向中国"引流"

微短剧在海外市场展现巨大的增长潜力。来自中国的微短剧类应用包揽了微短剧类目应用下载量前三的位置,领跑海外市场,微短剧类应用因此成为继短视频类应

用之后文娱领域又一风靡全球的应用品类。在海外用户通过微短剧了解中国文化和生活的同时，微短剧也为中国文娱产品开辟新的国际市场。

（资料来源：https://baijiahao.baidu.com/s?id=1815064940936970357&wfr=spider&for=pc。有删改。）

（二）市场研究与咨询公司：专业视角的洞察

知名市场研究机构与咨询公司通常拥有庞大的数据库和专业的分析师团队，能够针对特定行业进行深入的市场研究，并发布详细的市场报告和数据。它们不仅提供行业分析报告，还能够为客户提供定制化的战略咨询服务。

（三）学术研究与专业期刊：理论与实践的结合

经济学、管理学等领域的学术期刊上经常会有关于特定行业深入研究的相关文章。此类文章往往基于严谨的理论框架和实证数据写作而成，能为学习者提供理论支持和方法论指导。

此外，专业期刊不仅会报道行业动态和企业新闻，还会发表关于行业趋势、企业战略等方面的文章。这些文章通常结合了实践经验和理论分析，能够为学习者了解行业提供更为全面的视角。

（四）网络搜索与社交媒体：信息的广度与深度

通过搜索引擎可以搜索到大量的行业新闻、分析报告、企业动态等信息。这些信息虽然可能不够系统或权威，但可以提供多样化的视角和观点，因此，可作为行业分析的补充材料。此外，社交媒体上用户的分享和讨论往往能够反映消费者的观点和市场需求的变化，通过关注相关行业的话题和社群，收集这些信息并进行分析，可以了解市场动态和消费者需求的变化趋势。

四、行业数智化洞察的主要内容

（一）行业概况

1.定义与分类

行业是指具有共同特征或从事相同经济活动的企业、组织或机构的集合。共同特征可能包括产品类型、生产流程、市场需求或技术基础等。例如,汽车行业以汽车制造为核心,涵盖了从零部件生产、整车组装到销售与售后服务的全过程。

行业内部通常可以细分为多个细分领域或子行业。细分领域往往基于产品类型、市场定位、技术应用或客户群体等方面的差异划分。例如,信息技术行业可以细分为软件开发、硬件制造、云计算服务、网络安全等多个子行业。明确行业的定义和分类有助于更准确地把握行业的整体特征和内部结构。

2.发展历程

了解行业的发展历程是深入理解行业现状和未来趋势的基础。行业的起源可以追溯到特定的历史时期,随着技术进步、市场需求的变化以及政策环境的演变,行业经历了不断的发展和演变。在发展历程中,行业可能有多个重要里程碑,标志着行业发展的关键节点,如新技术的突破、新产品的推出、市场需求的激增或政策的重大调整等。例如:互联网行业的起源可以追溯到 20 世纪 60 年代计算机网络技术的初步发展,而互联网的迅速崛起是在 20 世纪 90 年代随着万维网的普及而形成的。2007年,苹果公司推出第一代 iPhone,标志着移动互联网时代的到来,极大地改变了人们的生活方式和消费习惯,也重塑了多个行业的市场格局。正是通过分析这些里程碑,我们才可以更好地理解互联网行业的演变路径和未来可能的发展方向。

3.市场规模

市场规模是衡量一个行业发展水平的重要指标,反映了行业在当前市场中的总体规模和影响力。评估市场规模时,通常要考虑总产值、总销量等关键指标。

总产值是指行业在一定时期内所生产的全部产品和服务的价值总和。它反映了行业的生产能力和市场规模的大小。例如,某国汽车行业在某一年的总产值可能达到数千亿元人民币,这表明该行业在该国经济中占有重要地位。

总销量则是指行业在一定时期内所销售的产品数量,它直接反映了市场需求的大小和行业的销售能力。例如,某地区智能手机的年销量可能达到数千万部,这显示出该地区对智能手机的高需求。通过综合考量总产值和总销量等指标,可以对行业的市场规模进行全面评估,进而了解行业在当前市场中的地位和影响力。同时,这些指标也为预测行业未来的发展趋势提供了重要的参考依据。

4.行业生命周期

生命周期是指行业从出现到完全退出社会经济活动所经历的时间。众所周知，行业的发展一般可分为幼稚期、成长期、成熟期、衰退期等四个周期，不同行业在每个周期上的长度和表现不尽相同，而不同国家、不同地区的同一行业也可能处于生命周期的不同阶段。区分行业到底处于哪个阶段，可从市场规模、销售增长率、集中度、利润率、投资额等指标上入手分析。比如：在成长期，销售增长率较高，参与竞争的企业较多，行业投资额明显加大；而在成熟期，销售增长率逐渐下降，参与竞争的企业数量趋于稳定或略有下降，市场集中度提高，行业投资速度放慢。当下风生水起的AI行业就处于成长期，各路玩家都跃跃欲试。以下是不同行业生命周期所呈现的特点。

（1）幼稚期：产品设计尚未成熟，行业利润率较低，市场增长率高，需求增长较快，技术变动较大。

（2）成长期：市场增长率很高，需求高速增长，技术趋于稳定，行业特点、行业竞争状况及用户特点已经比较明朗，行业进入壁垒高。

（3）成熟期：市场增长率不高，需求趋于稳定，技术上已经成熟，行业特点、竞争状况及用户特点非常清楚和稳定，行业盈利能力下降，行业进入壁垒高。

（4）衰退期：生产能力过剩，因技术模仿而出现的替代产品充斥市场，市场增长率严重下降，需求下降，产品品种及竞争者数目减少。

（二）市场结构与竞争格局

1.市场集中度

市场集中度是衡量市场中企业分布和竞争状况的关键指标，可以通过分析市场中前几大企业的市场份额来评估市场的垄断或竞争程度。市场份额高度集中在少数企业时，市场集中度高，表明市场可能处于垄断状态；若市场份额分散在众多企业中，则市场集中度低，市场竞争激烈。

高市场集中度意味着少数企业掌握市场主导权，能够影响价格、产量和竞争格局。例如，在全球智能手机市场，苹果和三星长期占据较高份额，新进入者面临技术、品牌和渠道等多方面的进入壁垒。这些占据较高市场份额的企业通过控制产量、提高价格等手段维持市场地位，新企业进入市场的难度较大。相反，低市场集中度的市场中,企业需通过创新、降低成本和提升服务质量来争夺份额,如餐饮行业竞争就很激烈,企业需通过不断创新菜品和服务来吸引顾客。

2.竞争态势

竞争态势是指行业内各竞争主体之间的竞争程度和竞争格局的稳定性。竞争态势的强弱取决于多种因素,包括市场集中度、产品同质化程度、客户忠诚度、进入壁垒和退出壁垒等。

在高市场集中度的行业中,少数企业占据主导地位,竞争态势相对稳定。例如,在全球航空发动机市场,普惠、通用电气和罗罗等少数几家企业长期占据绝大部分市场份额,新进入者难以打破这种竞争格局。而在低市场集中度的行业中,市场竞争激烈,企业需要通过不断创新和提升服务质量来争夺市场份额。例如,在餐饮行业,由于进入壁垒较低,市场竞争激烈,企业需要通过不断推出新菜品、优化服务体验等方式来吸引顾客。

产品同质化程度越高,企业之间的竞争就越激烈。例如,在传统家电市场,产品功能和外观的同质化程度较高,企业主要通过价格竞争和促销活动来吸引消费者。

客户忠诚度则会影响企业的市场稳定性。例如,在电信行业,由于客户对运营商的品牌和服务有一定的依赖性,客户忠诚度较高,企业之间的竞争相对稳定。

进入壁垒和退出壁垒的高低也会影响竞争态势。对于高进入壁垒和低退出壁垒的行业而言,新企业进入难度大,但现有企业退出也较为困难,竞争格局相对稳定。例如,在核电行业,进入壁垒极高,新企业难以进入,而现有企业由于巨额投资和政策限制,退出也较为困难,竞争格局相对稳定。

3.进入壁垒

进入壁垒是影响新企业进入行业难易程度的关键因素,包括技术壁垒、资金壁垒、法规壁垒以及市场认知度壁垒等。

技术壁垒是指新企业需要掌握的核心技术或专利等门槛。在电商行业,技术壁垒主要体现在平台的技术架构、用户体验优化、大数据分析和人工智能应用等方面。例如,亚马逊和京东等大型电商平台通过长期的技术积累,建立了高效稳定的交易系统、智能推荐算法体系和物流配送网络,这些技术优势构成了新进入者难以逾越的门槛。

资金壁垒涉及新企业进入市场所需的初始投资和运营成本。电商行业需要大量资金用于平台建设、技术研发、市场推广和物流配送等环节。例如,建设一个功能完善且用户体验良好的电商平台,需要投入高额资金用于服务器租赁、网络安全防护和软件开发。此外,市场推广也是电商行业需要投入高成本的环节,新进入者需要在搜索引擎营销、社交媒体广告和参加展会等方面投入大量资金。

法规壁垒可能包括政府管制、行业标准或环保要求等。在电商行业,法规壁垒主要体现在数据安全、知识产权保护、消费者权益保护和跨境贸易政策等方面。例如,跨境电商企业需要遵守不同国家的进出口许可、关税政策和数据安全法规。这些政策或法规要求增加了企业的合规成本,因此对新进入企业构成了较高的进入壁垒。

市场认知度壁垒是指新企业在市场上建立品牌知名度和客户信任度所需的时间和资源。在电商行业,品牌认知度和用户忠诚度对于企业而言非常重要。例如,阿里巴巴和京东等头部电商平台通过多年的市场推广和品牌建设,积累了庞大的用户群体和良好的品牌声誉,而新进入者需要投入大量时间和资源来提升品牌知名度并建立用户信任,这构成了市场认知度壁垒。

高进入壁垒意味着新企业进入市场可能面临较大的困难和风险,但这也为现有企业提供了保护其市场份额和利润的机会。相反,低进入壁垒则意味着市场竞争更加充分,新企业有机会通过创新和差异化策略来打破现有竞争格局。

(三)行业趋势与发展前景

1.技术趋势

技术趋势是推动行业进步与变革的关键因素。行业内的技术创新活动包括新兴技术的研发、现有技术的迭代升级以及跨界技术的融合应用。通过深入剖析技术趋势,可以洞察未来技术发展的可能方向,如智能化、自动化、数字化等趋势,这些趋势将深刻影响行业的生产模式、产品形态及市场格局。例如,在金融领域,区块链技术被用于跨境支付上,通过去中心化的账本记录,提高交易的安全性和透明度。

2.市场需求趋势

市场需求是行业发展的直接驱动力。消费者需求的变化趋势包括需求的多样化、个性化以及随社会经济环境变化产生新需求。通过市场调研和数据分析,可以预测未来一段时间内消费者偏好的转变,以及这些变化如何作用于行业的产品设计、营销策略及服务模式。理解并把握市场需求趋势,对于行业转型升级、提升市场竞争力具有重要意义。例如,在教育行业,消费者对在线教育的需求增加推动了在线教育平台的发展,这些平台为用户提供远程学习和在线课程。

3.政策与法规趋势

政策与法规是行业发展的外部约束条件,也是推动行业规范化、可持续发展的重要力量。因此,应全面梳理可能影响行业的政策,包括国家层面的战略规划、产业政策、环保要求等,以及地方政府的配套措施。同时,还要关注相关法律法规的调整,如知识产权保护、数据安全与隐私保护等方面法律法规的变化,这些变化将对行业的经营环境、合规要求及风险防控产生深远影响。正确理解和适应政策与法规趋势,有助于行业主体把握发展机遇,规避潜在风险。例如,随着数据安全法和个人信息保护法的实施,企业在数据管理和隐私保护方面将面临更高的合规要求。

知识链接 2-3

市场劲吹"国潮风":老字号焕新,新品牌崛起

2021 年,资本市场"国潮风"劲吹,多个国货品牌公司的股价涨势如虹。包括服装、美妆、汽车在内的多个行业景气向好,国货品牌获得广阔成长空间。业内人士表示,"国潮热"体现了资本市场投资者对国货品牌的关注,折射出消费者的需求变化、价值归属和社群认同,传递出我国经济快速发展、民族品牌崛起的信号。

1.业绩提升明显

2021 年,在国货品牌消费热潮刺激下,多家传统品牌业绩显著提升,其中纺织服装行业表现抢眼。

以李宁、安踏为代表的国潮服装品牌受消费者钟爱。李宁公司 2021 年上半年营业收入首过百亿元,达 101.97 亿元,同比增长 65%,为 10 年来最高涨幅;净利润同比增加 187.18% 至 19.62 亿元。安踏公司半年报同样亮眼。安踏 2021 年上半年营业收入 228.1 亿元,同比增长 55.5%;净利润 38.4 亿元,同比增长 131.6%。

同为服装领域的太平鸟公司也交出了最佳半年成绩单。数据显示,公司上半年营业收入 50.15 亿元,同比增长 55.88%;实现净利润 4.11 亿元,同比增长 240.52%。曾经稍显"老态"的太平鸟近年来进行年轻化转型,在产品风格、营销方式上进行调整,通过联名等方式打造"国潮风"产品,如今初见成效。

美妆赛道同样景气。拥有"佰草集""美加净"等多个护肤国产品牌的上海家化公司,上半年实现营业收入 42.1 亿元,同比增长 14.3%;净利润 2.86 亿元,同比增长 56%。有国产美妆"领头羊"之称的水羊股份,上半年实现营业收入 21.19 亿元,同比增长 49.83%;净利润 8893.87 万元,同比增长 164.48%。

无锡数字经济研究院执行院长吴琦表示,随着国货品牌成为消费时尚,部分领域国产品牌的关注度和销售量反超海外品牌,也使得相关企业成为资本市场关注的重点。

中南财经政法大学数字经济研究院执行院长盘和林表示,资本市场能支持国货品牌产能扩张,也能推动国货品牌估值提升。此外,国货品牌市值增长还向外部传递了企业发展的积极信号,提升了国货影响力。

2.谁的贡献最多

近年来,国货品牌迅速崛起,重新赋能消费品赛道,其中,既有"李宁""百雀羚""大白兔"等老字号焕新,又有"故宫淘宝""完美日记"等新品牌兴起。

北京中创文旅集团董事长秋童表示,国货品牌兴起得益于以下几个方面:一是中国经济快速发展,国际影响力不断提升,带有中国文化特色的品牌在国际上受到越来越多的关注;二是年轻一代设计师将传统文化用现代审美的方式进行二次创作,让年轻人普遍接受并喜爱,扩大了国潮国货的传播范围;三是新消费领域的创业群体不断创造出新的国货品牌,提升国货品牌的价值。

国泰君安消费行业研究团队认为,国潮兴起不是靠单一产品推动的,而是人口结构、收入水平、文化心态、消费理念等多因素共同作用的结果。

百度搜索大数据显示,"00后""90后"是最关注国风文化的人群。听国潮音乐,看国潮综艺,不少"后浪"以更多新颖的方式与国潮亲密接触。直播、短视频、影视综、文创、文旅成为近 10 年"国潮文化"传播的主要载体。

业内人士认为,年轻消费群体已成为近年来国货崛起的重要推动力量。其中,Z世代(出生于 1995—2009 年的年轻人)消费者已成为国货市场消费的主力。

"'95后'消费群体追求个性化与潮流化,传统文化加持下的国货品牌更易吸引他们的关注。另外,作为互联网的'原住民','95后'群体对于线上线下全渠道品牌营销接受度更高,也愿意通过短视频平台、直播等形式购买商品。"秋童认为。

3.还需哪些努力

国货品牌驶入快车道,背后是"中国制造"向"中国创造"的转型提速。

"国货只有提升品质,才能获得消费者的认可;只有不断提升专利技术水平,形成技术和工艺壁垒,国货才能走向全球市场。在这个过程中,完备的工业体系使国潮设计成为现实,并快速实现量产。所以,完备的工业体系和制造能力对国货来说至关重要。"业内专家表示。

"十四五"规划纲要明确提出,要坚持自主可控、安全高效,推进产业基础高级化、产业链现代化,保持制造业比重基本稳定,增强制造业竞争优势,推动制造业高质量发展。分析人士认为,完善现有制造业体系,推动质量加快提升、结构优化升级,将为国货品牌发展提供有力支撑。

如今,以新能源车和手机为代表的国货产品在全球高科技消费领域已形成竞争力。"随着制造业转型升级,国内汽车、IT通信、家电、快消日化与服装服饰等行业的产品质量、品牌形象将进一步提升。"吴琦说。

除了政策东风、制造业赋能,国货品牌的发展还离不开文化自信的增强。业内专家表示,国货品牌硬实力和国潮文化软价值,将是国货崛起的内外逻辑。因此,对国潮文化的发掘不应止于表面,还应注重产品质量、精神内核、文化表达、传播形式等层面的创新,使消费者对国货真正形成认可。

当然,国货品牌的长远发展也少不了企业的努力。秋童表示,国货品牌要把握好消费者心理,在设计上推陈出新,赋予传统文化新的生命力;不断提高产品质量,让消费者买得安心、用得放心;坚持创新营销方式,触达更多消费群体。

(资料来源:http://www.xinhuanet.com/fashion/20211019/5195a3f7474443aba90a97bb8d78e6a4/c.html。有删改。)

第三节 竞争对手数智化洞察

一、竞争对手界定

（一）明确市场定位和目标客户

明确自身的市场定位和目标客户是企业界定竞争对手的基础，有助于企业精准把握自身在市场中的位置，判断哪些企业可能与其在同一市场中竞争。企业需深入分析自身的品牌定位、产品特性、服务优势以及目标客户群体，从而确定自身在市场中的独特价值主张。

（二）分析产品或服务的相似性

分析自身产品或服务与市场上其他产品或服务的相似性是企业界定竞争对手的重要步骤，这种分析包括对功能、性能、价格、品质、品牌形象等方面的全面比较。如果其他企业提供的产品或服务在这些关键方面与自身高度相似，那么它们很可能是直接竞争对手。例如，在智能手机市场，苹果和三星是直接竞争对手，它们在高端智能手机市场争夺高端用户群体。

（三）评估市场重叠度

市场重叠度是指一企业的目标客户群体与其他企业目标客户群体的重叠程度。这一指标反映了企业之间竞争的激烈程度。如果两个企业的目标客户群体高度重叠，那么它们之间的竞争将更为激烈。评估市场重叠度时，企业需分析客户的需求、购买行为和偏好，以确定潜在的竞争关系。例如，若某企业主要服务于年轻、时尚的消费群体，那么其他针对同一群体的企业便是其主要竞争对手。

（四）考虑替代产品或服务

除了直接竞争对手，企业还需关注那些提供替代产品或服务的企业，这些企业可能通过满足客户的相似需求来间接竞争。例如：在出行市场，传统出租车公司和网约车平台（如滴滴出行）是间接竞争对手。虽然它们提供的服务形式不同，但都满足了消费者的出行需求。在食品市场，方便面企业和外卖平台上的商家是间接竞争对手，因为虽然它们提供的产品的形式不同，但都满足了消费者对便捷食品的需求。

（五）关注潜在竞争对手

潜在竞争对手是指那些目前尚未进入市场，但具备进入市场的能力和意愿的企业。这些企业来自不同的行业或领域，但可能通过技术创新、跨界合作等方式进入现有市场。因此，企业需要密切关注这些潜在竞争对手的动态，以便及时应对。例如，传统汽车制造商通过转型进入电动汽车市场，对新兴电动汽车制造商构成了潜在威胁。

（六）使用数据和分析工具

利用市场研究数据、行业报告和分析工具来界定竞争对手是科学且有效的。这些数据、报告等可以提供关于市场份额、增长率、竞争格局等方面的信息，帮助企业更准确地识别竞争对手。例如，通过市场调研机构的报告，企业可以了解竞争对手的市场表现和客户反馈，从而优化自身的竞争策略。

（七）持续监控和更新

市场环境和竞争态势是动态变化的，因此企业需持续监控竞争对手的动态和市场变化，并根据实际情况更新竞争对手列表，以及时调整战略和应对措施，保持竞争优势。例如，通过定期分析竞争对手的市场活动和产品更新情况，企业可以及时调整自身的市场策略，以应对新的竞争挑战。

二、竞争对手洞察的重要作用

在现代商业环境中，竞争对手洞察对于企业制定战略、优化运营和提升竞争力是至关重要的。竞争对手洞察的重要作用主要体现在如下几方面。

（一）制定有效的竞争策略

(1)明确竞争优势。通过深入了解竞争对手的产品、服务、技术和市场策略，企业可以明确自身的竞争优势和劣势，从而制定差异化的竞争策略。例如，苹果通过不断创新和优化用户体验，确立了其在高端智能手机市场的竞争优势。

（2）预测竞争对手行动。洞察竞争对手的动态和未来计划,可以帮助企业提前布局,制定应对措施。例如,通过监测竞争对手的研发投入和市场推广活动,企业可以预测其可能实施的产品发布和市场策略,从而提前调整自身的战略。

（二）优化产品和服务

（1）提升产品质量。通过分析竞争对手的产品特点和技术优势,企业可以发现自身的不足之处,从而优化产品设计和功能。例如,小米通过学习苹果和三星的产品设计,不断提升自身产品的品质和用户体验。

（2）创新服务模式。了解竞争对手的服务模式和客户反馈,可以帮助企业发现服务短板,创新服务模式。例如,海底捞通过提供独特的餐饮服务体验,树立了行业服务标杆,其他餐饮企业可以学习并优化自身服务。

（三）优化市场定位

（1）精准定位目标客户。通过分析竞争对手的客户群体和市场定位,企业可以更精准地定位目标客户,避免与竞争对手产生正面冲突。例如,特斯拉专注于高端电动汽车市场,而比亚迪则通过多品牌战略覆盖中低端市场,两者通过差异化定位避免了直接竞争。

（2）发现市场空白。洞察竞争对手的市场覆盖情况,可以帮助企业发现未被充分满足的市场细分领域,从而开拓新的市场机会。例如,拼多多通过聚焦下沉市场,发现了传统电商平台忽视的市场空白,迅速崛起。

（四）提升市场竞争力

（1）优化营销策略。通过分析竞争对手的营销活动和市场推广策略,企业可以优化自身的营销策略,提高营销效果。例如,通过监测竞争对手的广告投放和促销活动,企业可以调整自身的广告投放渠道和促销策略,提升市场影响力。

（2）提升客户忠诚度。了解竞争对手的客户满意度和忠诚度情况,可以帮助企业优化客户服务,提升客户忠诚度。例如,星巴克通过提供优质的产品和服务,培养了大量忠实客户。

（五）应对市场变化

（1）快速响应市场变化。通过持续监测竞争对手的动态,企业可以快速响应市场变化,及时调整战略。例如,新冠疫情期间,许多企业通过监测竞争对手的应对措施,迅速调整生产和服务模式,适应市场变化。

(2)把握行业趋势。通过分析竞争对手的技术创新和市场策略,企业可以把握行业趋势,提前布局。例如,通过监测竞争对手在人工智能和大数据领域的投入,企业可以提前布局相关技术领域,提升竞争力。

三、竞争对手数智化洞察的主要内容

(一)基本信息

(1)公司概况。涵盖公司的成立年限、规模、历史背景和发展轨迹等,这些信息有助于企业深入了解竞争对手的成长历程和市场经验。通过梳理竞争对手的发展历程,企业可以清晰地看到竞争对手在市场中的定位和战略演变。

(2)市场份额与增长。对竞争对手在当前市场中的份额以及近年来的增长趋势进行分析,从而评估其市场地位和竞争力。市场份额的大小直接反映了竞争对手在市场中的影响力,而增长趋势则揭示了其发展潜力和市场适应能力。

(二)产品与服务

全面梳理竞争对手的产品线和服务内容,深入分析其产品与服务的核心特点、独特优势以及与本企业产品在功能、性能、品质、用户体验等方面的差异。企业通过这样的对比分析,可以明确自身产品在市场中的竞争优势与不足,为产品优化与创新提供参考依据。例如:在智能手机市场,苹果公司以其高端的设计、强大的硬件性能和完善的 iOS 生态系统著称。其产品线涵盖了从基础款到高端旗舰款的多个系列,满足不同层次用户的需求。相比之下,小米公司则通过高性价比的产品策略,提供具有竞争力的硬件配置和丰富的功能体验,尤其在中低端市场具有显著优势。小米的产品线也较为丰富,从入门级的"Redmi"系列到高端的"Mi"系列,覆盖了广泛的用户群体。

(三)营销策略

(1)市场定位与目标客户。企业应分析竞争对手的目标客户群体、市场细分策略和品牌定位,了解其如何塑造品牌形象以及如何与目标客户建立联系。例如,某咖啡连锁品牌通过分析竞争对手的用户评价,发现其服务体验存在不足,因此选择提升自身的服务质量。

（2）营销渠道与推广方式。企业应研究竞争对手使用的营销渠道和推广方式，包括线上广告、社交媒体、线下活动、内容营销等，关注不同渠道或推广方式的投入和效果。例如，某快消品牌通过分析竞争对手的社交媒体互动数据，调整了自身的广告投放策略。

（3）促销活动与优惠策略。企业应分析竞争对手的促销活动、优惠政策、会员计划等，了解其吸引新客户和留住老客户的方式。例如，某饮料品牌通过社交媒体营销和限时折扣活动成功吸引了大量年轻消费者。

（4）品牌建设与市场认知度。企业应考察竞争对手的品牌建设方式，包括品牌定位、品牌传播途径等，分析竞争对手的品牌活动如何影响消费者认知和购买决策。例如，某电商平台通过分析发现竞争对手在特定时间段内频繁降价，于是推出了"限时抢购"活动，成功吸引了大量用户。

（5）广告投放与内容策略。企业应分析竞争对手的广告投放策略，包括广告创意、投放渠道和频率，了解竞争对手如何通过内容营销吸引和留住客户。

（四）资源与能力

1.核心资源分析

核心资源是企业竞争力的基础，主要包括技术专利、品牌影响力、供应链优势等方面。通过分析这些资源，企业可以了解竞争对手的优势和劣势。

（1）技术专利。企业应分析竞争对手的专利数量、核心技术和研发投入。例如，特斯拉在电池技术和自动驾驶技术方面的专利数量和研发投入使其在电动汽车市场占据领先地位。

（2）品牌影响力。企业应评估竞争对手的品牌知名度、品牌形象和市场认知度。例如，苹果公司通过长期的品牌建设，树立高端、创新的品牌形象。

（3）供应链优势。企业应研究竞争对手的供应链管理能力，包括成本控制、响应速度和物流效率。例如，小米通过优化供应链管理，实行高性价比的产品策略。

2.核心能力评估

竞争对手核心能力的强弱决定了其能否持续创造价值。核心能力主要包括研发能力、技术应用能力、市场能力等方面。通过评估这些能力，企业可以了解竞争对手的市场竞争力。

（1）研发能力。主要包括竞争对手的研发预算和团队规模。例如，华为每年将大量资金投入研发，以保持在通信技术领域的领先地位。

（2）技术应用能力。主要指技术在产品中的应用效果是否提升了用户体验或效率。例如，亚马逊通过大数据和人工智能技术优化其推荐系统，提升用户体验。

（3）市场能力。主要指竞争对手的市场份额、客户满意度和市场推广能力。例如，京东通过高效的物流配送和优质的客户服务，提升其在电商市场的竞争力。

（五）竞争对手SWOT分析

通过SWOT分析，企业可以全面了解竞争对手的强项和短板。具体步骤如下。

（1）优势（Strengths）分析。识别竞争对手在技术、品牌、市场等方面的优势。例如，苹果在高端智能手机市场具有强大的品牌优势和技术优势。

（2）劣势（Weaknesses）分析。找出竞争对手在成本控制、创新能力、客户体验等方面的不足。例如，传统汽车制造商在向电动汽车制造商转型的过程中，可能面临技术积累不足的劣势。

（3）机会（Opportunities）与威胁（Threats）。评估外部环境中的机会和威胁，如市场趋势、政策变化等。例如，随着环保政策实施力度的加大，传统燃油汽车制造商面临向新能源汽车制造商转型的压力。

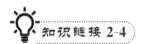
知识链接 2-4

竞争对手调查技术和工具

竞争对手调查是一种市场调研方法，旨在了解竞争环境，分析竞争对手的优势和劣势，制定差异化的营销策略。竞争对手调查可以帮助企业识别自身的优势和劣势，发现潜在的市场机会和威胁，提高自身的竞争力和盈利能力。

竞争对手调查的技术和工具有很多种，通过利用不同的技术和工具，企业可以从不同的角度和维度收集和分析竞争对手的信息。搜索引擎指数平台、微信数据平台、移动应用检测工具、SWOT分析是四种主要的竞争对手调查技术和工具。

搜索引擎指数平台如百度指数、微博指数等。这些平台可以反映竞争对手的品牌、产品或服务的搜索热度、趋势、地域分布等信息,从而反映竞争对手的知名度、受欢迎程度、市场占有率等指标。例如,通过百度指数,我们可以查看竞争对手的品牌词或产品词的搜索量变化,分析竞争对手的市场需求和用户偏好。

微信数据平台如新榜、清博指数、西瓜数据等。这些平台可以监测竞争对手微信公众号的数据,包括文章阅读量、点赞量、评论量、转发量、粉丝数、互动率等信息,从而反映竞争对手的内容营销效果、用户参与度、用户忠诚度等指标。例如,通过新榜,我们可以查看竞争对手微信公众号的排名、粉丝画像等方面的数据,分析竞争对手的内容策略和用户特征。

移动应用检测工具如猎豹全球智库、酷传、艾瑞指数、易观千帆指数等。这些工具可以检测竞争对手移动应用的数据,包括下载量、活跃用户数、留存率、用户评价、功能分析等信息,从而反映竞争对手的产品质量、用户满意度、用户黏性等指标。例如,通过猎豹全球智库,我们可以查看竞争对手移动应用的下载量、活跃用户数、用户评价等数据,分析竞争对手的产品优势和劣势。

SWOT分析是一种常用的竞品分析工具,通过评估竞争对手的优势(Strengths)、劣势(Weaknesses)、机会(Opportunities)和威胁(Threats),帮助企业制定战略和应对策略。SWOT分析可以从内部和外部两个方面进行,内部方面主要分析竞争对手的资源、能力、核心竞争力等,外部方面主要分析竞争对手面临的市场环境、政策法规、消费者需求等。例如:通过SWOT分析,企业可以找出竞争对手的优势和劣势,从而确定自身的差异化优势。同时,企业也可以发现竞争对手的机会和威胁,从而抓住市场机会,规避市场风险。

竞争对手调查是一种重要的市场调研方法,可以帮助企业了解竞争环境,分析竞争对手的优势和劣势,制定差异化的营销策略。通过使用上述技术和工具,企业可以收集竞争对手的信息,评估竞争对手的表现,发现竞争对手面临的机会和威胁,从而提升自身的竞争力。总的来说,使用竞争对手调查的技术和工具的企业,其营销效果比不使用的企业好。

(资料来源:https://baijiahao.baidu.com/s?id=1786966194830044751&wfr=spider&for=pc。有删改。)

第四节　消费者数智化洞察

一、建立用户画像

用户画像是通过对消费者多维度数据的收集和分析生成的关于目标消费者的详细描述,包括消费者的性别、年龄、职业、收入、兴趣爱好、消费行为等基本信息,以及消费者在不同场景下的行为特征和偏好。建立用户画像的目的是帮助企业更精准地理解目标客户群体,从而制定更符合消费者需求的产品和服务策略。

利用大数据技术收集并分析消费者的兴趣爱好、消费行为、特征等信息,形成用户画像,有助于企业更便捷地了解用户的真实需求。以某高端化妆品品牌为例,该品牌通过分析消费者的购买历史、浏览行为和社交媒体互动行为,构建了详细的用户画像。画像显示,该品牌主要目标客户群体为 25～40 岁的女性,这些女性职业多为白领、收入水平较高、对时尚和美容有浓厚兴趣。基于这些信息,该品牌在产品设计中注重产品的高端定位和时尚包装,同时通过社交媒体平台进行精准营销,成功吸引了目标客户群体,提升了品牌知名度和市场份额。

二、收集用户反馈

用户反馈是指消费者对产品或服务的直接感受、意见和建议,涵盖了消费者在使用产品或服务过程中的体验、遇到的问题以及对改进的期望,是企业了解消费者需求、优化产品和服务、提升用户满意度和忠诚度的重要依据。

企业应通过大数据技术在各种渠道(如官网、微信、小程序等)收集用户的反馈信息,了解用户对产品和服务的态度和建议。例如,某电商平台通过分析用户评价和投诉,发现物流速度是客户最不满意的部分,因此平台针对性地优化了物流配送流程,提升了用户满意度。又如,某健身 App 通过用户反馈表单收集意见,发现用户希望 App 增加针对不同身体部位的训练计划的推荐,因此,该 App 产品团队优化了健身计划模块,促使用户活跃度提升。

三、分析消费者的行为与心理

消费者行为是指消费者在购买和使用产品或服务过程中的各种表现,包括购买频率、购买渠道、购买偏好等。通过分析这些行为数据,企业可以更好地了解消费者的需求和习惯,从而优化销售渠道和产品设计。例如,某电商平台通过分析用户购买历史和浏览行为,发现消费者对特定品类的购买频率较高,于是针对性地增加了该品类的促销活动,显著提升了销售额。

消费心理是指消费者在购买和使用产品或服务过程中所表现出的心理需求和动机,如安全感、归属感、尊重感等。了解这些心理需求有助于企业设计更具吸引力的品牌形象和营销策略,从而提升消费者的品牌忠诚度。例如,电商平台通过优化售后服务流程,如提供快速退款和无忧退换货服务,增强了消费者的信任感和安全感;通过个性化推荐系统,不仅满足了消费者的个性化需求,也增强了消费者的尊重感和归属感。

消费者场景是指消费者使用产品或服务的场景,了解这些场景有助于企业制定更具针对性的营销策略。例如,电商平台通过聚焦特定使用场景,如居家办公场景,向消费者推荐符合该场景需求的产品,如舒适的办公椅和护眼台灯,成功吸引了相关消费者。此外,关联场景也很重要。例如,电商平台在推荐运动装备的同时推荐运动营养品和运动健身课程,以激发消费者的购买欲望。

四、关注消费者旅程中的需求点

消费者旅程是指消费者从最初接触产品或服务,到最终购买并使用,再到形成反馈和忠诚度的过程。通过分阶段进行消费者反馈洞察,企业可以针对性地挖掘每个阶段的需求点、痛点和机会点,从而优化产品和服务,提升用户体验。

(一)意识阶段

消费者旅程的意识阶段是企业吸引潜在消费者的关键时期。在这个阶段,消费者首次接触品牌(或产品),他们需要准确且吸引人的品牌信息来激发兴趣。然而,由于信息过载,消费者往往难以在众多品牌中快速识别和记住一个品牌。因此,品牌需要通过精准的广告投放和内容营销来提高知名度和吸引力。例如,在电商平台上可以通过搜索引擎优化和社交媒体推广,确保品牌信息在潜在客户搜索相关产品时能够被快速找到。同时,和 KOL(关键意见领袖)合作营销,借助其影响力扩大品牌曝光度,也是提升品牌知名度的有效手段。通过这些策略,品牌能够在意识阶段成功吸引消费者的注意力,为后续的消费者旅程奠定基础。

(二)考虑阶段

在消费者旅程考虑阶段,消费者需要详细的产品信息和比较数据来辅助其作出明智的购买决策。然而,他们常常面临产品信息不清晰、难以比较不同品牌或产品优劣的痛点。为此,电商平台和品牌应提供详尽的产品描述、真实的用户评价以及便捷的比较工具,帮助消费者更全面地了解产品特点和性能,从而增强其购买信心。例如,某电商平台通过优化产品页面,增加产品参数对比功能,并展示丰富的用户评价和使用心得,显著提升了消费者的购买转化率。

(三)决策阶段

在消费者旅程的决策阶段,消费者不仅关注购买过程的便捷性和支付方式的多样性,还会综合考虑多个因素来作出最终的购买决策。

1.产品信息与评价

消费者需要借助详细的产品描述、用户评价和比较工具来更好地了解产品。例如,电商平台通过提供丰富的产品参数对比功能和真实的用户评价,帮助消费者作出更明智的决策。

2.价格与促销

价格敏感度是影响消费者决策的重要因素。电商平台可以通过提供优惠促销、限时折扣和会员专属优惠等方式,吸引消费者完成购买行为。

3.品牌信任与口碑

消费者在决策过程中会受到品牌信任和口碑的影响。通过社交媒体、用户评价和社区互动,消费者可以获取其他用户的真实体验和建议,从而增强对品牌的信任。

4.购买过程的便捷性

消费者希望购买过程是简单便捷的,电商平台可通过简化购物流程、减少不必要的步骤、提供多种支付方式来实现这一点。

5.客户服务与支持

客户服务与支持也是影响消费者决策的因素之一。例如,电商平台提供快速响应的客服团队和便捷的退换货政策,可以增强消费者的购买信心。

(四)购买阶段

在消费者旅程的购买阶段,消费者的核心需求是产品或服务的质量和性能能够符合预期。然而,这一阶段的痛点在于产品质量问题或服务体验不佳,这些痛点可能严重影响消费者的满意度和忠诚度。因此,企业需要确保产品质量是好的,并提供优质的售后服务,以及时解决消费者在使用过程中遇到的问题,从而增强消费者满意度和品牌忠诚度。例如:特斯拉通过技术创新,不断提升电动汽车的性能和续航里程,同时注重品牌建设,打造了高端、科技感十足的品牌形象。由于其产品差异化形象明显,如外观设计独特、自动驾驶技术先进等,吸引了众多消费者的关注。

(五)忠诚阶段

在消费者旅程的忠诚阶段,消费者期望品牌能够持续关注他们的需求,提供个性化服务和专属优惠。然而,此阶段常见的痛点是品牌与消费者之间的互动不足和品牌的个性化服务较少。为了增强消费者忠诚度,品牌可以通过以下方式解决这些问题。

1.会员计划

通过会员计划为消费者提供专属的会员服务,如免费升级会员等级、延长会员有效期、会员优先配送、会员独家折扣等,增强消费者的归属感和优越感。

2.个性化推荐

利用大数据和人工智能技术,根据消费者的购买历史和浏览行为,为其提供个性化的产品推荐。

3.定制化优惠

为不同会员等级或生命周期阶段的消费者设计定制化的优惠活动,如新会员首购优惠、老会员积分兑换优惠券、会员生日专属礼物等。

4.定期反馈机制

建立有效的客户反馈机制,及时收集和处理客户的意见和建议,持续改进服务质量。

例如,康宝莱在其私域小程序中,为会员提供个性化的健康测评和结果分析,引导会员联系品牌健康顾问进行解读,然后选购合适的产品。这种个性化的服务不仅提升了消费者的满意度,还增强了消费者对品牌的忠诚度。

五、善于利用消费者数据分析工具

企业可利用专业的消费者数据分析工具,对收集到的数据进行清洗和处理,提取有价值的信息。以下是一些常用的消费者数据分析工具及其功能。

1.鲸鱼喵

"鲸鱼喵"是一款专业的电商数据分析软件,提供数据监控、榜单排行、选品分析、行业分析、营销分析、店铺分析、关键词分析等服务,具有爆款预测、定价分析、热词分析等功能,能帮助电商从业者更好地理解市场趋势和消费者需求。

2.DataFocus

DataFocus是一款自助式大数据分析工具,致力于让非技术用户也能进行复杂的数据分析。它提供了便捷的自然语言查询功能,使用户通过简单的文字输入就可以快速生成所需的图表和报告。DataFocus还支持多源数据集成,能够从多种数据源导入数据,包括数据库、云平台和电子表格等。

3.Tableau

Tableau是全球范围内使用最广泛的大数据可视化工具之一,以其直观的界面和强大的数据处理能力闻名。它能够通过拖放操作轻松完成各种复杂数据的可视化,从而帮助企业快速了解数据背后的故事。Tableau支持从多种数据源导入数据,包括数据库、云平台和电子表格等,这使得企业能够综合多个数据来源进行统一分析。

4.观远数据BI平台

观远数据BI平台提供多种电商数据分析工具,包括数据仪表盘、数据挖掘工具、用户行为分析工具和市场竞争分析工具。这些工具可以帮助电商从业者更好地理解用户行为、优化营销策略、改进供应链管理和制定有效的市场推广策略。

5.数说故事VOC洞察工具

数说故事的VOC(Voice of the Customer,顾客之声)洞察工具通过多模态人工智能生成内容识别技术提取图片、视频、音频信息,并进行数据处理和信息归类。它为消费者洞察提供了丰富的数据维度,并通过其自研的商业大模型 SocialGPT,按实体识别归类 VOC 类型,精确定位不同的业务问题,提炼有价值的信息。

6.Power BI

Power BI 是微软推出的一款数据分析工具,因其与微软产品的深度集成及实时数据处理能力而受到广泛欢迎。它适合企业预算有限但对数据分析有较高需求的场景,能够帮助企业快速生成数据报告和可视化仪表盘。

课程思政 2-1

网络爬虫是互联网时代被普遍运用的一项网络信息搜集技术。该项技术最早应用于搜索引擎领域,是搜索引擎获取数据来源的支撑性技术之一。爬虫是一个探测机器,它的基本操作是模拟人的行为去各个网站点点按钮、查查数据,然后把看到的信息收集起来。简单来说,它包含三个步骤:采集信息、数据存储和信息提取。

然而,网络爬虫技术就好比一把双刃剑,合理利用则好处多多,不合理利用或是为心术不正之人所利用,就会结出恶果。2021 年 11 月 8 日,杭州网警接到报案,报案人称其企业信息查询平台数据被他人使用爬虫非法获取,造成损失。杭州网警对相关线索进行研判扩线,最终查到一个以聂某为首、利用爬虫技术非法获取他人数据的犯罪团伙,该团伙嫌疑人通过编写爬虫脚本,利用爬虫软件爬取企业的各类数据,将数据倒卖后获利。2022 年 2 月中旬,杭州民警根据前期研判信息,锁定嫌疑人并开展抓捕,成功抓获三名嫌疑人,依法对三人进行刑事传唤,并采取刑事强制措施。民警现场勘验查获爬虫脚本 30 余份、非法获取数据 2 亿余条,涉及企业 2000 余万家。

思考题

1.数智化洞察有何意义?

2.行业洞察的内容有哪些?

3.如何开展竞争对手洞察?

4.如何关注消费者旅程中的需求点?

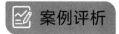
案例评析

中国某高端化妆品品牌的崛起之路

A 品牌是一个中国高端化妆品品牌,专注于为顾客带来卓越的美妆体验,其成功离不开数据驱动的社交媒体市场调研与竞品分析。A 品牌不仅密切关注自身产品与营销活动,更专注于从社交媒体获得信息,深入剖析竞争对手的产品动态和顾客反馈。

在社交媒体上,该品牌主要运用以下策略进行市场调研与竞品分析。

1. 实时监测竞争对手

通过社交媒体工具和软件,A 品牌能够实时追踪竞争对手的营销策略和顾客反馈。此外,A 品牌还通过行业会议、展览等活动,以及关注招聘公告和公司公告等,获取更全面的竞争对手信息。这些信息为 A 品牌提供了及时调整营销策略和研发方向的宝贵线索。例如,通过社交媒体得知某竞品针对特定节日推出了优惠活动后,A 品牌迅速响应,推出了相似活动,从而有效提升了销售业绩。

2. 深入分析受众反馈

A 品牌定期对社交媒体上的用户反馈和评论进行深入剖析,以了解顾客的需求、偏好以及对产品的评价和建议。同时,A 品牌还通过社交媒体上的问卷调查和投票等方式广泛收集受众意见,为新品的研发与营销策略的调整提供有力支持。例如,在一次用户调查中,A 品牌得知消费者对某款护肤产品提出了改进建议,于是迅速行动,对产品进行了改进,并新设计了用户反馈渠道,从而赢得了消费者的青睐与好评。

3. 数据分析与趋势洞察

A 品牌还善于运用数据分析工具来洞察市场趋势和消费者行为。通过对大量数据的挖掘与分析,A 品牌发现市场机会,调整产品策略和营销方案,以适应不断变化的市场环境。A 品牌还深入运用社交媒体平台的数据分析功能,持续追踪消费者的行为变化与趋势,仔细剖析消费者在平台上的搜索记录与兴趣焦点,进而洞悉其深层次的需求与偏好。这些洞察为 A 品牌在制定营销策略和确定产品研发方向上提供了宝贵的参考信息。例如:在数据分析过程中,A 品牌发现年轻消费者对天然、有机护肤品表现出浓厚兴趣。基于这一发现,A品牌迅速调整策略,加大了对天然成分护肤产品的研发与推广力度。最终,其推出的天然有机系列护肤品在市场上引起了广泛关注,并取得了很好的销售成绩。

（资料来源：https://baijiahao.baidu.com/s?id=1820511222708241415&wfr=spider&for=pc。有删改。）

问题：

1.A品牌如何实时监测竞争对手？

2.A品牌如何收集用户反馈？

实训题

实训项目：消费者旅程图实操。

实训对象：九牧无水压限制智能马桶 ZS700J。其卖点包括：不仅有智能冲洗、座圈加热这些基本功能,还配备了内置水箱和增压水泵,解决了水压不足的问题；微波感应开盖、脚感开盖和智能调节温度等功能可以创造智能、便捷的使用体验。

实训任务：请结合消费者旅程图找到机会与痛点,提高京东平台上该马桶的销量。

参考文献

[1]融云企划服务社区.一次性讲透：构建市场洞察、客户洞察和竞争洞察的能力[EB/OL].[2023-04-13].https://cloudplanning.com/insights.

[2]i人事.如何通过市场洞察了解竞争对手[EB/OL].[2023-04-13].https://irsi.com/competition-insights.

第三章

数智化选品

🎯 学习目标

▶ 知识目标

1.掌握选品策略和选品注意事项。

2.理解数智化选品的内涵。

3.熟悉数智化选品的作用。

4.掌握数智化选品的策略。

▶ 能力目标

1.能够分析选品与数智化选品的区别。

2.能够分析数智化选品的作用。

3.能够对数智化选品进行规划。

4.会在数智化选品中运用不同工具。

▶ 素养目标

1.提升分析和解决问题的能力。

2.增强科技创新意识。

知识图谱

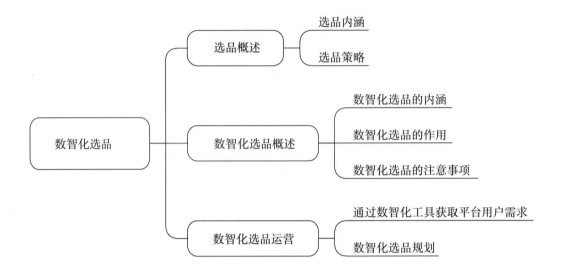

引导案例

新消费下半场,需要数智化

2022 年 6 月 23 日,高质量新消费峰会在杭州召开,光云科技联合创始人张秉豪出席活动并发表了题为"新消费下半场,企业如何做好数智化转型"的演讲。在演讲中,他分享了光云帮助客户数智化选品的案例。

光云的一家快时尚女装客户一年有接近 10 亿的销售额。该快时尚女装客户上新量非常大,在多个平台有接近 100 个店铺,合作的供应链企业接近 400 家,如何使业务规模化是该客户遇到的一个很大的挑战。2021 年,光云和该客户开始合作,通过数据系统帮助该客户梳理了对应的业务流程,建议该客户把员工从 400 人减少到 300 人,并把员工之前的业务经验通过系统事件沉淀下来。

女装对供应链的要求有其特殊性,由于订单量非常大,发出率是女装企业面临的非常大的挑战。当时这个客户的想法是通过供应链整合达到类似于 SHEIN 品牌这样快的效率,目标是上新速度从每 15 天上新缩短到每 10 天上新。

根据客户的需求,光云通过数智化选品,为客户解决了以下四个问题。

第一,产品上新问题。服装有那么多的款,商家怎样快速找到有价值的款?光云通过大数据技术快速收集全网流行元素信息,通过 AI 智能识图打标裁剪,而且实现图文海报自适应自动渲染、一键全网发布。

第二,快速供应链响应。原本该客户是等到销售订单有一定数量或者刚刚有销售订单时,再做供应链排产。而光云给该客户设计了一个预爆款模型,根据流量、收藏加购的数据,提前让供应链方开始配合,这样就可以实现需求端、销售端并行,以及供应链方、卖货方的节奏并行。供应链高效协同以后,商品的有效销售周期就变长了。

第三,内容生产。如果前端没有形成好的需求给后端拍摄和组织人员,内部成本就会非常高。光云通过视觉内容生产任务化管理,可视化、精细化的业务流程管理协同,超期主动预警,提高商品运营协同效率。

第四,提升选品爆款率。比如某个客户的"打法"是全网投放商品做选品测款,但遇到的问题是店铺数和平台很多,以及同一个款在不同的平台和店铺都有。光云提供的解决方法是:针对所有平台的同一个商品单独做一张表,通过这张表可以看到这个商品在全网的点击数据、收藏数据、转化率数据,从而可以更快速地看到测款的效果。同时,在这个过程当中,光云也会指导后端供应链采购和下单。这个方法的逻辑是光云将运营推广行为指标标准化、操作程序标准化,减少对人员经验的依赖,从而给运营端提供支持。现在产品特别多,依靠原有经验已经没有办法让团队快速准确地执行,所以借助系统爆款模型或者预爆款模型,运营人员可以直接根据数据执行,大大提升准确率。

(资料来源:https://caifuhao.eastmoney.com/news/20220627171817700126860。有删改。)

引导问题:

1.什么是数智化选品?

2.数智化选品对企业有何作用?

第一节　选品概述

一、选品内涵

电商领域中的选品是指商家在选择经营的商品时,进行的一系列分析和决策过程。这个过程不仅涉及具体的产品或款式选择,还包括从更广泛的角度对市场、类目、品类等进行综合考虑。其根本目的在于通过分析市场需求、竞争状况以及自身的资源和能力,选择最有可能成为爆款、带来高利润的商品。

选品是电商运营中一个非常重要的环节,如果产品选不好,则会浪费大量的人力和其他资源,不仅会导致运营效果不好,还很容易影响商家的积极性。生活的经验告诉我们,在着手做一件事情之前,正确的方向往往比方法重要,而选品则决定了电商的方向,这就好比在船行驶的过程中掌舵,只有方向对了,才有可能到达彼岸。

在进行选品时,商家通常需要进行市场调研、竞品分析、利润预测等,以确保所选商品既符合市场需求,又能有足够的利润空间。此外,还需要考虑商品的供应链、库存、物流等因素,确保整个经营过程的顺畅进行。因此,选品是一个综合性的决策过程,需要商家具备敏锐的市场洞察力、丰富的产品知识以及良好的数据分析能力。通过科学的选品策略,商家可以优化店铺的商品结构,提升经营效率,实现可持续发展。

二、选品策略

（一）主动选品

主动选品是指商家基于对目标消费市场或者对某个行业的深入了解,主动研发或者寻找商品的过程。这种选品方式强调商家对市场趋势的敏锐洞察和前瞻预测,旨在满足消费者的潜在需求,并抢占市场先机。

在主动选品的过程中,商家需要密切关注市场动态、消费者需求变化以及竞争对手的情况,通过数据分析、市场调研等手段来发现市场空白和机会。同时,商家还需要结合自己的产品特点和品牌定位,选择符合自身发展策略的商品进行开发或采购。

主动选品的优点在于使商家能够更准确地把握市场脉搏,开发出更符合消费者需求的产品,从而在激烈的市场竞争中脱颖而出。此外,通过主动选品,商家还能够建立自己的产品线和树立自己的品牌特色,提升品牌价值和市场竞争力。

然而,主动选品也面临一定的挑战和风险。首先,需要对市场有深入的了解和准确的判断,否则可能难以选出市场反馈良好的产品。其次,主动选品需要投入较多的时间和精力进行市场调研和产品开发,成本相对较高。最后,市场竞争激烈,即使选对了产品,也可能面临来自竞争对手的激烈挑战。

因此,在进行主动选品时,商家需要综合考虑市场需求、竞争态势、自身实力等多方面因素,制定合适的选品策略并不断优化调整。同时,还需要关注行业动态和市场变化,及时调整选品方向以适应市场变化。

（二）被动选品

被动选品是一种基于市场现有数据和销售趋势的选品策略。它主要侧重于观察和分析当前市场上表现良好的商品,特别是那些近期销量较大的爆款产品,然后根据这些信息来决定应该销售哪些商品。

在实施被动选品策略时,商家通常会关注多个电商平台或市场上的销售数据,了解哪些商品类型、品牌或具体款式受到消费者的欢迎。这些数据可能包括销售额、销售量、用户评价、评论数量等,可以帮助商家判断哪些商品具有潜在的市场需求和竞争优势。

被动选品的一个主要优势在于其相对简单和便捷。商家不需要进行复杂的市场调研或产品开发,只需观察现有市场上的销售数据,就可以快速确定哪些商品可能适合自己销售。这种方式对于新手商家或对市场了解不够深入的商家来说尤为适用,可以降低选品风险并加快自身进入市场的速度。

然而,被动选品也存在一些局限性。首先,由于主要依赖现有市场的数据,被动选品的商家可能总是比别人慢一步。当某个商品在市场上取得较大成功时,其他商家很可能已经注意到并开始销售类似产品,导致市场竞争变得激烈,这可能使得新进入市场的商家难以获得足够的竞争优势。其次,被动选品可能使商家陷入过度依赖短期销售趋势的陷阱。一些爆款商品可能只是短暂地流行,随着市场和消费者需求的变化,这些商品可能很快就会失去市场吸引力。因此,仅仅依赖被动选品可能会导致商家错过长期的市场机会。

总的来说,虽然被动选品是一种有效的选品策略,但商家在使用时应该持谨慎态度并结合其他选品方法。例如,可以将被动选品与主动选品相结合,既关注现有市场的销售数据,又积极寻求新的市场机会和进行产品创新。同时,商家还需要对市场和消费者需求保持敏锐的洞察力,以便及时调整选品策略并应对市场变化。

（三）选品注意事项

选品是一个需要综合考虑多个因素的过程,在选品的过程中需要注意以下事项。

1.市场需求与趋势分析

首先,深入了解目标市场的需求和趋势是选品的基础。通过市场调研、竞品分析等方式,商家可以获取关于当前市场上哪些产品热销、哪些产品受到消费者关注的信息。同时,要注意分析市场的未来趋势,以便预测哪些产品可能在未来成为热销品。

2.产品质量与品牌形象

产品质量是选品的核心要素。商家选择优质的产品不仅能够满足顾客的需求,还能保障自身的声誉。在选品时,要重点关注产品的品质、安全性、认证等方面,确保所选产品符合相关法规和标准。此外,良好的品牌形象也有助于提升产品的竞争力,因此在选品时也要考虑产品的品牌形象和口碑。

3.价格竞争力与成本控制

价格是消费者购买决策的重要影响因素之一。在选品时,商家需要考虑产品的定价策略,确保产品的价格具有竞争力。同时,也要注意控制采购成本、库存成本等,避免因为过高的成本而降低利润空间。

4.物流配送与售后服务

商家在选品时还要考虑产品的尺寸、重量等因素,选择合适的物流方式和合作伙伴,确保产品能够及时、安全地送达目标市场。此外,优质的售后服务也是提升消费者体验和信任度的重要手段,因此,商家应选择有良好售后服务的供应商,以确保及时解决产品质量问题或客户投诉。

5.合规性与法律风险

在选品过程中,商家务必了解并遵守目标市场的法规和标准,确保所选产品符合相关的法规要求,不仅包括产品质量、安全、认证等方面的法规要求,还包括知识产权、进出口等方面的法律要求,避免因产品不合规而带来的法律风险和经济损失。

6.创新与差异化

为了能够在竞争激烈的市场中脱颖而出,商家要尽可能寻找具有创新性和差异化的产品,关注有新兴技术、独特设计或特定功能的产品,因为它们可能具有潜在的市场需求。

7.季节性与节日因素

选品还需要考虑产品的季节性或节日性特点。某些产品可能在特定季节或节日期间销量大增,因此在选品时要提前规划和准备,以满足这些时段的市场需求。

8.供应商稳定性与可靠性

选择一个稳定可靠的供应商至关重要。供应商应能够按时交货、保证产品质量,并有良好的售后服务。同时,商家应尽可能与供应商建立长期合作关系,这有助于降低风险并提高业务稳定性。

知识链接 3-1

跨境电商如何选品才能爆单

1.看产品趋势

看产品趋势可以直观地判断这个产品是否是季节性产品、是否曾经火过、是否有着稳定的增长等。常用的工具包括"谷歌趋势"等。

2.看市场容量

在选品中,市场容量是一个非常重要的参量。爆款一直是众多卖家向往的运营方向,可是如果所选择的产品市场容量很小,爆款打造自然也就是不可能的。所以,在选品时,应尽可能选择市场容量较大的类目和产品。

3.看竞争热度

不同的类目和产品，竞争热度是有区别的。卖家要想在运营中有更快的突破，选择竞争热度低的产品自然是更有利的。如果一个产品在市场容量足够的同时竞争热度低，是很容易在销量上达到预期的。

但是，竞争热度和市场容量往往又是成正比的。市场容量大的产品，往往竞争也是比较激烈的；竞争热度低的产品，市场容量往往也不大。因此，如果利润空间足够，卖家不妨优先考虑市场容量大的产品。

4.看利润空间

关于利润，建议选择利润绝对值足够大的产品，原因是在当前激烈的竞争环境中，跨境电商的运营已经不再是靠单一维度的优势就可以成功的了。要想在运营中取得成绩，就必须充分运用各种运营技巧，而很多的技巧和方法都是需要资金投入的，可以想象，一个利润率高但利润绝对值低的产品，是不足以支撑起比如站内广告这种主动型的运营手法的。

做一款产品最核心的是要知道它有没有利润，如果当前市场上的其他卖家已经垄断了绝大部分销量，那放弃是最明智的选择，可以再去选其他能做到市场垄断的产品。

5.看资源优势

在选品时，卖家一定要充分考虑自己的资源情况，如果在某些品类和产品上具有资源优势，应该首先将其考虑在内。卖家要想实现较高的盈利，无非是做好开源与节流，开源在于销售的增加，节流在于成本的把控。如果卖家具有资源优势，就可以更好地在节流方面形成壁垒，从而让自己拥有更强的竞争力。同时，具有资源优势的卖家，也在产品品质和工艺水平改善上拥有更多的可能性。

（资料来源：https://www.cifnews.com/article/129490。有删改。）

第二节 数智化选品概述

一、数智化选品的内涵

数智化选品是指利用数字化和智能化技术辅助商家进行产品选择的过程。在数智化选品中,商家通过运用大数据分析、人工智能算法、机器学习等技术手段,对市场趋势、消费者需求、竞争态势等进行深入洞察和分析,从而精准地挑选出具有市场潜力和竞争力的产品。

具体来说,数智化选品涉及以下几个方面。

1.数据收集与分析

商家通过收集销售数据、消费者行为数据、市场趋势数据等,利用大数据分析工具进行深度挖掘和分析,识别潜在的市场机会和产品需求。

2.消费者画像构建

商家基于消费者数据,通过算法构建消费者画像,包括年龄、性别、地域、兴趣偏好等特征,从而更精准地理解目标市场的需求和偏好。

3.市场趋势预测

商家利用机器学习等技术,对市场趋势进行预测,把握未来的市场变化和新兴需求,为选品提供决策支持。

4.竞品分析

商家通过智能分析竞争对手的产品线、价格策略、销售情况等,发现竞争对手的优势和不足,进而调整自身的选品策略。

5.智能推荐与决策支持

数智化选品系统能够为商家智能推荐潜在的热销产品或品类,进而为商家的选品决策提供数据支持和建议。

数智化选品的优势在于其能够大幅提高选品的精准度和效率,降低选品风险,帮助商家快速捕捉市场机会,实现业务的快速增长。同时,数智化选品也有助于商家更好地满足消费者需求,提升消费者体验和忠诚度。然而,数智化选品也面临着一些挑战,如数据质量和准确性的要求、技术投入和人才培养的成本等。因此,商家在进行数智化选品时,需要综合考虑自身实际情况和需求,制定合理的选品策略和技术路线。

二、数智化选品的作用

(一)提升选品精准度

数智化选品通过深度挖掘和分析市场数据、消费者行为数据等,帮助商家精准理解目标消费者的需求和偏好。基于这些数据,商家可以更有针对性地选择符合消费者期望的产品,从而提高选品的精准度。通过智能算法和机器学习技术,数智化选品系统能够实时跟踪市场趋势和竞品动态,为商家提供及时、准确的选品建议,使商家能够迅速捕捉市场机会。

(二)提高选品效率

传统选品方式往往依赖于人工分析和判断,不仅耗时,而且易出错。而数智化选品通过自动化和智能化的工具,能够大大缩短选品周期,提高选品效率。商家可以快速筛选出具有潜力的产品,减少不必要的试错成本。数智化选品还能优化库存管理和供应链协同,确保产品供应的稳定性和及时性,进一步提高运营效率。

(三)降低选品风险

通过对市场趋势的预测和竞品分析,数智化选品可以帮助商家避免选择那些可能面临激烈竞争或市场已经饱和的产品,从而降低选品风险。数智化选品还能实时监测产品的销售情况和用户反馈,这使得商家一旦发现产品存在问题或市场反馈不佳,可以及时调整选品策略,避免损失增加。

(四)优化用户体验

基于消费者画像和数据分析,数智化选品能够更准确地把握消费者的需求和偏好,从而为消费者推荐更符合其需求的产品。这有助于提升消费者体验和满意度,增强消费者对品牌的忠诚度。通过数智化选品,商家还可以实现个性化推荐和定制化服务,进一步满足消费者的个性化需求,提升消费者购物体验。

（五）提升市场竞争力

通过数智化选品，商家能够更快速地响应市场变化和消费者需求，推出符合市场需求的新产品或优化现有产品，从而提升市场竞争力。数智化选品还有助于商家打造差异化竞争优势，通过选择独特、具有创新性的产品，吸引更多消费者的关注和购买。

课程思政 3-1

2024 年 3 月 28 日，亚马逊发布 2023 品牌保护报告，这是亚马逊连续第四年发布品牌保护报告。报告公布了其在打击假货、保护消费者和品牌权益、追究不良行为者责任、提升消费者和卖家品牌保护意识等方面取得的关键进展。2023 年，在各地警方的帮助下，亚马逊在全球查获并妥善处理了 700 多万件假货，涉及数十个国际及国内品牌，覆盖运动服装、汽车配件、奢侈品等多个品类。

三、数智化选品的注意事项

数智化选品是一个复杂且精细的过程，需要商家综合考虑多个因素，确保选品的精准度和效率，同时降低风险，提升用户体验。以下是数智化选品的一些注意事项。

1.数据质量与准确性

数智化选品的核心在于数据，因此确保数据的准确性和完整性至关重要。商家需要建立有效的数据收集、清洗和验证机制，避免因为数据错误或偏差导致选品决策失误。

2.技术更新与迭代

数智化选品涉及的技术日新月异，商家需要密切关注最新的技术发展，及时更新和优化自身的选品系统和算法，以确保选品的精准度和效率。

3.结合行业特性

不同行业、不同产品有其独特的选品逻辑和标准。商家在应用数智化选品技术时，需要充分考虑行业特性和产品特点，避免"一刀切"或生搬硬套。

4.关注市场动态

市场趋势和消费者需求是不断变化的,商家需要保持对市场动态的敏感性,及时调整选品策略,以适应市场的变化。

5.平衡风险与收益

数智化选品虽然可以提高选品的精准度和效率,但仍然存在一定的风险。商家需要在追求收益的同时,合理评估风险,制定有效的风险管理策略。

6.考虑供应链和物流

数智化选品不仅要考虑市场需求和消费者偏好,还需要考虑供应链的稳定性和物流的可行性。商家需要确保所选产品能够稳定供应,并且能够及时、准确地送达消费者手中。

7.注重用户体验

数智化选品的最终目的是提升消费者体验和满意度。商家在选品过程中,需要充分考虑消费者的需求和期望,选择符合消费者需求和喜好的产品。

 知识链接 3-2

洞察口味趋势,福佳精准锁定潜力赛道突破增长瓶颈

靠着"精酿"这一特色标签及过硬的产品质量,福佳啤酒在各类传统电商平台长期处于细分赛道头部位置,赢得广大消费者的青睐。但由于近年来啤酒市场竞争白热化,市场规模趋于饱和,福佳也陷入增长乏力的困局。

抖音作为主流快消品电商平台,酒类生意增速迅猛,因此,福佳瞄准抖音市场,借助巨量云图新品"推爆"解决方案,从看机会、测产品、推爆款三步着手,实现更快、更准、更稳"推爆"新品——直播间新品销量增长超过900%,品牌消费者增长可观。

1.适配用户新奇特口味需求,找到新品机会点

基于巨量云图商品洞察能力,福佳对抖音啤酒大盘现状及细分赛道趋势进行分析,发现抖音啤酒细分类目均正增长,其中,白啤增长最可观,果啤趋向高客单商品。福佳进一步洞察抖音啤酒风味趋势发现,新颖口味的啤酒增速喜人,其中黄瓜和桃子

两种口味最受抖音消费者关注,但市场的针对性供给较少,蕴含巨大的发展潜力,这恰巧与福佳现有产品组合高度匹配。

2.调研测试先行,指导品牌上新决策

为了更快、更准地抓住抖音市场机会,福佳详细制定了"2个新品×9个人群×4套素材"的测试方案,针对目标客群、内容、商品,通过信息流快速触达进行测试,得出新品潜力、人群价值及受访者偏好的内容场景,发现蜜桃口味更受消费者偏爱,适合在露营场景进行传播。福佳基于此进行货品布局,确定整体策略的优化方向。

3.人货内容高效匹配,助力蜜桃果啤新品成热销爆款

福佳对调研得出的露营场景进行内容深耕,用短视频进行心智"种草",用直播进行销售转化。此外,福佳还持续监控抖音市场啤酒口味趋势,利用啤酒人群标签,进一步探索人群搜索、浏览、购买的消费链路。

福佳啤酒在巨量云图新品"推爆"全能力的加持下,通过商品多维度洞察快速了解市场趋势,并敏捷、准确地测品,有效降低上新试错成本,精准定位潜力货品、高价值人群以及营销场景,在实现短期生意增量爆发的同时,也为品牌在抖音平台的长期经营累积了人群资产。

(资料来源:https://baijiahao.baidu.com/s?id=1775567729055093343&wfr=spider&for=pc。)

第三节 数智化选品运营

一、通过数智化工具获取平台用户需求

(一)通过数据分析获取用户需求

通过数据分析工具,企业可以收集用户的购买记录、浏览行为、社交媒体活动等数据,并对数据进行深入挖掘和分析。数据分析的结果可以帮助企业了解用户的消费习惯、兴趣爱好、需求痛点等信息,为产品优化和市场营销提供有力支持。

在实际业务中,数据分析可以应用于多个方面。例如,电商平台可以利用数据分析工具对用户的购买记录进行聚类分析,发现不同用户群体的购买偏好和需求差异。针对不同用户群体,电商平台可以制定个性化的营销策略和算法推荐机制,提高用户满意度和转化率。此外,数据分析还可以帮助企业发现潜在的市场机会和竞争对手的动态,为企业制定战略和规划提供参考。

(二)通过社交媒体获取用户需求

社交媒体已成为用户表达意见和反馈的重要渠道。通过社交媒体监听工具,企业可以监测用户在社交媒体上的讨论、评论和反馈,从而获取用户对产品和服务的直接意见。社交媒体监听不仅可以帮助企业了解用户对产品的满意度和忠诚度,还可以发现潜在的市场机会和竞争对手的动态。

为了实现有效的社交媒体监听,企业需要选择合适的社交媒体平台和工具,并建立专业的监听团队。监听团队需要具备敏锐的市场洞察力和数据分析能力,能够及时发现并解读用户的反馈和需求。同时,企业还需要建立用户反馈的收集和处理机制,确保用户反馈能够得到及时响应和处理。

(三)通过用户调研获取用户需求

用户调研是获取用户需求的重要方法。通过在线调查、焦点小组讨论、深度访谈等方式,企业可以直接向用户收集反馈和意见。用户调研可以帮助企业了解用户对产品的期望、需求和痛点,为产品优化和创新提供方向。

在进行用户调研时,企业需要设计合理的问卷和讨论指南,并选择合适的用户群体进行调研。在调研过程中,企业需要保持客观和中立的态度,避免引导用户或产生偏差。同时,企业还需要对调研结果进行统计分析和解读,提取有价值的信息和建议。

(四)通过CRM(客户关系管理)系统获取用户需求

CRM系统是企业获取用户需求的重要工具之一。通过CRM系统,企业可以建立用户档案、记录用户信息、查询用户历史交易记录,并实现针对用户的个性化营销和精准推送。CRM系统可以帮助企业深入了解用户的购买习惯、消费偏好和忠诚度等信息,为企业制定营销策略和提供优质服务提供支持。

为了充分发挥CRM系统的作用,企业需要建立完善的用户数据库和数据分析模型,并对用户进行细分和分类。同时,企业还需要加强用户数据的安全保护和管理,确保用户隐私不被泄露和滥用。此外,企业还可以利用CRM系统进行用户关怀和回访,提高用户满意度和忠诚度。

(五)通过个性化系统获取用户需求

个性化推荐系统通过先进的数据分析和算法技术,深入洞察并精准获取用户需求。它首先收集用户在平台上的行为数据,如浏览记录、搜索历史、购买偏好等,并利用这些数据构建用户画像;其次,通过智能算法对用户画像进行深度分析,能发现用户的潜在需求和兴趣点。

在个性化推荐过程中,系统根据用户的兴趣偏好和历史行为,筛选出最符合用户需求的内容或商品进行推荐。这种推荐不仅具有高度的个性化,而且能够实时响应用户的需求变化。例如,在电商平台中,当用户浏览或搜索某一类商品时,个性化推荐系统能够迅速推荐出类似或相关的商品,提高用户购买的便捷性和满意度。

二、数智化选品规划

(一)明确选品目标和标准

1.目标设定

在进行数智化选品规划之前,企业首先需要明确选品的目标。这些目标可能包括提升销售额、增加市场份额、满足特定消费者需求等。明确的目标有助于企业为选品过程设定明确的方向和优先级。例如:一家时尚电商企业可能将提升销售额作为选品的主要目标。为了实现这一目标,该企业可以设定一系列具体的指标,如增加新品上架数量、提高产品周转率、降低库存风险等。这些指标将作为选品过程中评估产品潜力和制定营销策略的重要依据。

2.标准制定

除了明确目标外,企业还需要制定选品的标准。这些标准可能包括产品品质、价格、功能、设计、市场潜力等方面。制定明确的标准有助于企业在众多产品中筛选出符合要求的候选产品。以一家电子产品销售企业为例,其选品标准可能包括以下几个方面:首先,产品品质必须达到行业平均水平以上,以确保消费者满意度和口碑;其次,价格要具有竞争力,以吸引更多消费者购买;再次,产品功能要满足消费者需求,且易于使用;最后,产品设计要符合市场趋势和消费者审美。通过制定这些标准,企业可以筛选出符合要求的候选产品,为后续的选品过程打下基础。

(二)数据收集与分析

1.市场需求分析

市场需求分析是数智化选品规划的关键环节。企业需要通过各种渠道收集和分析消费者购买历史、搜索行为、社交媒体讨论等数据,以了解消费者的购物偏好和需求趋势。同时,企业还需要关注行业报告、市场研究报告等外部信息源,以获取更全面的市场信息。以一家家居用品销售企业为例,其可以通过以下方式进行市场需求分析:首先,利用电商平台的数据分析工具,分析消费者购买历史、搜索关键词等数据,了解消费者对于家居用品的偏好和需求;其次,关注社交媒体上关于家居用品的讨论和趋势,以了解市场热点和消费者需求变化;最后,参考行业报告和市场研究报告,了解整个家居用品市场的趋势和发展方向。通过综合分析这些信息,企业可以更准确地把握市场需求和消费者偏好,为选品过程提供有力支持。

2.竞品分析

竞品分析是数智化选品规划的另一个重要环节。企业需要了解竞争对手的产品线、定价策略、营销策略等信息,以了解市场竞争态势以及竞争对手的优势和不足。通过竞品分析,企业可以为自身的选品提供有益的参考和借鉴。以一家美妆产品销售企业为例,其可以通过以下方式进行竞品分析:首先,收集和分析竞争对手的产品线信息,了解其产品种类、价格区间、功能特点等;其次,关注竞争对手的营销策略和促销活动信息,了解其如何吸引消费者和提升销售额;最后,通过数据挖掘和分析工具,找出竞争对手的产品优势和不足。通过竞品分析,企业可以了解竞争对手在市场上的表现和消费者对其产品的评价,从而为自己的选品提供参考和借鉴。

3.用户画像构建

用户画像构建是数智化选品规划的重要一环。企业需要通过数据分析工具构建目标用户的画像,包括年龄、性别、地域、消费习惯等信息。通过用户画像的构建,企业可以更深入地了解目标用户的需求和偏好,为选品过程提供有力支持。以一家母婴用品销售企业为例,其可以通过以下方式构建用户画像:首先,收集和分析用户的购买历史、浏览记录等数据,了解用户的购物偏好和消费习惯;其次,根据用户的购买记录和浏览行为等信息,将用户划分为不同的群体或细分市场;最后,针对每个细分市场或群体构建用户画像,包括年龄、性别、地域、家庭状况等信息。通过用户画像的构建,企业可以更深入地了解目标用户的需求和偏好,为选品过程提供有力支持。

(三)选品策略制定

1.基于数据的选品

在数智化时代,基于数据的选品策略已经成为行业标配。这种策略的核心在于利用数据分析工具,对市场需求、竞品情况和用户画像等信息进行深度挖掘和综合分析,从而筛选出具有市场潜力的产品。

以一家运动用品销售企业为例,其基于数据的选品策略可以包括以下几个步骤。

(1)市场需求分析。企业通过收集和分析市场报告、消费者搜索数据、社交媒体讨论等信息,了解当前热门的运动项目和运动用品需求趋势。比如,企业发现近年来户外徒步和瑜伽运动的热度持续上升,相应的户外装备和瑜伽用品需求也在增长。

(2)竞品分析。企业对竞争对手的产品线、定价策略、营销策略等进行深入研究;了解竞品在市场上的表现,找出其优势和不足,为自身的选品提供借鉴。比如,企业发现竞品在户外装备方面缺乏某些特殊功能的设计,而这正是消费者所关注的。

(3)用户画像构建。企业通过数据分析工具构建目标用户的画像,包括年龄、性别、地域、消费习惯等信息,这有助于企业更深入地了解目标用户的需求和偏好。比如,企业发现自身的目标用户主要为年轻白领和健身爱好者,他们注重产品的品质、功能和设计。

(4)数据模型预测。基于以上分析,企业建立预测模型,预测潜在产品的销售趋势和潜力,这有助于企业提前发现具有潜力的产品,并进行相应的布局和准备。比如,企业通过预测模型发现户外徒步鞋在未来几个月内将迎来销售高峰,因此提前增加库存和加大营销力度。

2.差异化选品

在数智化选品中,差异化选品策略是提升企业竞争力的重要手段。差异化选品旨在通过创造独特的产品特色和优势,使产品在市场上与竞争对手形成明显区别,主要包括以下几个方面。

(1)独特卖点打造。利用创新设计、功能升级或技术应用等手段,打造产品的独特卖点,可以通过产品的外观、材质、功能或技术等方面的创新来实现。比如,一家运动用品企业推出一款具有智能芯片的运动鞋,能够实时监测用户的运动数据和健康状况,从而吸引用户的关注。

(2)细分市场定位。针对特定的消费群体或细分市场进行选品,有助于企业更精准地满足目标消费者的需求,提升产品的市场竞争力。比如,一家母婴用品企业针对年轻妈妈群体推出高品质的婴儿辅食和洗护用品。

(3)品牌差异化。通过塑造独特的品牌形象和价值观,使品牌在市场上形成差异化竞争优势,可以通过讲好品牌故事、塑造品牌文化、进行品牌传播等方式实现。比如,某时尚品牌强调其环保和可持续的理念,吸引注重环保的消费者群体。

(4)服务差异化。通过提供优质的售前、售中和售后服务,提升消费者的购物体验和满意度,如建立完善的客户服务体系、提供个性化的服务方案等。比如,一家电商平台可以提供快速配送、无忧退换货等优质服务,提升消费者的购物体验。

打造茶饮咖啡爆款,全靠数据推算

如果从产品研发与数字化的关系来探讨,瑞幸的爆款策略或许是一个不错的案例。无论是生酪拿铁还是酱香拿铁,其背后都是一套基于数字化的创新系统。生椰拿铁爆火后,瑞幸逐渐校准了其产品的底层逻辑,即要做符合大部分人喜好的产品,进而增加这些产品的热销概率,其核心是减少咖啡中的苦味,再加以"奶茶化"。比如,酱香拿铁强调咖啡与酒精的组合,生酪拿铁是咖啡加干酪。这些创新搭配均能延伸出一条相关产品线,而瑞幸则针对此类产品进行高强度的配套营销包装,由此打造爆款产品。

瑞幸在社交媒体上对爆款产品进行传播,在此基础上,瑞幸研发团队会将各种原料和口味"数字化",量化追踪饮品的流行趋势。比如,瑞幸不用"香""甜"这样的文字来表述风味,而是全部改成具体的数字。在研发时,瑞幸的产品开发人员可以通过对数据的把控得出无数种产品组合,最终再使用原料进行实际风味测试。这是瑞幸可以快速推出新品的一个原因。

瑞幸自 2021 年起采用了高 SKU 数、持续推新、重点做爆款的产品策略。2020年瑞幸推出 77 款新品,2021 年这一数字上升到 113 款,2022 年则推出了 140 款新品。正是通过每年百款以上的新品上新,瑞幸才能够进一步校准对市场与口味的把握,丰富其数据库,从而探索更多爆款。

基于数字化研发爆款的逻辑,瑞幸建立了完善的组织架构与考核体系。从组织架构看,瑞幸研发方面有 5 个部门,分别是产品分析部、菜单管理部、产品研发部、测试部和优化部。这些部门有多维度的考核指标,其中就包括爆款成功率。瑞幸高级副总裁周伟明指出:"快速推出一个好产品并不能体现竞争力,真正有用的是能够快速推出好产品的机制,我们的业务流程、考核机制合在一起才形成了我们的竞争力,其他人挖一点、学一点是没有用的。这套机制建立在瑞幸全套数字化的数据上,海量的数据支撑这套机制,这套机制又反哺数据,使数据更全面细节。"

(资料来源:https://baijiahao.baidu.com/s?id=1776980497718882663&wfr=spider&for=pc。有删改。)

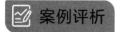

思考题

1.选品的注意事项有哪些?

2.简述数智化选品的内涵。

3.数智化选品的作用有哪些?

4.如何开展数智化选品?

案例评析

柠季:打造"互联网基因"的茶饮品牌

手打柠檬茶品牌柠季是近年来茶饮市场的一匹黑马。目前,柠季在全国的门店数已超 2000 家。在同质化的柠檬茶品类中,柠季凭借独特的心智打法走出来一条差异化道路,并受到资本的青睐。2021 年 7 月,柠季完成数千万 A 轮融资,投资机构为字节跳动、顺为资本;2022年1月,柠季宣布完成数亿元"A+"轮融资,投资机构为腾讯,且老股东超额认购。

柠季虽然年轻,但成长速度飞快,业界将这样的成长速度称为"柠季速度"。柠季的创始合伙人汪洁说,"第一个500家柠季用了436天,第二个500家用了297天,第三个500家只用了75天。平均下来,一天就要开出6到7家店。""柠季速度"是如何实现的?

1.选品

柠季创始合伙人汪洁指出,之所以选择柠檬茶赛道,至少有三个原因。其一,柠檬茶是一个穿越大周期的品类,广东的现制柠檬茶店已超6000家,有很多柠檬茶品牌已经经营了十几年。其二,柠檬茶赛道天花板足够高,市场容量很大,例如维他柠檬茶每年有几十亿的营收,因此入局柠檬茶行业大有可为。其三,柠檬茶行业属于奶茶行业,产业链成熟度高,可复制性高。但是,柠檬茶市场也有它的痛点。比如,品牌大都集中在广东地区,产品同质化严重,严重依赖供应链,难以实现高度标准化,等等。

为了使柠檬茶走出广州,汪洁和她的团队做了很多努力。比如,在供应链建设上,柠季的团队建设了3000亩的香水柠檬园,在把控品质的同时也控制了成本。在店铺扩展上,其他品牌都是满天星式加盟,而柠季考虑到物流仓储和品牌势能等因素,选择洋葱圈式加盟。

2.数智化

作为一个自带"互联网基因"的品牌,柠季从一开始就对数智化尤为重视。汪洁在直播中提到,在其现有的500多人的团队中,负责数智化业务的就达到80多人。而且柠季近年来在数智化方面的投入非常大。

长期的数智化布局让柠季的管理效率大幅提升。例如,在门店选址上,柠季根据美团经营数据、高德客流数据选择商圈与确立定位。柠季的数智化选址系统还可以评估某个点位的日销售额,进而倒推租金占比,在合理范围内,加盟商正常经营门店就能盈利。

依托数智化建设,柠季实现了数智化选品。在产品管理上,主要执行"数智化调研—内测—公测—数据化反馈—产品调整—持续跟踪—杠杆推广"等程序,同时还建立产品末位淘汰机制,这让柠季的 SKU 始终维持在 16～18 个,配方储备量超过 2000 个,并每周保持配方新增数超 12 个。柠季研发团队还将柠檬茶产品需求和趋势量化为视觉、味觉、触觉等维度的数据,让由感官认知的餐饮品类变为理性化、数智化的沟通语言。

此外,柠季还实现了数智化加盟商全生命周期管理、数智化会员运营等,这些也成为柠季快速奔跑的重要支撑。

柠季拥有多个自研的数智化系统,并且整合了美团、高德、慧运营、云学堂等外部系统,打通数据和业务。这些数智化系统为柠季带来的,不仅是基于业务流程数智化、系统化类的信息数字化的便捷,还包括主业务线上运营、更为精准的数据分析和经营决策制定、大规模的降本增效、行业价值链整合、生态圈构建,这些都为柠季新兴业务注入动能。

在消费者终端上,柠季的数智化所带来的是对消费者需求更为精准的洞察以及强悍的产品研发实力。举个最简单的例子,柠季每个月进行 4 次数智化选品,从产品库中筛选共计 20 款产品,由 25 位专业品评人进行产品评测,筛选出 8 款综合评分最高的产品进行公测,经过超万人参与的公测以及超 1000 份产品问卷的调研,最终根据综合评分选出 2 款产品进行全国推广。这样的产品公测,柠季每月要进行 2 次,经过评测的产品要先进入直营门店进行为期 15～25 天的产品公测后,再择优推广给加盟商。

(资料来源:https://baijiahao.baidu.com/s?id=1781703787418754369&wfr=spider&for=pc。有删改。)

问题:

1.柠季如何开展数智化选品?

2.柠季的经验对同类餐饮品牌有何启示?

实训题

实训项目:电商企业选品调研。

实训任务:选择一家电商企业做调研,了解该企业的选品情况。

参考文献

[1] 张悦.基于评论情感分析和销量预测的外贸电商选品研究[D].北京:北京交通大学,2019.

[2] 邓志超.基于大数据的跨境电商平台选品分析策略[J].特区经济,2019(6):135-137.

[3] 胡治芳.跨境电商卖家成功选品的几种策略技巧[J].对外经贸实务,2018(8):67-70.

第四章

数智化电商设计

学习目标

▶ 知识目标

1.掌握数智化电商设计的基本概念及发展阶段。

2.理解数智化电商设计的主要内容。

3.熟悉数智化电商设计的流程和工具。

▶ 能力目标

1.掌握数智化电商设计的发展历程。

2.掌握数智化营销页面设计和详情页设计。

3.掌握数智化电商设计的流程。

▶ 素养目标

1.关注科技在电子商务中的应用,培养科学创新精神。

2.提升审美能力和素养。

知识图谱

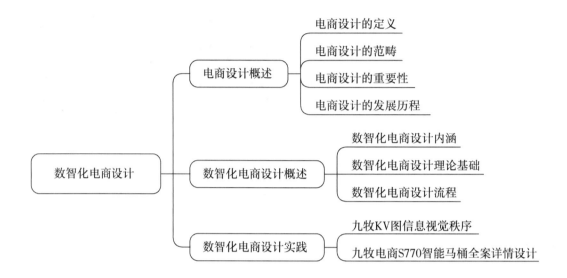

引导案例

九牧电商设计数智化转型实践（节选）

　　在 2023 年"双十一"这场电商盛宴中，九牧以超 11 亿的辉煌销售战绩，再次稳坐全网家装厨卫行业的领头羊位置，这已是其连续 12 年蝉联该行业的"双十一"销售冠军。这一骄人成绩，不仅彰显九牧品牌的强大影响力和卓越的产品质量，更凸显其在设计数智化转型方面的深入探索和成功实践。

　　在激烈的电商战争中，九牧之所以能够持续领先，与其坚定的"设计第一"理念密不可分。正是基于这一理念，九牧在设计领域进行了大量的数智化转型尝试，通过精准的消费者人群洞察、深入的行业市场调研、创新的创意策略以及广泛应用数智化工具，如 AIGC 等，在设计数智化电商场景中发挥了至关重要的作用。

　　在"双十一"营销页面的设计上，九牧电商展现了极高的专业水准和前瞻视野。设计团队在前期就深入洞察了九牧品牌的目标消费者人群，精准地定位了 2023 年"双十一"的主要消费群体——那些对促销活动高度敏感、年龄为 26～45 岁、受过大专及以上教育的中青年人群。通过深入挖掘这部分核心消费者的需求,并结合整个大家居行业的市场趋势进行调研,九牧设计团队精准地把握住了当代消费者对理性家居的期待——便捷性、健康舒适性、体验感、安全性与颜值并存。

在创意策略的制定过程中,九牧电商设计团队紧密结合消费人群洞察和行业市场调研的结果,针对"双十一"页面的核心产品、活动主题、活动氛围、营销内容等不同模块,进行了统一的视觉规划和设计方向制定。值得一提的是,团队在创意头脑风暴中巧妙运用了曼陀罗九宫格法,通过素材库和 AIGC 技术,根据头脑风暴的关键词搜索视觉参考,用思维导图对关键词素材进行分类,生成了包括细节参考、色调参考、文字参考、排版参考等在内的视觉情绪板,并据此确定了设计的方向和呈现方式,无论是在静态还是动态上,都确保"双十一"的视觉设计完全符合前期的人群洞察和市场调研的结果。

在确定"双十一"营销页面的所有视觉方案细节之后,设计师们利用 C4D、Photoshop 等设计软件,以及 AIGC 工具,进行了精细入微的设计创作。这一过程中,每一个元素、每一种色彩、每一个排版都经过了精心的挑选和设计,以确保最终呈现的页面能够吸引消费者的眼球,引导他们深入了解产品并最终促成其购买行为。

经过内外部门的严格审核,"双十一"营销页面(见图 4-1)最终顺利上线。这一精心设计的页面不仅为消费者带来了极致的购物体验,更在无形中推动了销售业绩的飙升。消费者在浏览页面的同时,能够深刻感受到九牧品牌的匠心和品质,从而增强了对品牌的信任感和归属感。

图 4-1 九牧"双十一"营销页面示例

九牧电商在这次"双十一"活动中的成功,不仅仅是销售数字的胜利,更是其设计数智化转型战略效果的一次重要验证。通过深度运用数智化工具和策略,九牧不仅提升了自身的设计能力和效率,更在激烈的市场竞争中脱颖而出,赢得了消费者的广泛认可和赞誉。

此外,九牧电商在设计数智化转型方面的探索和实践,也为整个家装厨卫行业树立了一个典范。其成功经验表明,只有将消费者需求、市场趋势和数智化技术紧密结合,才能在激烈的市场竞争中保持领先地位,实现持续的创新和发展。

展望未来,九牧电商将继续深化设计数智化转型,不断探索新的设计理念和技术应用,以满足消费者日益多样化的需求。同时,九牧也将携手行业伙伴,共同推动家装厨卫行业的数字化、智能化升级,为消费者创造更加美好的家居生活体验。这一系列的努力和探索,无疑将为九牧电商在未来的市场竞争中注入更强大的动力,助力其攀登新的高峰。

(资料来源:九牧内部资料。)

引导问题:

1.什么是数智化电商设计?

2.数智化电商设计如何帮助电商企业实现业绩提升?

第一节 电商设计概述

一、电商设计的定义

电商设计是视觉传达设计的一个分支,是一项综合性的设计任务,简单来说,就是在电子商务领域中进行的设计活动。这种设计是电子商务与视觉设计的完美结合,不仅关注美学和创意,更注重用户体验和商业目标的实现,旨在通过优化用户界面、提升用户体验,推动用户在线购物和交易的顺利进行。

电商设计的核心在于更好地展示商品、引导用户,最终促成交易。这涉及多个方面,如网站或移动应用的界面设计、用户交互设计、视觉设计等。界面设计要考虑到布局、导航、按钮和图标等元素的易用性和一致性,让用户能够直观、方便地浏览和购买商品。用户体验设计则关注用户从进入网站到完成购买的整个过程,包括页面加载速度、搜索和筛选以及支付流程等,都要以用户为中心进行设计。

电商设计要注重商品展示和品牌传达。商品图片、信息的布局和展示方式都要精心设计,以吸引用户的注意力并激发其购买欲望。同时,要通过品牌标识、配色和字体等,准确传达品牌形象,增强品牌的可识别度和用户对品牌的信任感。

随着移动互联网的普及,电商设计还要考虑设计与移动设备的适配性,确保在不同设备上都能提供良好的用户体验。同时,数据分析在电商设计中也扮演着重要角色,通过对用户行为和购买习惯进行数据分析,设计师可以持续优化界面和功能,提高转化率和用户满意度。

课程思政 4-1

故宫文创团队通过 AI 设计系统,将故宫的古建筑、文物等元素进行数字化处理,转化为时尚的设计语言,如将《五牛图》立体化呈现为全铜材质的五牛摆件,将龙袍转化为具有宫廷气息的现代生活用品。同时,故宫文创团队利用大数据分析用户偏好,精准推送个性化产品,满足不同用户群体的需求。

故宫文创成功的原因不仅在于其对科技的创新应用,还在于其对传统文化的传承与创新。通过"文化＋科技"的融合,故宫文创团队开发了多样化的数字文创产品,让传统文化在现代科技的助力下焕发新的活力。此外,故宫文创还通过社交媒体和创意活动,如"紫禁城杯"文化产品创意设计大赛,激发公众对传统文化的兴趣和对相关活动参与的积极性。

二、电商设计的范畴

(一)视觉设计

1.页面布局设计

页面布局设计是电商设计的基础。设计师需要根据电商平台的功能模块,如首页、商品详情页、购物车页面、结算页面等,合理安排元素的位置。例如:在首页设计中,要突出展示热门商品、促销活动等重要信息,通常会采用网格布局,将商品图片、文字描述、价格等信息整齐排列,方便用户浏览。对于商品详情页,要重点展示商品的高清图片、详细参数、用户评价等内容,图片一般放在页面的显眼位置,参数和评价则以清晰的列表或模块形式呈现,让用户能够快速获取商品的关键信息。以亚马逊网站的首页设计为例,亚马逊网站首页顶部导航栏清晰地划分了不同品类,中间部分通过轮播图展示热门促销活动,底部则提供了丰富的推荐内容,这种布局让用户能够快速找到自己感兴趣的商品或活动。

2.色彩搭配

色彩在电商设计中具有很强的吸引力和引导性,不同的色彩能够激发用户不同的情感反应,比如:红色常用于促销活动,因为它能够引起用户的注意和购买欲望;蓝色则给人一种稳重、可靠的感觉,适合用于展示品牌的专业形象。设计师需要根据品牌定位和产品特性来选择合适的色彩方案。例如,一个高端美妆品牌可能会采用金色和白色为主色调,营造出奢华、精致的氛围;而一个运动品牌则可能会使用活力四射的橙色和绿色,传递出青春、活力的品牌形象。

3.字体设计

字体的选择和排版也会影响电商页面的可读性和整体风格。标题一般会选用大号、粗体的字体,以突出重点信息。正文部分则要选择清晰易读的字体,如宋体、微软雅黑等。同时,字体的大小、行间距、字间距等也需要精心调整。例如,在商品介绍的长文本中,合适的行间距能够让用户阅读起来更加舒适,避免因行间距过小让用户产生阅读疲劳。

4.图形和图标设计

图形和图标是电商页面中的重要视觉元素,要简洁明了,让用户一看就能明白其功能,如购物车图标、搜索图标等,它们可以引导用户操作。此外,一些装饰性的图形也可以增强页面的美观度。例如,在节日促销页面,可以添加与节日相关的图形元素,如圣诞树、烟花等,营造出浓厚的节日氛围。

（二）用户体验设计

1.用户界面(UI)设计

UI 设计是直接与用户交互的界面设计,包括按钮、输入框、下拉菜单等控件的设计。这些控件要符合用户的操作习惯,例如:按钮的大小要适中,方便用户点击;输入框要有清晰的提示文字,引导用户输入正确的信息。在移动端电商设计中,还要考虑手指操作的便捷性,避免出现控件过小导致用户误操作的情况。

2.用户交互(UX)设计

UX 设计关注用户在使用电商平台过程中的整体体验,涉及用户从进入网站到完成购买的整个流程。例如:在商品搜索环节,要提供智能的搜索建议,当用户输入关键词时,能够快速弹出相关的商品推荐,帮助用户更快地找到所需商品;在购物车环节,要让用户能够方便地修改商品数量、删除商品,并且在结算时能够清晰地看到商品总价、优惠信息等,让用户在购物过程中感到顺畅、便捷。

3.信息架构设计

信息架构设计需要合理组织电商平台上的信息,让用户能够快速找到自己想要的内容。首先是商品分类的设计,要根据商品的属性、用途等进行科学分类。例如,服装类商品可以按照性别、季节、款式等进行分类;电子产品可以按照品牌、功能、价格区间等进行分类。其次是导航栏的设计,要清晰明了,让用户在不同的页面之间能够轻松切换。例如,在首页的导航栏中,可以设置"首页""分类""购物车""我的"等主要入口,方便用户快速进入不同的功能模块。

（三）营销设计

1.促销活动页面设计

促销活动是吸引用户的重要手段。在促销活动页面设计中,要突出活动的主题和优惠力度。例如:在"双十一"促销活动页面,可以使用醒目的标题,如"双十一狂欢盛典,全场五折起",用大号字体和鲜艳的色彩来吸引用户注意;还要展示活动的时间范围、参与方式等重要信息,并设计一些互动元素,如限时抢购倒计时、抽奖活动等,提升用户的参与感和紧迫感。

2.品牌推广设计

通过设计来提升品牌在电商平台上的形象和知名度。在品牌故事页面的设计上,可以用图文并茂的方式讲述品牌的发展历程、品牌理念等。例如,一个手工皮具品牌可以在品牌故事页面展示工匠制作皮具的过程,配上精美的图片和感人的文字,让用户感受到品牌的匠心精神。此外,还可以设计品牌专属的标识、包装等元素,用于商品展示和物流配送环节,增强品牌的辨识度。

三、电商设计的重要性

(一)吸引用户流量

具有吸引力的电商设计能够第一时间抓住用户的目光,因此,精美的页面布局、和谐的色彩搭配和独特的视觉元素是必不可少的。例如,当用户在搜索引擎中搜索相关产品时,看到一个设计精良的电商网站截图,会更有可能选择进入该网站。而且,良好的设计还能够在社交媒体等渠道中被用户分享,从而吸引更多潜在用户。

(二)提升用户留存率

优秀的用户体验设计能够让用户在电商平台中停留更长时间。当用户能够轻松地浏览商品、方便地进行操作,并且在整个购物过程中感到愉悦时,他们更有可能成为回头客。例如,一个信息清晰、能让用户流畅操作的电商网站,会让用户在购买了一次商品后因为良好的体验选择再次光顾。

(三)促进销售转化

营销设计是直接推动销售的关键因素。精心设计的促销活动页面和有效的引导,能够激发用户的购买欲望。例如,一个设计巧妙的限时折扣活动,能够让用户觉得机不可失,从而促使他们立即下单购买。同时,良好的品牌推广设计也能够增强用户对品牌的信任,使用户更愿意购买品牌旗下的产品,从而提高销售转化率。

四、电商设计的发展历程

我国电商设计的发展经历了三个阶段。

(一)电商"1.0时代":产品为王,设计为辅

在电商行业刚刚兴起的时期,市场的竞争态势相对简单,消费者对于在线购物的认知尚处于萌芽状态。在这样的背景下,产品本身的优势成为商家赢得市场份额的关键。

这一时期的产品优势主要体现在质量、价格、功能等方面。由于消费者对于在线购物的信任度尚未建立，他们更倾向于选择那些在传统渠道中已经建立起良好口碑的品牌和产品。因此，拥有优质产品的企业往往能够更容易地赢得消费者的青睐，进而在市场中占据有利地位。企业通过不断优化产品质量、降低成本、提升功能等方式来增强自身竞争力，而那些能够准确把握市场需求，迅速调整产品策略的企业往往能够脱颖而出，成为市场的领导者。

在这一时期，设计的作用相对有限，主要是辅助作用。由于消费者对于在线购物的认知尚浅，他们对于产品的了解主要依赖于文字和图片。因此，在这一阶段，设计的主要任务是将产品清晰、准确地呈现给消费者。由于技术限制和消费者习惯的影响，设计师们往往只能被动地接受运营人员提供的产品信息和详情需求，进行简单的排版和设计处理。他们的工作更像是一种"翻译"或"转述"，将产品的信息以简单的视觉形式传达给消费者。其实，由于这一时期的消费者对于在线购物的信任度较低，过于花哨或夸张的设计往往不太受欢迎。

尽管设计师的角色相对有限，但其仍然对产品销售产生着一定的影响。首先，优质的设计能够提升产品的整体美感，使消费者在浏览产品时产生更好的视觉体验。这种美感不仅能够吸引消费者的注意力，还能够提升他们对于产品的信任度和好感度。其次，设计还能够帮助消费者更好地理解产品的功能和特点。通过清晰明了的排版和配图，复杂的产品信息能够以简洁直观的方式呈现给消费者。

回顾电商"1.0时代"可以看到，设计在这一阶段虽然扮演着辅助角色，但仍然对电商行业的发展产生着积极的影响。优质的设计能够提升产品的整体美感和信息传达效率，提升消费者的购物体验。同时，也应该看到，在未来的电商竞争中，单纯地依靠产品优势或设计优势都难以取得长久的成功，企业只有将两者紧密结合起来，以优质的产品为基础，以创新的设计为手段，才能在激烈的市场竞争中脱颖而出，赢得消费者的青睐和信任。

（二）电商"2.0时代"：运营至上，设计赋能

随着互联网的普及和技术的不断进步，电商行业迎来了蓬勃发展的"2.0时代"。在这一时期，市场竞争愈发激烈，单纯的产品优势已不足以支撑企业的持续发展。运营力成为电商竞争的新焦点，而电商设计作为提升运营效果的重要手段，开始发挥越

来越重要的作用。

1.运营力竞争与电商设计变革

在这个时期,运营力成为决定企业成败的关键因素。运营力包括产品策划、市场营销、消费者服务等多个方面,更强调对消费者需求的精准把握和高效满足。在这一背景下,电商设计重点开始从单纯的产品展示向更深层次的满足消费者体验延伸。

首先,电商设计在电商运营中的角色发生了显著变化。在电商"1.0时代",设计主要承担的是产品展示和信息传达的任务;而在电商"2.0时代",设计不仅需要继续发挥这些功能,还需要更多地进入产品策划、用户研究、市场营销等环节中,赋能运营,共同提升消费者体验。

其次,电商设计变革的推动力来自消费者需求的变化。在电商"2.0时代",消费者对于购物体验的要求越来越高,他们不仅关注产品的质量和价格,还注重购物过程中的便捷性、愉悦感和个性化需求。因此,电商设计师需要深入了解消费者的心理和行为特征,通过创新的设计手法提升用户界面的友好性、交互的流畅性和视觉的吸引力。

最后,电商设计变革还受到技术进步和市场竞争的推动。随着互联网技术的不断发展,电商平台的功能越来越丰富,交互方式也越来越多样化。这为电商设计师提供了更多的创作空间和手段,但同时也带来了更大的挑战。设计师需要不断学习新技术、掌握新工具,以适应不断变化的市场需求。

2.电商设计的商业价值

在电商"2.0时代",设计的商业价值主要体现在以下几个方面。

(1)提升流量转化效率

在电商平台中,流量是至关重要的资源。然而,仅仅拥有流量并不足以保证销售的成功。设计师需要通过精心的页面布局、吸引人的视觉元素和有效的信息传达方式,引导消费者深入了解产品并产生购买的意愿。这样不仅可以提高流量的转化效率,还能降低获客成本。

(2)提升用户体验感和忠诚度

在电商"2.0时代",用户体验成为衡量电商平台成功与否的重要标准之一。一个优秀的电商平台不仅需要提供丰富多样的商品选择,还需要通过良好的用户体验留住用户并促进其复购。电商设计师可以通过优化页面加载速度、提升交互流畅性、增加个性化推荐等方式,提升用户体验感和忠诚度。

3.电商设计是品牌与消费者沟通的新方式

在电商"2.0 时代",电商设计成为品牌与消费者之间沟通的重要桥梁。随着消费者需求多样化和个性化的增强,传统的设计方式已经无法满足其需求。电商设计师需要探索新的设计方式,以更好地与消费者进行沟通和互动。

首先,电商设计师需要深入了解目标消费者的心理和行为特征。通过市场调研、用户访谈等方式,电商设计师可以获取消费者的真实需求和反馈意见,为设计提供有力的依据和支持。同时,电商设计师还需要关注消费者的情感需求和文化背景等因素,以更加精准地把握消费者的心理和情感诉求。

其次,电商设计师需要运用创新的设计手法提升用户体验。例如,通过运用 3D (三维)设计、动画、交互设计等方式增强页面的趣味性和互动性;运用色彩搭配、排版等视觉设计方式提升页面的美感和辨识度;运用数据分析、用户反馈等方式不断优化设计方案并提升用户体验。这些创新的设计手法不仅可以提升用户的满意度和忠诚度,还能为品牌带来独特的竞争优势。

最后,电商设计师需要关注电商平台的发展趋势并不断更新设计理念。随着移动互联网的普及和社交媒体的兴起,电商平台的功能和形态也在不断发生变化。电商设计师需要密切关注这些变化趋势,及时调整设计策略和方向,适应市场的需求和发展趋势。同时,电商设计师还需要不断学习和掌握新技术和新工具,以提升自己的专业素养和创新能力。

回顾电商"2.0 时代",可以看到设计在其中的重要作用和变革趋势。优秀的设计不仅可以提升电商运营效果,还能使企业在市场中赢得优势地位并实现持续发展。随着技术的不断进步和消费者需求的变化,电商设计在未来电商行业中的作用将更加重要和广泛。未来,电商设计师需要更加深入地了解消费者的心理和行为特征,运用创新的设计手法提升用户体验,并关注市场的发展趋势,以适应不断变化的市场需求。

(三)电商设计"3.0 时代":品牌为纲,设计铸魂

随着移动互联网技术的飞速发展,电商行业也迎来了全新的"3.0 时代"。在这个时代,品牌成了电商竞争的核心,设计则是塑造品牌形象、提升品牌价值的关键;品

牌是电商企业的核心资产,是电商企业在市场竞争中取得优势的关键影响因素;消费者对于品牌的认知和需求也发生了深刻变化,他们不再仅仅关注产品的质量和价格,而是更加注重品牌所代表的价值、文化和个性。

在这一时代,电商平台的功能和服务也在不断升级和完善,不再仅仅是一个交易平台,而是一个融合了社交、娱乐、文化等多种元素的综合性平台。这使得电商企业在品牌建设方面拥有了更加广阔的空间和可能性。

1.品牌为纲:品牌的重要性及其建设

品牌成了电商企业的纲领和灵魂。一个好的品牌不仅可以提升企业的知名度和美誉度,还可以提升产品的附加值,提高企业在市场竞争中的地位。因此,品牌建设成为了电商企业在这个时代的重要任务。品牌建设的核心是塑造品牌的独特性和差异性。一个成功的品牌必须拥有独特的品牌形象和品牌文化,以便能够与竞争对手区分开来。这需要企业深入了解消费者的需求和心理,挖掘企业品牌的内在价值和文化内涵,并通过各种手段将这些价值和内涵传递给消费者。

同时,品牌建设也需要注重口碑营销和用户体验。在电商设计"3.0时代",消费者对于品牌的认知和评价主要来自网络。因此,企业需要积极利用网络渠道进行口碑营销,提高品牌的美誉度和信任度。此外,企业还需要注重用户体验,提供优质的产品和服务,让消费者在使用过程中感受到品牌的价值和魅力。

2.设计铸魂:设计在品牌建设中的作用

在电商设计"3.0时代",设计成为了品牌建设的重要手段。

首先,一个好的设计不仅可以提升产品的品质,还可以塑造品牌的形象和个性,提升品牌在市场中的竞争力。在电商品牌建设过程中,企业需要通过各种视觉元素来传递品牌的价值观和文化内涵。企业的设计师可以通过独特的色彩、字体、图形等元素来打造品牌的视觉形象,让消费者在众多品牌中一眼识别出本企业的品牌。这种独特的视觉形象不仅可以提升品牌的知名度,还可以增强消费者对品牌的印象和记忆。

其次,设计可以提升产品的附加值。在电商设计"3.0时代",消费者对于产品的需求已经从单一的功能需求向多元化的情感需求转变。一个好的设计不仅可以满足消费者的功能需求,还可以激发消费者的情感共鸣,提升产品的附加值。例如,一些注重设计的电商企业会通过推出限量版、联名款等方式来提升产品的独特性和价值感,满足消费者的个性化需求。

最后,设计还可以增强品牌在市场中的竞争力。在激烈的市场竞争中,一个好的设计可以帮助电商企业在众多竞争对手中脱颖而出。通过创新的设计理念和手法,企业可以打造出独具匠心的产品和服务,吸引更多消费者的关注和喜爱。这种设计竞争力不仅可以提升企业的市场份额,还可以为电商企业的持续发展提供有力保障。

3.品牌与设计的关系

品牌和设计之间存在着紧密的互动关系。一方面,品牌需要设计来塑造形象和提升价值;另一方面,设计也需要品牌的支持和引领来发挥更大的作用。

品牌为设计提供了广阔的空间和可能性。一个好的品牌通常具有独特的文化内涵和价值观念,这些都可以为设计师提供灵感和创意。在设计过程中,设计师需要深入理解品牌的内在精神和外在表现,将其融入设计中,从而打造出符合品牌形象和价值观的设计作品。

设计也可以推动品牌的发展和创新。一个好的设计不仅可以提升产品的外观和品质,还可以为品牌注入新的活力和创意。通过不断尝试新的设计理念和手法,企业可以不断探索新的市场机会和消费需求,实现更高层次的发展和创新。

随着电商行业的不断发展和市场竞争的日益激烈,品牌和设计在电商中的作用将越来越重要。好的品牌可以为企业带来无限的商业机会和发展空间,而好的设计则可以为品牌注入新的活力和创意,提升企业在市场中的竞争力。

第二节　数智化电商设计概述

一、数智化电商设计内涵

数智化电商设计是指利用 AI、大数据、机器人流程自动化(RPA)等数智化技术,对电商设计的各个环节进行优化和创新,以提升电商运营效率、用户体验和商业价值。数智化电商设计结合数据驱动和智能技术,通过分析用户行为、市场趋势和业务数据,实现设计的自动化、个性化和智能化,不仅提高了设计效率,还能根据用户需求和市场变化实时调整,为用户提供更好的购物体验。

知识链接 4-1

阿里国际发布3款AI设计生态工具,用AI设计服务全球商家

AI时代,设计如何帮中国制造更好地走向全球以及更高效的服务全球商家?阿里国际给出了答案。

在第六届中国国际工业设计博览会上,阿里国际数字商业集团(以下简称"阿里国际")发布了3款设计生态工具:堆友、Pic Copilot、鹿班AI。这3款产品具有AI绘画、AI模型创作、AI图像和视频处理等功能,用AI设计帮助全球商家更轻松地做好本地市场生意。据悉,这3款产品目前已经服务了数十万商家和50多万的设计师。

阿里国际副总裁、设计负责人杨光在博览会主论坛上表示:"AI时代来临时,方方面面的生态都在努力实现商业应用,AI设计产业在这个过程中,也同样面临'国际化'和'数智化'两大课题。我们希望未来能够通过数智设计更高效地支持商业平台、更有效地服务全球商家和消费者。"

杨光认为:"设计的国际化是产业发展的广度,应用全球化视野做好本地化设计。数智化则是产业发展的必然趋势和核心手段。大家都在谈论新技术,站在设计产业视角,面对AI变局,我们希望发挥平台的作用,帮助设计师们掌握新能力、应用新工具、融入新生态。"

在此次工业设计博览会,阿里国际设计中心与工信部国际经济技术合作中心联合举办数智设计生态发展峰会,共同探讨数字经济时代下AI设计产业现状和未来方向。堆友、Pic Copilot、鹿班AI这三款AI新产品在此次峰会上备受关注,业内预计这将给行业带来新的变量和增长。

鹿班AI作为国内最早将AI投入设计领域应用的产品,可为企业提供AI设计定制服务及产教融合培训,支持SaaS(软件即服务)订阅、API(应用程序编程接口)调用、定制开发等。未来,鹿班AI将基于自研的AI设计工作台,携手各大院校,共同培养新型数智设计人才。

Pic Copilot 则是一款基于海量电商素材训练的图像 AI 设计工具，可以帮助跨境商家快速生成国别化营销场景图，大大提升商品营销图的点击率。据了解，目前 Pic Copilot 已经拥有超 10 亿次的商品展示训练量，商家只需随手拍摄或者上传一张商品图，即可一键生成风格契合的高转化素材。

堆友是一款面向设计师群体的 AI 设计社区软件，可以让设计师不断接触并使用前沿技术，也能让设计师通过创作 AI 模型获得收入。上线至今，堆友已经汇聚超 50 万 AI 创作者，集成 6000 个以上的设计工具、3D 素材、AI 设计模型等，日均生产 10 万张 AI 作品。

（资料来源：https://baijiahao.baidu.com/s?id＝1784062975582715032&wfr＝spider&for＝pc。有删改。）

二、数智化电商设计理论基础

（一）尼尔森 F 视觉模型

1.定义

尼尔森 F 视觉模型（Nielsen F-Model）是由著名用户体验专家雅各布·尼尔森（Jakob Nielsen）于 2006 年提出的一种关于用户浏览网页的行为模式的模型。该模型通过眼动追踪研究发现，用户在首次浏览网页时，视线通常会以字母"F"的形状移动，尤其是在面对大量文本内容时。

根据该模型，用户的视线并非直接聚焦于屏幕中央，而是受到其母语阅读习惯的影响，由大脑发出指令，引导视线按照特定的轨迹移动：首先从上至下，其次从左至右，从而在屏幕上形成一个类似英文字母"F"的形状，其中左上角区域吸引了用户最初的注意，其重要性随着用户视线向页面下方和右侧延伸而逐渐减弱。如图 4-2 所示，具体表现为：首先，用户进行水平移动，通常扫视页面内容的上部，形成"F"的第一条横线。其次，用户的目光略微下移，进行第二次水平移动，但这次的扫视范围通常比第一次短，形成"F"的第二条横线。最后，用户以垂直移动的方式扫视页面左侧的内容，形成"F"的竖线。

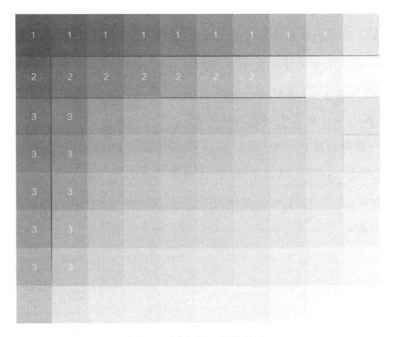

图 4-2　尼尔森 F 视觉模型

资料来源:左佐.设计师的自我修养[M].北京:电子工业出版社,2014.

F 形浏览模式的形成,主要是由于用户在浏览网页时倾向于快速扫描,而非逐字阅读。人们习惯于从左到右、从上到下的阅读方式,因此在寻找感兴趣的信息时,会优先关注页面的上部和左侧。此外,网络用户通常时间有限,更倾向于快速获取关键信息,这也使得 F 形浏览模式形成。

2.应用价值

(1)优化信息布局

重要信息前置:将最重要的信息(如品牌标志、活动主题、核心卖点等)放在页面的顶部和左侧,确保用户在快速扫描时能够首先看到。

分层展示:利用 F 视觉模型中提到的视觉动线,将信息分层展示,确保用户在不同层级上都能获取关键信息。

(2)提升用户体验

快速导航:遵循用户从上至下、从左至右的自然阅读习惯,设计符合用户心理的页面布局,提升用户浏览的舒适度和效率。

减少视觉疲劳:通过合理布局,避免用户在页面上进行过多的水平或垂直扫视,减少用户视觉疲劳。

(3)提高转化率

引导用户注意力:通过突出显示关键信息(如优惠信息、购买按钮等),引导用户关注重要功能或产品,从而提高页面的转化率。

增强信息识别度:使用小标题、短句、项目符号等设计元素,增强信息的识别度,帮助用户快速找到所需内容。

3.应用建议

(1)确定内容优先级

在布局页面内容之前,先区分内容的优先级和重要度,将最重要的内容放置在接近页面上部的位置,以便快速传达核心内容。

(2)根据用户阅读习惯设计

用户通常会快速扫视页面,而非逐字阅读。因此,界面的头两段文字无比重要,应多用小标题、短句引起用户注意。同时,应对更重要的元素赋予更强的视觉吸引力,例如通过排版和对比设计来突出文本关键字。

(3)利用侧边栏

侧边栏的存在能让用户有更深层次的参与感,可以放置广告、相关文章、社交媒体小部件等,为用户提供更多探索的工具。

(4)避免千篇一律的布局

F形布局的缺点是比较单调,用户容易对重复的内容感到厌烦。因此,可以在用户浏览区域适当添加一些特别的元素或用户未预期到的布局设计,保持用户的参与感。

(5)标记关键词

使用粗体字或颜色标记关键词,有助于用户在快速扫视时迅速找到所需信息,但需避免过度使用。

(6)优化导航栏

将核心导航放在页面顶部,确保用户能够快速找到关键功能或信息。例如,电商网站的搜索功能应直观可见。导航栏设计应简洁明了,避免过多复杂的分类和选项,让用户一眼就能看懂;应突出重点,将热门商品、促销活动或新品推荐置于显眼位置,吸引用户注意力。

在电商设计时通过合理应用尼尔森F视觉模型,可以更好地顺应用户的自然视觉习惯,优化信息布局,提升用户体验,从而提高页面的转化率和用户满意度。

(二)KV图与信息视觉秩序

1.KV图的定义与要素

KV图即关键视觉图,是电商设计中用于传达核心品牌理念、产品卖点或营销活动主题的视觉设计元素。它以高度凝练的图形、色彩和文字组合,构成页面的视觉焦点,迅速吸引用户的注意力并传递关键信息。KV图的核心功能主要体现在以下三个方面。

(1)品牌形象塑造。KV图通过统一的视觉符号、色彩体系和字体风格,能够强化品牌的辨识度。例如,苹果公司电商页面的KV图始终采用极简风格,以银灰色科技感背景搭配产品特写,传递出高端、创新的品牌形象。

(2)信息高效传递。KV图能够将复杂的产品特性或活动信息浓缩为直观的视觉语言。以"双十一"购物节的KV图为例,通过大字号的促销标语、动态的折扣数字和购物车元素,快速传递优惠信息,使用户在短时间内了解活动的核心内容。

(3)用户行为引导。KV图利用其视觉吸引力引导用户关注关键内容,如点击"立即购买"按钮或浏览主推商品。通过合理的设计布局,KV图可以有效引导用户的视线和操作,提高用户的参与度和转化率。

KV图的设计要素主要包括图形元素、色彩搭配、文字排版以及视觉层次。这些要素共同作用,使KV图能够有效地传达信息并吸引用户。

(1)图形元素。图形元素是KV图的重要组成部分,选择与主题强关联的具象或抽象图形至关重要。例如,美妆产品的KV图常使用产品特写、模特妆容展示等具象图形,直观地展示产品的效果;而环保主题活动的KV图则可能采用地球、绿叶等抽象符号,传达环保的理念。

(2)色彩搭配。色彩搭配依据品牌调性和活动氛围选择合适的色彩方案。暖色调如红色、橙色能够营造热情、促销的氛围,适用于促销活动;冷色调如蓝色、绿色则传递科技感与信任感,适合科技产品或高端品牌。在设计中需遵循色彩心理学原则,避免视觉冲突,确保色彩搭配和谐统一。

(3)文字排版。文字排版在 KV 图中起着关键作用。标题文字需突出醒目,字号通常占画面的 1/3 以上,以确保核心信息能够迅速吸引用户的注意力。副标题和说明性文字则辅助补充信息,采用层级化排版。例如,主标题使用粗体无衬线字体,副标题使用细体衬线字体,通过字体的粗细和风格差异,构建清晰的文字层次。

(4)视觉层次。应通过大小对比、色彩对比和空间关系构建画面的层次感。核心元素应置于视觉中心,通过放大、加粗、使用鲜明的颜色等方式突出显示;次要元素则通过降低透明度、缩小尺寸等方法弱化处理。这样可使整个画面主次分明,引导用户的视觉流程。

2.信息视觉秩序的定义与原则

信息视觉秩序指通过视觉元素的合理组织与布局,构建清晰、流畅的信息传达路径,使观众能够快速理解信息层级和重点内容。在数智化电商场景中,用户面对海量碎片化信息,缺乏秩序的页面设计会导致信息过载,降低用户体验和转化率。建立科学的信息视觉秩序,能够帮助用户高效获取关键信息,提升页面可用性。信息视觉秩序的构建原则如下。

(1)层级划分原则。依据信息的重要性进行层级划分,通常将信息分为核心信息、次要信息和辅助信息共三个层级。核心信息如产品名称、促销价格等,是用户最关注的内容,应放在最显眼的位置,使用较大的字号、鲜明的颜色和加粗的字体来突出显示。次要信息如产品特点、用户评价等,对用户决策有一定影响,但不是最核心的内容,可以使用稍小的字号和对比度较低的颜色来呈现。辅助信息如物流说明、售后服务等,虽然重要,但不是用户第一时间需要了解的内容,可以放在页面的底部或不显眼的位置,使用较小的字号和较淡的颜色来弱化处理。

(2)对齐原则。页面元素需遵循统一的对齐方式(左对齐、居中对齐、右对齐),避免视觉混乱。例如,商品列表页的标题、价格、图片需保持垂直对齐,增强整体感。对齐不仅使页面看起来更加整洁、有序,还能帮助用户快速扫描信息,提高页面的可读性。

(3)对比原则。通过大小、色彩、形状、疏密等对比,突出关键信息。例如,将"限时折扣"按钮设计为红色大尺寸,与周围元素形成强烈对比,引导用户点击。对比不仅能够吸引用户的注意力,还能帮助用户快速识别重要信息,提高页面的交互性。

（4）亲密性原则。将相关信息进行分组，通过留白或边框进行区隔。例如，将产品参数、材质说明、使用方法等信息整合在同一模块，与其他内容保持视觉距离。遵循亲密性原则不仅能使页面看起来更加整洁、有序，还能帮助用户更好地理解和记忆信息，提高页面的可用性。

3.KV图与信息视觉秩序的协同应用

KV图作为页面的视觉焦点，必须与整体信息视觉秩序相协调。它不仅需要遵循信息视觉秩序的原则，确保内部元素的层次分明，而且还要融入整个页面的布局中，与其他模块形成视觉上的呼应，共同打造一条流畅的信息传递路径。图4-3清晰地展示了信息视觉的递进秩序，描绘了用户从进入电商页面开始，通过分流路径、直行路径或"海景房"等不同路线，在获得关联感、肯定感和沉浸感的同时，最终到达商品详情页的过程。分流路径通常通向类目会场和主题活动，直行路径指向类目楼层，"海景房"则直接引导用户至商品详情页。

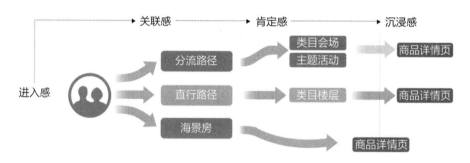

图4-3　信息视觉的递进秩序

资料来源：左佐.设计师的自我修养［M］.北京：电子工业出版社,2014.

（1）分流路径

分流路径是一种将用户从首页或其他起始页面，引导至不同专题页面或类目细分页面的途径。它如同电商平台这个大型购物商场中的指示牌，把顾客分流到各个不同的商品区域。比如在"双十一"购物节期间，首页的分流路径会引导用户前往"美妆会场""数码电器会场""服装服饰会场"等不同类目会场，或是"限时秒杀""满减专区""新品首发"等主题活动页面。通过这种分流设计，电商平台能够将丰富多样的商品和活动信息，按照不同维度进行归类展示，满足不同用户的特定需求。以淘宝为例，在大促活动时，首页的分流路径设计能够让用户快速找到自己感兴趣的品类或活动,大大提高了用户获取目标商品信息的效率,也有助于平台提升各类目商品的曝光度与销售机会。分流路径通常具有较强的引导性,其呈现方式可能是醒目的导航栏、分类图标、轮播图中的跳转链接等,引导用户根据自身需求选择特定的浏览方向。

（2）直行路径

直行路径是指用户从电商页面的入口开始,按照页面预先设定的主要顺序,依次浏览核心模块内容的过程。它类似于商场中一条清晰的主通道,引导用户沿着既定路线了解重点展示的商品信息。在电商首页中,直行路径往往会引导用户依次浏览类目楼层,如"家居用品楼层""食品饮料楼层""母婴专区楼层"等。这些楼层按照一定逻辑顺序排列,展示各品类的热门或主推商品。以京东商城为例,首页的直行路径设计使得用户能够顺着页面从上至下,快速了解平台重点推荐的各类商品,整个浏览过程流畅自然。直行路径有助于建立稳定、连贯的用户浏览体验,让用户对平台的主要商品分类和热门产品有较为全面的认识,适用于希望对平台商品进行整体了解和比较的用户。其布局通常较为规整,信息呈现层级分明,便于用户快速扫视和定位感兴趣的内容。

（3）"海景房"

"海景房"并非是指真正的海景相关场景,而是电商行业中的专业术语,特指电商活动会场中最醒目、核心位置楼层的展示区域,也可理解为电商平台中的黄金展位。它是商家吸引用户进店的关键入口图所在之处,如同商场中位于一楼最显眼位置的品牌旗舰店橱窗。"海景房"区域的图片要求极高,通常需要展现店铺的独特特色,如代言品牌的明星、产品的先进工艺等,且图片色彩要足够抢眼,以便在众多入口图中脱颖而出。由于"海景房"具有突出的视觉地位,往往承载着品牌形象展示、爆款产品推广等重要功能,能够为店铺带来极高的流量和曝光度,是电商平台上极为重要的营销资源。

（4）进入感

进入感是用户初次接触电商页面时,快速被吸引并产生进一步探索欲望的感受。在设计上,通过强烈的视觉冲击和简洁清晰的引导来实现。比如,电商页面利用极具张力的KV图占据黄金视觉区域,搭配醒目的动态效果或高对比色彩,瞬间抓住用户目光,同时简化页面入口和导航,让用户能轻松"进入"页面内部,开启浏览旅程。像一些美妆电商平台,首页以精美的明星代言 KV 图和"立即探索"按钮,快速吸引用户点击进入商品详情页。

(5)关联感

关联感指用户在浏览过程中,感受到页面所展示的内容与自身需求、兴趣存在紧密联系的心理体验。基于用户数据的精准推荐是实现关联感的重要方式,电商平台依据用户的历史浏览、购买记录,结合信息视觉秩序理论对商品和内容进行归类、排序。例如,当用户搜索过运动跑鞋,后续页面就会推送同类型跑鞋、运动袜、运动护具等相关商品,且通过合理的视觉层级和对比设计让用户快速识别到这些关联商品,使用户觉得平台懂自己,增强对平台的认同感和依赖感。

(6)肯定感

肯定感是用户在购物决策过程中,获得足够信息支持和心理保障,从而对购买行为产生信心的感受。在电商页面中,应通过详细且有序的信息呈现来建立肯定感。例如:产品详情页遵循信息视觉秩序原则,将产品参数、材质说明、质检报告等核心信息置于显眼位置,使用户能够快速获取关键内容。同时,展示真实用户评价、专业测评视频等,以客观证据增强用户对商品的信任感。此外,配合清晰明确的售后政策、退换货流程说明,消除用户后顾之忧,让用户对购买决策充满肯定,放心下单。

(7)沉浸感

沉浸感是指用户全身心投入电商购物体验中,仿佛置身于一个虚拟购物空间,忘却外界干扰的状态。电商页面往往通过连贯的视觉场景、流畅的交互操作和富有吸引力的内容来为用户营造沉浸感。例如,一些家具电商平台利用 3D 建模技术,让用户可以全面查看家具细节和家具在不同家居场景中的摆放效果;在页面切换时采用自然流畅的动画过渡,搭配柔和的背景音乐和舒适的配色方案;通过故事化的商品描述和推荐,引导用户沉浸在品牌所营造的生活方式氛围中,延长用户停留时间,提升用户购物愉悦度和转化率。

(三)FABE 销售法

FABE 销售法是一种非常具体、可操作性很强的销售方法。该方法包括四个关键环节,能够极为巧妙地处理好顾客关心的问题,从而顺利地实现产品的销售。

F(Features)代表产品的功能、特质、特性等最基本功能。销售员应从产品名称、产地、材料、工艺、特性等方面深刻挖掘产品的内在属性，找到该产品与其他产品的差异点。最重要的是，销售员要在诸多产品功能中提炼出最具差异化、最具代表性、其他竞争对手都想不到的核心功能，让消费者眼前一亮。例如，某品牌空调的最大特点就是省电，其广告词是"每晚只需消耗1度电"。

A（Advantages）代表优点。销售员要向顾客证明产品值得购买的理由，即与同类产品相比，本产品究竟有哪些优势或独特之处。例如，某品牌空调的优势是采用最新技术，相比其他品牌空调每晚可节省更多的电量。

B（Benefits）代表利益。销售员应一切以顾客利益为中心，通过强调顾客能够得到的利益、好处激发顾客的购买欲望，用形象的词语帮助消费者细致的感知产品。例如使用这款空调，每月可节省15元电费，长期使用将节省更多。

E（Evidence）代表证据。销售人员应该拿出充分的证据来印证前面提到的功能、优点、利益的真实性，包括专利证书、顾客表扬信、媒体报道、获奖证明等。所有作为证据的材料都应该具有足够的客观性、权威性、可靠性和可见证性。例如，某品牌空调已获得多项节能认证，且有超过10万用户的好评。

（四）AIDA模式

AIDA模式是西方推销学中一个重要的公式，由国际推销专家海英兹·姆·戈得曼（Heinz M. Goldmann）提出，用于描述消费者从接触营销信息到完成购买行为的心理过程。AIDA是四个英文单词首字母的组合，具体含义如下。

1.集中消费者注意力（Attention）

销售员要保持与顾客的眼神交流，并提供样品让消费者亲身体验，然后以提问等方式让消费者体验推销的过程，从而使消费者在潜意识里对产品产生更深层次的理解与好感。

2.引起顾客的兴趣和认同（Interest）

销售员要精准地找到对产品有需求的顾客，特别是会主动询问的顾客。此外，销售员还要深挖顾客的核心需求，然后强化顾客的需求，引发顾客的兴趣和认同。

3.激发顾客的购买欲望（Desire）

当顾客觉得产品给他带来的好处大于他付出的费用时，顾客就会产生购买欲望。销售员要通过引出顾客需要、确认顾客需要、提出产品特色以及产品特色给顾客带来的好处、让顾客认同产品特色能够给其带来好处这四步,来激发顾客购买欲望。

4.促使顾客采取购买行动(Action)

销售员要以"假定顾客要买"的心态,以提小问题的方式促使顾客采取购买行动。在提小问题的时候,销售员要让顾客做选择题,即选择购买及付款的方案。在销售过程中,销售员可以用带有时间紧迫感的销售话术来让顾客尽快做决定,比如"今天购买打八折,明天就恢复原价了"。销售员还可以以讲故事的方式,让顾客了解其顾虑也是其他顾客之前所顾虑过的,并提出解决方案。

(五)IDCMA 逻辑法则

本书针对线上、线下消费者不同的购买心理和行为,对 FABE 销售法和 AIDA 模式进行结合与分析,并加以改进,提出适用于电商详情页面的销售法则——IDCMA 逻辑法则。该法则能帮助电商设计师或运营人员梳理电商产品详情页的内容逻辑框架,从而贴合消费者购物路径,引导消费者完成交易。该法则分为五个步骤,每个步骤都对应消费者购物心理路径的一个阶段,具体如下。

1.引起兴趣(Interest)

引起用户兴趣是吸引用户继续浏览的第一步。在电商详情页中,通过使用视觉冲击力强的焦点图、展示品牌力、突出促销信息、强调物流和售后优势以及提供赠品,可以有效吸引用户的注意力,激发他们的兴趣,从而引导他们继续了解产品。例如:苹果在产品详情页的焦点图中,通常会展示产品的全貌和关键功能,如 iPhone 的高清摄像头和轻薄设计,而且还通过场景化展示(如在户外拍照)让用户感受到产品的实际使用效果;耐克在详情页中会展示其品牌历史,如"30 多年来为全球运动员提供高性能装备",并通过展示与顶级运动员的合作,增强品牌的可信度;小米在产品详情页中会展示购买产品赠送的实物赠品,如购买手机赠送耳机或手机壳,以增强产品的吸引力。

2.激发需求(Demand)

激发用户需求是引导用户深入了解产品并促使其产生购买欲望的关键步骤。通过提出用户痛点,展示产品核心卖点、使用场景、增值服务、适用人群和场景,电商详情页可以有效激发用户的需求和购买欲望。再通过结合科普性内容,可进一步增强用户对产品的理解和信任,从而提高转化率。例如,在销售一款智能手环时,可以指出用户在使用普通手环时可能遇到的问题,如普通手环只能记录运动数据,无法实时监测健康指标,导致用户错过重要健康预警,然后展示智能手环的实时健康监测功能,从而解决用户的痛点。又如,在销售一款户外背包时,可以展示使用场景图片,并借此进一步展示背包的功能,如在山间徒步时轻松携带装备,防水设计使物品免受雨水侵袭。这种场景化的展示可以让用户感受到产品在实际使用中的便利性和实用性。

3.建立信任(Confidence)

建立信任是指通过专业描述、技术原理、详细参数、原料、设计、质检等方面的信息展示产品的专业性,从而给用户植入信任感。这些信息不仅让用户全面了解产品,还增强了产品的专业性和可信度,从而提高用户的购买意愿。例如在销售一款智能手表时,可以详细介绍其心率监测技术的原理,如采用光学传感器,通过绿光穿透皮肤检测血液流动,实时监测心率变化,帮助用户随时掌握健康状况;在销售一款护肤品时,强调其原料来自天然植物,如采用阿尔卑斯山的天然植物提取物,不添加化学防腐剂,温和不刺激;在销售一款无线耳机时,突出其设计亮点,如采用人体工学设计,佩戴舒适,不易脱落。

4.打消顾虑(Misgiving)

打消顾虑是指通过展示品牌硬实力的内容来增强用户的信任感,让用户相信品牌的承诺是可靠的。比如,在电商详情页中通过展示品牌定位、品牌故事、工厂图片、证书与检测报告、专利证明、销售数据、客户好评和媒体认可等内容,可以有效打消用户的疑虑,增强用户对品牌的信任感。这些内容不仅让用户全面了解品牌和产品,还增强了品牌的可信度和权威性,从而提高用户的购买意愿。例如,双彬品牌通过展示工厂图片,强调其在生产、技术和资源上的优势,增强用户对产品质量的信任;MEEPO品牌通过展示其电动滑板的专利证明,强调产品的技术优势;霸王茶姬通过展示用户的正面评价和好评,增强用户对品牌的信任感。

5.促单成交(Action)

促单成交是指通过有紧迫感的活动信息以及产品搭配推荐等方式,刺激用户尽快下单。在电商营销中,制造紧迫感是促单成交的关键策略之一。通过设置限时优惠,如"仅限今日,前100名下单享8折优惠",以及限量抢购,如"限量100件,售完即止"，可以有效激发用户的购买欲望。同时，在页面上显示活动倒计时，如"距离活动结束还有 2 小时"，以及明确告知用户活动结束后将恢复原价，如"活动结束后马上恢复原价"，可进一步增强用户的紧迫感，促使他们尽快下单。这些策略通过时间限制、数量限制和价格变化，营造出一种"机不可失，时不再来"的氛围，从而有效提高转化率。产品搭配推荐是另外一种有效提升客单价和用户购买意愿的策略。通过推荐与主产品搭配使用的配件或相关产品，如"购买此产品，推荐搭配××配件，享受更多优惠"，可以激发用户的联想，增强用户购买的可能性。此外，还可以提供套餐组合，让用户一次性购买多个相关产品并享受更大的优惠，如"购买套餐立省 50 元"，能够进一步吸引用户。优惠换购也是一种有效的手段，如"购买此产品，加 10 元换购价值 50 元的××产品"，可以鼓励用户增加购买的种数。这些策略不仅增加了用户的选择，还通过优惠和组合的方式，提升了用户的购买体验和满意度。

三、数智化电商设计流程

数智化电商设计流程是一个系统化的过程，涉及分析市场竞争环境、定位精准人群、制定有效的详情页策略、规划页面设计落地以及详情页呈现与迭代。通过这些步骤，电商企业可以更好地满足用户需求，提高竞争力，实现可持续发展。

（一）分析市场竞争环境

分析市场竞争环境是数智化电商设计的首要步骤，其核心在于深入了解市场现状并挖掘差异化竞争点。该步骤涉及多维度的市场调研，包括：对电商行业整体趋势的行业分析，以掌握市场规模、增长态势及主要参与者的动态；对竞争态势的剖析，以识别竞争对手并评估其市场份额、优势与劣势；对消费者需求的深入洞察，主要是通过问卷调查和用户访谈等手段，精准把握消费者的需求和痛点。例如，在行业分析方面，九牧通过行业分析，深入了解电商行业的整体趋势，包括市场规模、增长速度和主要参与者的动态。九牧通过研究发现，卫浴行业的消费者对线上购物的接受度和依赖度不断提高，进而意识到，要在这个市场中占据一席之地，必须加强线上渠道的建设和优化。在竞争态势剖析方面，九牧识别出主要竞争对手有 TO-TO、科勒等国外品牌，以及恒洁等国内品牌。通过对比分析，九牧发现竞争对手在品牌知名度、产品设计和技术创新方面各有优势，但九牧在智能卫浴技术和售后服务方面具有独特优势。在消费者需求分析方面,通过问卷调查和用户访谈,九牧发现消费者在购买卫浴产品时,不仅关注产品的品质和功能,还对安装、售后和个性化服务有较高要求。根据调研结果,九牧优化了产品设计和服务流程,极大地提升了用户满意度。

(二)精准定位目标用户

精准定位目标用户是电商销售成功的关键,通过构建用户画像、收集和分析用户数据,电商平台可以深入了解用户特征和需求。在此基础上,运用 STP(市场细分、目标市场选择、市场定位)分析法对市场进行大规模扫描,可识别不同用户群体,选择具有潜力的目标市场,并进行针对性的市场定位。在市场细分方面,九牧根据不同的消费层次和需求,将市场细分为入门级市场、中高端市场、豪华市场等。例如,针对年轻消费者推出"小牧"卫浴品牌,主打性价比和时尚设计;针对中高端市场推出九牧品牌,强调品质和智能科技;针对高端市场则推出 THG 和 Poggenpohl 等高端品牌。在目标市场选择上,九牧选择中高端市场作为主要目标市场,这一市场具有较高的消费能力和对品质生活的追求。九牧通过持续的技术创新和产品升级,满足这一市场对高品质、智能化卫浴产品的需求。在市场定位方面,九牧定位在高端卫浴品牌,致力于成为全球数智卫浴领跑者。通过高品质的产品、创新的技术和时尚的设计,九牧在中高端市场树立了良好的品牌形象。例如,九牧推出的 X90 超静音数智马桶,搭载首创的强静冲刷技术,以"排"代"冲",冲刷声音低至 38 分贝,远超行业同类型产品。此外,九牧通过大数据分析,构建了精准的用户画像,深入了解目标用户群体的特征和需求。在此基础上,九牧推出了"都能装、装得快、装得好"的服务承诺,通过提供专业的安装服务和优质的售后保障,赢得了消费者的广泛好评。

(三)制定有效的详情页策略

有效的详情页策略是电商销售成功的关键。主要应做好如下工作:通过前期调研,深入了解用户需求和竞品情况,为文案策划和视觉设计提供依据;通过痛点挖掘和故事化表达,撰写吸引人的文案,增强用户的代入感;通过详细的拍摄脚本策划和视觉元素设计,确保产品图片和视频能够有效展示产品的特点和优势,增强页面的吸引力。九牧通过分析竞品的详情页,发现竞品详情页在产品功能介绍上较为详细,但在售后服务和用户体验等方面的展现不够。因此,九牧在详情页中不仅展示了产品的功能特点,还重点强调了优质的售后服务和用户体验。在文案策划方面,九牧通过调研结果,找出用户的核心痛点,并将这些痛点与产品的卖点相结合,撰写吸引人的文案。九牧在详情页中指出用户在使用传统马桶时常见的问题,如冲水声音大、容易堵塞、安装复杂等,然后展示九牧智能马桶的超静音冲刷技术、防堵塞设计和便捷安装服务,解决用户的痛点。此外,九牧还善于用生动的故事来展示产品的使用场景和优势,增强用户的代入感,如"小明的家安装了九牧智能马桶后,生活变得更加便捷和舒适。每次使用,都能感受到超静音冲刷技术带来的宁静体验,再也不用担心冲水声音吵醒家人了"。为了提升页面的吸引力和用户的浏览体验,九牧在详情页中使用高清图片和视频展示产品的细节和使用场景,同时加入动画,如产品功能的动态演示,增强用户的视觉体验。此外,九牧还通过 3D 全景展示技术,让用户可以全方位查看产品的外观和内部结构。

知识链接 4-2

先知 AIGC:电商详情图的革命性提升

在当前竞争日益激烈的电商市场,如何才能让一款商品迅速吸引消费者的目光,成为商家们亟待解决的问题。你是否曾经在购物时因产品选择繁多而感到无从下手,或是在千篇一律的产品图片中,难以找到真正吸引人的细节?根据研究数据,消费者有 90% 的购买决策都是在看到产品页面的第一瞬间作出的。这无疑给许多电商企业带来了困扰——转化率低、拍摄和设计成本高。随着技术的进步,一款名为"先知 AIGC"的创新产品诞生,或许能为电商企业解开这个难题。

"先知 AIGC"是北京先智先行科技有限公司推出的一款 AI 辅助图像生成的工具,旨在极大地提升电商详情图的制作效率和质量。通过深度学习和生成对抗网络(GAN)技术,"先知 AIGC"能够在短时间内生成高清、高质量且细节丰富的详情图。

以往,电商详情图的制作通常需要专业的摄影师和设计师,不仅耗时耗力,而且成本高昂。而"先知 AIGC"可以通过输入简单的产品信息和条件,迅速生成多种样式的商品图片,从而避免传统设计中的重复和低效问题。这对于希望迅速推出新产品的企业来说,无疑是一项巨大利好。

"先知 AIGC"的背景数据支持也相当强劲。在对 3000 多名电商从业者的调查中,约 78% 的受访者表示,如果可能,他们愿意使用 AI 技术来提高设计和制作效率。AI 的应用,给电商行业带来了颠覆性变革,使得电商企业能够在同质化严重的市场中脱颖而出。

不仅如此,不同于传统设计的模板化,先知 AIGC 凭借独特的算法能够精准解析市场数据,提供创新的视觉营销方案,有效满足目标用户的个性化需求。一项市场研究显示,个性化营销的转化率要比常规方式高出 3 倍。

借助"先知 AIGC"这一创新型工具,电商企业不仅能够提升产品详情图的质量和吸引力,也能在新的竞争环境中争取到更多生存空间。

(资料来源:https://m.sohu.com/a/854124005_122118475/。有删改。)

(四)规划页面设计落地

规划页面设计落地是将策略转化为实际页面的关键步骤,需要确保设计符合用户需求和品牌调性。在设计过程中,需要通过模块化设计,将页面划分为多个功能模块,确保页面结构清晰,便于用户快速找到所需信息;通过优化交互设计,提升用户体验,确保用户操作流畅。初稿设计完成后,应进行测试,收集用户反馈并进行优化,确保页面设计的最终效果符合预期。例如,九牧卫浴在详情页设计中,将页面划分为多个模块,包括 KV 部分、货架部分、轮播部分、产品详情部分和用户评价部分。KV 部分通过高清图片和简洁文案吸引用户注意力,货架部分展示相关产品推荐,轮播部分展示产品的核心卖点和使用场景,产品详情部分详细介绍产品功能和优势,用户评价部分展示真实用户反馈。在详情页的交互设计中,九牧确保用户在浏览过程中能够轻松切换不同模块,通过点击、滑动等操作快速获取信息。用户可以通过轮播图快速了解产品的核心功能,通过点击"了解更多"按钮进入详细的产品介绍页面,通过用户评价模块快速了解其他用户的使用体验。

(五)详情页呈现与迭代

详情页上线后,持续监控和优化有助于提升用户体验和转化率。通过监控用户加购率、转化率、停留时间等关键指标,以及通过用户评论和问卷调查收集用户反馈,可以精准定位需要优化的模块。比如,根据数据反馈,优化文案、图片和视频内容,提升页面的吸引力和用户体验。同时,定期更新页面设计,保持新鲜感和吸引力,有助于提升用户的参与度和转化率。九牧卫浴在详情页上线后,通过数据分析工具监控加购率、转化率和停留时间等关键指标,发现用户在某些模块的停留时间较短、加购率较低,从而确定需要优化的模块。同时,九牧通过用户评论和在线问卷调查,收集用户对详情页的反馈。部分用户对产品视频的时长和内容有改进建议,认为视频内容可以更详细、更直观地展示产品的功能和使用场景。根据用户反馈,九牧优化了产品视频的内容,增加了产品功能的详细演示和使用场景的展示,同时调整了视频的时长,使其更符合用户的观看习惯。九牧还定期更新详情页的设计,根据季节、节日和市场活动,调整页面的视觉元素和布局。例如,在"双十一"活动期间,九牧更新了详情页的设计,增加了"限时优惠""限量抢购"等元素,营造了浓厚的促销氛围,增强了用户的购买欲望。

第三节　数智化电商设计实践

一、九牧 KV 图信息视觉秩序

在九牧 KV 图的视觉设计中,明确的信息排序是构建清晰信息视觉秩序的关键,具体如图 4-3 所示。从页面的纵向来看,通过四个递进的感知阶段,向用户传递页面的信息设计秩序。该方法不仅确保了信息的层次化展示,还提升了用户的信息获取效率。在过去的营销设计实践中,从形式感的角度将设计划分为前、中、后三景,通过前、中、后三个位置的设计,形成一个完整的营销视觉画面。然而,营销视觉设计并非单纯的视觉艺术,作为电商营销活动的重要形式,KV 图设计蕴含着信息逻辑。因此,九牧进一步将三景划分为焦点信息层、辅助信息层和背景信息层,每个景别都清晰地承载着用户进入页面后的信息感知。

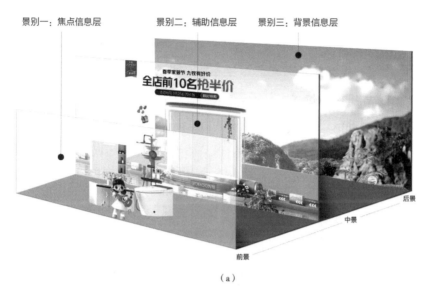

（a）

（b）

图 4-3 信息视觉的递进秩序

资料来源：九牧内部资料。

（一）景别一：焦点信息层

在营销页面设计中，通常会设置一个重要的视觉焦点。视觉焦点所包含的信息主要由主标题文字信息和核心图形元素构成。焦点信息层的作用是在用户视觉对焦时，第一时间传递准确的信息。文字作为人类文明发展以来信息的最佳载体，通常处于画面的中心位置或靠前位置。然而，在大型促销活动的营销页面设计中，有时也会将更多图形置于焦点位置。例如，在2024年九牧春季家装节页面设计中，九牧团队在走访消费者、收集业务目标、提出体验目标后得出的设计策略是展示具体的卫浴产品和超现实的卫浴空间画面，因此，九牧最后在焦点信息层中通过热卖的高"颜值"卫浴产品和超现实家装卫浴空间来表达家装节的主题。

（二）景别二：辅助信息层

当焦点明确传递之后，在营销页面设计中为了使用户更深层次地获得肯定的感知，辅助信息层则是必要的。例如，活动焦点是"春季家装节 九牧有好价"，当用户获取信息时，若页面毫无价格利益信息或者没有家装场景元素，则用户会对接受的焦点信息产生疑虑。而辅助信息层所起到的作用就是帮助用户肯定焦点信息，以及帮助用户产生与活动的关联感，打消犹豫和疑虑。

（三）景别三：背景信息层

当用户对活动的焦点信息完成认知并产生肯定后，维持用户持续感知的视觉信息的形成则依赖于第三景别的背景信息层。这与前文提及的沉浸式体验密切相关。在营销页面设计中，许多设计师常忽视背景设计在信息秩序中的作用。而九牧在各类电商营销活动中，注重通过背景中的色彩和纹理调节，确保用户对会场和活动的级别有显著的感受。例如，在S级大促①中，主会场的色调被预设为明度和纯度较高的暖系色彩，而分流的主题会场和其他分会场则应尽可能避免使用该色调，以确保整体活动的视觉色彩信息能使用户感知到既细微又明确的主次区别。

这种一横一纵的设计方法可为线上页面设计提供参考，通过对页面纵向和题图部分横向的分析，可以针对营销活动建立起一套纵、横均明确的信息设计秩序。当

---

① S级大促指电商平台活动分级中最高级别的促销活动。

然,在不同的业务场景下,应根据业务属性和需求的不同,作出相应的调整。尽管设计本身不可避免地带有艺术属性,但提升用户体验的准则是必须始终遵循的。

二、九牧电商 S770 智能马桶全案详情设计

（一）品牌分析

在开始设计之前,深入了解品牌的核心价值、定位以及品牌故事是非常重要的。还应分析品牌的受众群体,了解他们的喜好和消费习惯,以确保设计能够与品牌形象和目标受众相契合。通过品牌分析,设计师可以明确设计方向,确保所有的创意和设计元素都与品牌的整体风格保持一致。

在项目初期,对九牧品牌进行深入分析。九牧集团作为全球数智卫浴的领跑者,创立于 1990 年,是一家以数智卫浴为核心,集研发、制造、营销、服务于一体的全产业链、创新型国际化企业。九牧在全球设有 16 个研发中心,并在德国、法国以及中国的泉州、厦门、武汉、滁州、成都等地设有 15 家高端数智工厂,并在行业中首创 5G"灯塔工厂"和零碳 5G"灯塔工厂"。2022 年,九牧集团实现了逆势增长,同比增长超过 20%,在中国卫浴行业销量排名第一,全球排名前三。同年,九牧集团的品牌价值达到 1107.38 亿元,连续 12 年蝉联行业第一。九牧集团的高端卫浴品牌定位与当前卫浴产品智能化升级的消费趋势高度契合。因此,九牧 S770 智能马桶的详情页视觉核心诉求是将数字智能的形象传递给消费者,促使消费者形成"高端卫浴＝九牧"的心智联想。

（二）消费者人群洞察

深入了解目标消费者的需求、兴趣和行为模式,有助于企业定位产品的卖点和特色,设计出更符合消费者期望的产品或服务,以及制定有效的营销策略。企业通过市场调研、用户访谈、数据分析等方式,可以洞察消费者的购买动机、消费习惯和决策过程。

九牧通过调研发现,消费者对卫浴产品的需求已经从"1.0 功能时代"的基本功能需求,以及"2.0 品质时代"对外观、价格、设计的更高品质追求,发展到"3.0 体验时代"更加注重使用感受与独特产品细节。也就是说,现在消费者更愿意为具有独特魅力的产品买单。九牧高端卫浴品牌的形象已深入人心,因此展现新品升级后对消费

者的关怀与体验是设计的核心突破口。

九牧从以下三个维度强化新品的高端形象。

（1）沟通逻辑。以消费者需求与痛点为中心，塑造详情页的沟通逻辑，并由此延展文案与视觉，锚定产品与品牌的统一调性。

（2）文案定调。转换文案的视角，采用更贴近消费者真实使用感受的方式讲述卖点，避免形成语言的屏障与传播壁垒，从而更贴近消费者的需求。

（3）视觉感受。线上购物与线下购物最大的区别在于，线下购物时消费者可以触摸、感受产品，而线上购物时消费者无法做到这一点。因此，通过提升产品细节与质感，可以弥补线上购物时无法触摸实物产品的缺点，让消费者更直观地感受到大品牌的高端感。

九牧从以下三个维度创造 S770 产品作为新品的魅力。

（1）关怀。围绕消费者的需求，满足他们更加细节的卫浴需求，展现九牧对消费者的关怀。

（2）价值感。新品升级能为消费者带来什么样的理想卫浴感官体验，九牧在详情页的视觉设计和文案中予以体现。

（3）体验感。通过更加逼真和有质感的场景化设计，弥补线上购物时无法接触到实物的缺点。

当下，卫浴目标受众对智能马桶的新需求主要体现在以下几个方面。

（1）智能化功能。消费者期望智能马桶具备更先进的智能化功能，如自动感应、智能清洗、智能除臭等，以提升使用的便捷性和舒适度。

（2）个性化定制。消费者对个性化定制的需求日益增加，期望能够根据个人偏好进行智能马桶定制，如定制颜色、材质、功能模块等。

（3）健康监测。随着消费者维护个人健康意识的增强，其希望智能马桶能够具备健康监测功能，如尿液分析、体重监测等，从而为个人健康管理提供支持。

（4）环保节能。消费者对环保节能产品的关注度不断提高，期望智能马桶在节水、节电等方面表现出色，符合环保理念。

（5）设计美学。消费者对产品的外观设计和美学要求更高，期望智能马桶不仅功能强大，而且外观时尚，能够与现代家居装修风格相匹配。

（6）售后服务。消费者对售后服务的期望也更高,期望品牌能够提供快速响应、专业安装、定期维护等全方位的售后服务,确保使用无忧。

通过深入分析目标受众的需求,九牧在 S770 智能马桶的详情页设计中,将高端形象与消费者需求相结合,充分塑造产品和品牌的独特魅力。

九牧在更加深入的消费者调研中发现,超过八成的高净值人群一直居住在智能家居环境中,并且对卫浴环境的重视程度较高。这些群体主要关注的卫浴问题集中在卫生方面,他们期望智能产品能够解决卫生问题。在选择智能马桶时,他们关注的功能包括座圈加热、自动清洁除臭、自动冲水等。他们面临的痛点主要是过往使用过的马桶产品存在的一些不足,如冲水时水会溅出来、难以清洁、藏污纳垢、家庭成员共用卫生间导致一些卫生问题逐渐暴露。

针对调研中发现的消费者需求和痛点,九牧 S770 智能马桶进行了如下升级。

（1）产品定位升级。产品定位为"全家人都爱用的智能免触智能马桶",旨在为消费者整个家庭的人提供更舒适的使用体验和更洁净的如厕体验,从根源上努力解决消费者的痛点。

（2）舒适性升级。①座圈加热。提供恒温座圈加热功能,确保用户在任何季节都能享受舒适的如厕体验。②自动清洁。配备自动清洁功能,包括自动冲洗和自动除臭,减少消费者在使用过程中的不便和不适。

（3）卫生性升级。①免触操作。采用免触操作技术,减少细菌传播的风险,提升卫生水平。②抗菌设计。采用抗菌材料和设计,有效抑制细菌滋生,保持马桶的清洁和卫生。③智能冲水。优化冲水系统,减少溅水现象。

（4）家庭共用体验升级。①多用户模式。支持多用户模式,不同家庭成员可以根据自己的需求进行个性化设置。②智能感应。配备智能感应技术,自动检测用户的存在并启动相应的功能,提升用户使用便利性。

（三）创意视觉策略

创意视觉策略是指运用色彩、图形等元素和排版技巧,突出产品的独特卖点和品牌价值,吸引消费者的注意力,塑造令人难忘的品牌形象。

九牧在视觉设计落地的过程中,基于对消费者的深刻洞察和分析,明确了视觉设计的三大方向。

1.强化消费者痛点利益的文案表达

在文案设计中,需精准捕捉并强化消费者的痛点与利益点,采用简洁、直接且精准的语言,使消费者能够直观理解产品的核心卖点。这种表达方式有助于更有效地向消费者传达产品的优势,促进其对产品价值的认知与接受。

2.塑造家居氛围场景

在详情页设计中,通过图片和视频打造洁净健康且无污染的家居场景,激发消费者的想象,使其仿佛身临其境地感受到产品所带来的高品质生活体验。这种场景化的视觉设计不仅提升了产品的吸引力,还增强了消费者对品牌的认同感。

3.优化视觉细节质感

注重视觉细节的打磨,通过丰富的光影效果和对绿植元素的巧妙运用,提升整体视觉的质感与层次感。光影细节的处理能够增强画面的立体感和真实感,而绿植元素的加入则为画面注入生机与活力,进一步强化了九牧产品的高端定位和环保理念,使消费者在视觉上获得更优质、愉悦的体验。

(四)AIGC 设计

在电商设计中,可以利用 AIGC 技术来辅助创意设计过程。通过使用 AIGC 技术,可以快速生成多种设计方案,提高设计效率和质量。AIGC 设计还可以根据用户反馈和数据分析进行持续优化,以满足用户的个性化需求。根据前文提到的方向,九牧用 AIGC 技术及素材库生成参考画面,最终经过 3D 渲染、场景精修、模特拍摄、排版设计,完成详情页的落地设计。

1.AIGC 生成创意概念

九牧首先通过 AIGC 技术进行了创意方向的发散。例如,利用 AI 文档工具对抽象概念进行具象化,生成创意关键词,如"金属质感的麦穗""暗绿色调""抽象梯田造型"等。这些关键词帮助设计师快速确定了主视觉、场景、色调和氛围元素,为后续的设计工作奠定了基础。

2.3D 渲染与场景精修

基于 AIGC 生成的创意概念,九牧利用 3D 渲染技术构建了产品的主体模型和场景背景。设计师通过场景精修,对 3D 模型进行细节优化,如调整光影效果、增强材质质感,使画面更加逼真和具有吸引力。

3.模特拍摄与合成

为了提升视觉效果的真实感,九牧进行了模特拍摄工作。模特的姿势和表情经过精心设计,以更好地展示产品的使用场景和优势。在模特图拍摄好后,设计师将其与 3D 渲染的场景进行合成,确保人物与背景的融合自然、协调。

4.排版设计与最终落地

在完成上述步骤后,九牧进行了排版设计。设计师将产品图片、文案、促销信息等元素进行合理布局,确保页面具有优质的视觉效果和信息传达效果。最终,经过多轮测试和优化,九牧的智能马桶详情页完成了落地设计,成功上线。

综上所述,电商设计流程是一个环环相扣的过程,需要综合考虑品牌、消费者、创意视觉策略和 AIGC 设计等多个方面。通过精心策划和执行这个流程,可以打造出独具特色的电商产品或服务,提升品牌形象和市场竞争力。

思考题

1.简述电商设计的重要性。

2.简述 IDCMA 逻辑法则的内容。

3.数智化电商设计的流程有哪些?

案例评析

AI 如何撬动电商设计? 美图设计室给出答案

2023 年可谓是 AIGC 的风口之年。相关研究数据显示,目前国内参数在 10 亿规模以上的大模型数量已有 116 个。超过百余款大模型上线,助推 AI 潮水在行业和普通消费者之间来回涌动,不仅让不少 AIGC 的创业公司显露了锋芒,也让一些成熟的科技公司迎来新的发展契机。

以美图秀秀起家的美图公司,就在 AIGC 的浪潮中找到了与之契合的风口。最近一段时间,美图不仅实现了股价的高涨、营收的大增,更因为聚焦影像设计领域,找到了又一个发展引擎。3个月前,美图一口气连发了7款AI产品,这使得美图公司股价暴涨。从这些产品来看,美图将更多生产力场景与AI结合,针对视觉创作、商业摄影、专业视频编辑、商业设计等领域,推出充满变革性的生产力工具。

针对电商行业用户需求,美图设计室构建出一套完整的电商解决方案,接连推出AI抠图,AI商品图、AI模特试衣、AI海报、AI logo等多项功能,实现对商家设计工作的全场景覆盖。

据了解,目前美图设计室服务的用户已累计超1.8亿人,覆盖电商、新媒体、行政办公及个体经营等多个领域;在平面设计、电商设计及商品设计领域,美图设计室用户设计物料已经累计超过12亿张。同时,主打AI商业设计的美图设计室已经为超过100万中小电商卖家提供AI商拍服务。同时,各类大客户和电商平台也在加速与美图对接。

美图设计室如此高的使用频率和如此快的用户拓展速度,无疑证明了美图在商业设计领域的强大能力。在暴增的用户量背后,是美图公司从生活场景向生产力场景的战略延伸。

最新财报数据显示,美图公司月活跃用户数达2.47亿,其中,VIP会员用户数超720万。面对海量用户,美图设计室选择了专注于生产力场景的定位,这个市场定位转变的背后是美图公司全新增长引擎的构建。

美图在调研中发现,很多学生、电商行业用户、行政办公人员对于定位工作场景下的基础性图片处理工具的需求十分旺盛。这是美图选择延伸至生产力场景赛道的一个关键原因。美图还发现,在商业摄影、商业设计赛道中,还有大量的需求痛点未被满足,存在很大市场缺口和商业机会。

一张新品图片的生成,往往需要经过上下游需求对接、现场置景拍摄、后期处理、审核调整等多个环节,效率被严重限制。一张商品图的成本大概在50元至几百元不等,单张商品图的成本在100元左右。如果需要真人模特实拍,则会增加更多环节,以及更高的成本和时间消耗。因此,成本高、效率低、场景受限,是电商卖家的痛点。

市面上虽然有海量的AIGC产品供给,但给电商卖家们带来了新的问题:产品太多,选择成本升高。很多商家不得不拿着好几款产品作横向对比,最终才能决定使用哪一款,因为不同的AI产品往往覆盖不同的场景和功能,商家在使用的过程中,可能需要打通两三个不同产品之间的数据壁垒。这样的竞争态势以及用户痛点,意味着整个 AI 商业设计领域,需要一款功能更完善、效果更好、能够一站式解决问题的产品。

对美图而言,这显然是一个巨大的机会。针对上述痛点和使用场景,美图设计室以 AIGC 技术推动痛点的破解。美图设计室的 AI 功能使得商家不需要找摄影团队和模特,这将使商家的成本大幅降低。更重要的是,美图设计室突破了实体场景的限制,为商家节省了更多时间,促使整个工作流程高效运转,帮助商家加快了新品上线的速度。对产品效果的极致追求,使美图有着优质影像数据的积累。要知道,在 AI 时代,掌握更多优质数据,实际上就有了更高的产品力门槛。从底层数据的"投喂",到效果的精细化调节以及输出算法的设置,使得美图自研大模型 MiracleVision 具有显著的优势:对比国外其他大模型,能够实现更精准的亚洲人像呈现。这样一来,美图设计室针对商业设计等生产力场景的突破,不仅打破了高成本、低效率的行业现状,还帮助更多电商经营者降本增效、发掘商机。差异化的数字影像能力,为美图构建了新的增长引擎。

未来,美图影像外溢能力空间巨大。对于任何细分领域的头部公司而言,构建从消费者到行业的全产业链生态,都是发掘长期价值、延续生命力的必经之路。美图也不例外,正将多年积累的影像数字化能力外溢至更多产业和生态中。基于影像能力、数字化能力、AIGC 技术,美图正在构建一套美业解决方案。具体来说,美图通过"美图宜肤"向全球护肤品牌、医美机构及美容院提供 AI 测肤及相关 SaaS 解决方案;通过"美得得"为中国 1 万多家化妆品门店提供化妆品 ERP(企业资源计划)及供应链管理 SaaS 解决方案,助力门店优化化妆品采购决策。

(资料来源:https://baijiahao.baidu.com/s?id=17781023954040025192&wfr=spider&for=pc。有删改。)

问题:

1.美图有哪些 AI 设计产品?

2.美图的 AI 设计产品有何优势?

实训题

实训项目:详情页设计。

实训任务:选择一款自己感兴趣的产品,利用数智技术为该产品做详情页设计。

第五章

数智化营销

ⓖ 学习目标

▶ 知识目标

　1.了解数智化营销的概念、特点。

　2.熟悉数智化营销的三个关键实现。

　3.熟悉营销数智化覆盖的环节。

　4.了解营销数智化的主要技术及方法。

▶ 能力目标

　1.能够区别传统营销和数智化营销。

　2.能够运用数智化营销的三个关键实现完成营销数智化。

　3.能够在营销数智化覆盖的六个环节进行数智化营销及创新。

　4.会分析不同技术及方法在数智化营销中的运用。

▶ 素养目标

　1.深化对我国企业营销数智化转型的认知,增强民族自信与文化自信。

　2.关注科技在数智化营销中的应用,培养营销创新精神。

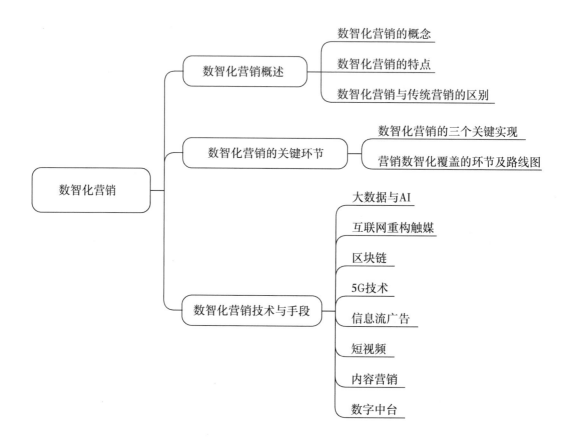

引导案例

林清轩的数字化转型

1.林清轩营销数智化的需求

2008 年,林清轩以品牌直营专卖店的模式进军商场,在上海中山公园龙之梦购物中心开设了第一家 30 平方米的门店。基于品牌的定位,为维护品牌形象、追求品质、实现中长期发展,林清轩走上了一条与众不同的直营之路。

2016 年,新零售理念被提出,林清轩品牌创始人孙来春非常认可这种以互联网为依托,通过运用大数据、人工智能等先进技术手段,对商品的生产、流通与销售过程进行升级改造,进而重塑业态结构与生态圈,并对线上服务、线下体验以及现代物流进行深度融合的零售新理念。此后,林清轩高调推进新零售,逐渐完善线上线下的数字化转型。新冠疫情暴发最初之际,林清轩通过直播激活 500 万核心消费群体,最终给萧条的线下门店带来巨大销量,实现逆风翻盘。

林清轩通过营销数智化能力赋能线下导购在线上完成交易转化,并且在管理模式上完成迭代优化。通过线上直播和已有的会员社群,门店美妆导购的专业能力在线上也能得到充分发挥。而当来到线下流量回暖的 2021 年,林清轩采取措施避免线下门店的体验服务优势被直播带来的短暂辉煌掩盖。林清轩通过已有的数字化系统进一步部署升级营销数智化能力,完成线上线下一体化营销,把割裂的线上和线下进行升级黏合。

2.林清轩营销数智化的解决方案

林清轩打通线上流量和线下门店的关键是为每一个门店配置社交云店,利用云店链接品牌、消费者、门店美妆导购,促使新零售人、货、场三端同步驱动。

每个门店配置独立云店小程序,由门店美妆导购管理,云店的业绩归属门店,从而调动美妆导购积极性。消费者进入云店后,可以快速获知最近的门店位置和提供一对一咨询的美妆导购的联系方式。

2020 年 11 月,林清轩发起山茶花润肤油预售活动,配送方式可以选择"到店自提",从而在为门店提高客流的同时帮助导购更好地经营用户关系,促进用户二次消费。这是一种较好的后置导流方式,不仅可以满足消费者获利的心理,还能促进二次转化。

如果说后置导流解决的是二次转化的问题,那么把门店见面礼前置到客户消费前,将能解决更多其他的问题。林清轩通过社媒宣传,引导消费者进入云店。消费者在添加美妆导购微信后,可免费获赠一份线下体验见面礼。这给需要体验服务的客户提供足够的出门理由,使美妆导购能够在线上线下同步进行孵化。而且,这样还可以培养消费者对品牌的信任度,消除其对产品的疑虑,使其更容易作出消费决策。

林清轩在根据地理位置进行精准营销(比如张贴电梯海报、发放社区物料等)的时候,在海报或其他物料上附上云店二维码。由于云店会在消费者第一次进入小程序时确认消费者归属的线下门店,对于新用户可以由附近的门店美妆导购"拉新"跟进,老用户则继续由原有美妆导购跟进。由门店美妆导购促单或引流门店转化,既可以满足消费者的沟通需求和即时消费需求,又能为品牌可持续经营做好铺垫。

(资料来源:https://zhuanlan.zhihu.com/p/352542176。有删改。)

引导问题:

1.林清轩为什么要进行营销数智化?

2.林清轩如何开展营销数智化?

第一节　数智化营销概述

一、数智化营销的概念

数智化营销就是结合数字化与智能化技术的营销方式,借助互联网、大数据、人工智能等先进技术手段,对营销活动进行精准化、高效化的管理与执行。数智化营销不仅提升了营销活动的效率和效果,也大大优化了消费者的购物体验,实现了企业与消费者之间的深度互动与连接。通过收集和分析消费者数据,企业可以更精准地洞察消费者需求,制定个性化的营销策略,从而提高营销活动的针对性和实效性。

二、数智化营销的特点

(一)强调数据驱动决策

在数智化营销中,数据扮演着核心角色。企业通过对消费者行为、消费者购买偏好等方面的数据进行深度挖掘和分析,可以更准确地把握市场需求,从而制定更为精准的营销策略。这种数据驱动的决策方式,使得营销活动更具针对性和实效性。

(二)注重个性化与定制化

通过借助先进的数字化技术进行数智化营销,企业可以根据每位消费者的特点和需求,提供定制化的产品和服务。这种个性化的营销方式,不仅提高了消费者的满意度和忠诚度,也有助于企业在激烈的市场竞争中脱颖而出。

（三）具有实时性与动态性

在数智化营销中,通过实时监测市场动态和消费者行为的变化,企业可以及时调整和优化营销策略,确保营销活动始终与市场趋势保持同步。这种实时反馈和动态调整,使得企业的营销更具灵活性和适应性。

（四）充分利用社交媒体等新媒体渠道

新媒体渠道具有传播速度快、覆盖范围广、互动性强等特点,为企业提供了与消费者直接沟通和互动的机会。通过利用新媒体渠道进行数智化营销,企业可以扩大品牌影响力,提升消费者认知度和忠诚度。

总的来说,数智化营销的特点主要体现在数据驱动、个性化定制、实时动态性以及对新媒体渠道的充分利用等方面。这些特点使得数智化营销成为当今企业提升市场竞争力、实现可持续发展的重要手段之一。

三、数智化营销与传统营销的区别

数智化营销与传统营销的区别主要体现在以下几个方面。

（一）营销策略与决策基础

传统营销下,企业主要依赖于经验、直觉和市场调研,往往通过传统媒体(如电视、广播、报纸、杂志等)进行广告投放,决策过程往往较为主观,缺乏精确的数据支持。

数智化营销强调数据驱动决策。通过对消费者行为、购买偏好等方面的大数据进行深度分析和挖掘,企业可以更准确地了解市场需求,制定更为精准的营销策略。

（二）受众定位与覆盖范围

传统营销下,企业的受众定位相对较为宽泛,难以精确锁定目标人群,营销覆盖范围往往受限于特定的地域或媒体渠道。

数智化营销下,企业可以通过对用户数据的分析,实现精准的用户画像和定位,并借助互联网渠道覆盖全球范围内的潜在顾客。

（三）营销效率与成本

传统营销下,企业需要投入大量的人力、物力和财力,成本相对较高,且营销效果难以准确衡量。

数智化营销下,企业可以通过自动化和智能化手段提高营销效率、降低成本。例如,通过精准投放广告,减少无效的营销支出,同时通过数据分析准确衡量广告效果,实现更高效的投资回报。

(四)互动性与客户体验

传统营销下,企业往往是单向传播信息,缺乏与消费者的实时互动和反馈机制,难以使消费者与企业品牌建立深度联系。

数智化营销下,企业可以通过社交媒体、电子邮件、在线调查等方式与消费者进行实时互动,获取消费者的反馈和需求,为消费者提供更为个性化的服务和体验。

(五)效果评估与优化

传统营销下,效果评估往往依赖于销售数据和市场调研成果,企业难以实时追踪和优化营销活动。

数智化营销下,企业可以通过各种分析工具和指标对营销活动的效果进行实时监测和评估,根据数据反馈及时调整和优化营销策略,实现营销效果的持续提升。

综上所述,数智化营销与传统营销在营销策略、受众定位、营销效率、互动性以及效果评估等方面都存在显著的差异。随着数字化技术的不断发展和普及,数智化营销正逐渐更为企业所青睐。

知识链接 5-1

AIGC:企业营销数智化的变革与重构

AIGC 即人工智能生成内容,被认为是继 PGC(专业生产内容)和 UGC(用户生产内容)后,利用人工智能技术自动生成内容的新型生产方式。

2022 年底,随着以 ChatGPT 为代表的聊天机器人及大模型技术在全球范围内取得突破性进展,AIGC 成为炙手可热的技术。凭借在内容生产上的高效率、低成本、智能化等核心优势,AIGC 打开了数字营销下一阶段的大门,在营销领域引发深刻变革。

1.营销模式在技术革新驱动下不断演进

近20年来,营销模式经历了从"大数据+营销"到"AI+营销"的演进,营销的核心、目标、理念不断向更高层级发展(见表5-1)。相较于传统营销模式,AI技术加持下的营销实现了效率与效果的全面提升,在获客、转化、留存、分析的全过程中都更加个性化、智能化。

表5-1 营销的核心、目标、理念不断向更高层级发展

阶段	大数据+营销	AI+营销		
		初探期	发展期	爆发期
代表技术	信息流广告	营销云	营销机器人	AIGC
核心	精准营销	效率提高	生态建立	交互创新
目标	获取增量用户	获取增量+存量运营	客户全时全场景价值挖掘	实现价值增量的有效转化
理念	以客户为中心	以客户为中心发掘价值增量,并实现有效转化		

资料来源:《2022年百度AI营销白皮书》。

技术革新驱动营销模式演进的路径在于其引发的互联网形态演进。从"Web 1.0"到"Web 2.0",典型场景由PC机、信息门户向移动互联网、社交媒体、平台演进,用户的深度参与促使内容生产方式由"PGC"向"PGC+UGC"转变。当下以区块链、元宇宙、人工智能等为典型场景的"Web 3.0"正引发内容生产方式的又一次深刻变革。AIGC成为时下最前沿的内容生产方式,并与数字营销紧密结合,推动营销模式顺势演进。目前AIGC技术主要应用于文本、图像、语音、视频、代码、3D等领域,其中文本、代码领域发展相对完备,图像领域则呈现应用爆发之势。在基础层大模型技术取得突破性进展的背景下,基于AIGC的人机共生式营销模式开启了未来营销模式的新里程。

2.AIGC赋能企业营销数智化转型

营销数智化是营销在数字化基础上的更高诉求,其基于AI技术进行数据挖掘、分析及决策,智能化产出个性、多样的营销物料。在"AI+营销"的早期阶段,AI的融入在一定程度上提高了企业的营销效率,帮助企业建立起全域营销生态,但受限于技术水平,AI对企业整体业务实质影响有限。AIGC的出现为营销数智化注入了新的

动能,破除了数智化营销的现存桎梏,进一步解放了营销生产力。

一是AIGC能够助力整体营销环节进一步降本增效。以往的AI技术已经能够做到智能洞察、智能投放,从而实现精准营销,但受制于营销供给端的有限生产力,降本增效存在上限。AIGC则打破了这一天花板,赋予了降本增效更大的空间:通过自动生成营销物料辅助营销供给端产出,带来了效率的提升与效果的完善;由语义理解到语义分析归纳的功能突破,使得营销分析决策环节进一步优化。

二是AIGC能够激发创意灵感,增强营销创新能力。虽然目前的AIGC是一种基于历史数据的模仿式创新,但其通过从无到有、聚合资源所生成的内容能够启发营销创作者的思维。同时,AIGC在进一步提升效率的前提下,使得营销能够根据反馈实时调整,对于企业持续创新产生积极影响。

3.企业积极探索"AIGC+"营销数智化应用

目前许多企业已在积极将AIGC技术用于市场营销。企业市场营销涉及的环节众多,其中最为重要的是产品市场匹配、进入市场达成购买、销售运营促成复购。现阶段企业对于AIGC的应用多集中于后两个环节,体现为营销内容、销售运营的创新。根据技术及融合成熟度的不同,可以将AIGC与企业数智化营销的结合划分为三个层级。

(1)基础层级:AIGC提升营销内容创造力

在基础层级,AIGC作为先进的内容生产手段,被用于制作产品的营销传播物料,以实现创意表现力的增强与效率的大幅提升。可口可乐发布创意广告短片《Masterpiece》,呈现了可口可乐在艺术馆不同名画之间的传递。短片应用人工智能Stable Diffusion串联起动态名画,实现了实拍、特效与AIGC的有机组合。淘宝造物节发布行业首支全AI制作短片,通过向语言生成AI提问得出答案,再投入图像由AI产出不同画风图片完成短片制作。AI绘图的奇思妙想完美展现了淘宝对于未来生活的趣味想象。

(2)进阶层级:AIGC创新基础营销互动

在进阶层级中,与AIGC结合的营销内容展现出更强的互动性与分享性,创造了更好的交互体验,促成了传播裂变。例如,杭州亚运会100天倒计时来临之际,伊利在发布融合AIGC技术制作的宣传短片《AI忆江南》的基础上,同步上线了基于

AIGC的沉浸式官方活动。消费者可以在活动页面朗读诗文,由AI判断语音准确度后生成个性化定制产品包装和近似"数字藏品"属性的微信头像。京东家电在大促活动中,在引入AIGC技术制作风格化广告的基础上,提出"开放式广告"的概念,与用户共创完成了10个不同的体验场景。这种基于AIGC的营销数智化创新,将品牌与用户的交流由单向拓展至双向,不仅进一步激发了用户创造力与兴趣点,还实现了个性化精准营销。

(3)探索层级:AIGC加速元宇宙营销建设

在探索层级中,基于元宇宙的数智化营销是AIGC应用探索最为前沿的领域,虚实结合的沉浸式体验将进一步丰富用户感受。虚拟数字人与虚拟场景是构成元宇宙营销最为关键的两个因素,AIGC技术的融合应用将赋予数字人更好的表现力,亦将加速元宇宙三维场景的搭建。目前,企业借助虚拟数字人探索营销数智化的应用更加深入。AIGC技术的应用一方面提高了虚拟数字人的生成效率,另一方面也使得虚拟数字人形象、智能等表现更优,加速了企业虚拟数字人的规模化应用。当前虚拟数字人已在品牌形象代言、直播带货、售后服务等营销环节发挥作用。例如,百度旗下目前拥有由度晓晓、希加加、夏南屿、林开开、叶悠悠五位数字人组成的"数字人天团",分别在发布会、测评、演唱等场景中发挥作用。通过"AIGC+数字人+营销",百度在传递品牌声量的同时实现产品深度"种草"。

4.总结与展望

"AIGC+"营销的红利正吸引越来越多的企业在数智化营销蓝海中探索,双向互动的机制亦加速了AIGC在营销领域的渗透。在"AIGC+"的营销模式下,企业通过人机配合,实现了共创增效。生产效率的突破进一步提升了精准营销的上限,千人千面的营销物料产出成为现实可能。在信息化时代,无论是AIGC技术本身,还是极富创造力和表现张力的营销物料,抑或是新颖的双向互动机制,都在很大程度上抓住了用户的有限注意,最终助力企业实现声量双升。特别地,基于AIGC的新双向互动机制将用户拉入营销一环,促进了UGC产出的融入与传播裂变,为AIGC在营销领域渗透奠定了用户基础。

"AIGC+"营销应用方向主要包括内容生产、创新运营、客服、销售、洞察决策等,其落地程度与数据质量、技术成熟度密切相关。总体而言,数据质量越高、技术越成熟,应用方向所能提供的价值也就越高。由于内容生产对数据与技术的要求下限更低,企业在该方向上开展了更多有益的探索。后续随着技术服务商对大模型的开发建设进一步完善,企业或将在洞察分析等方向落地取得更多进展,从而获取更高的价值增量。

但是,"AIGC＋"营销也隐含风险,为监管和企业应用带来一定挑战。一是AIGC营销与版权问题。AI模型在训练阶段需要投入海量数据,其产出内容也有一定概率与训练数据高度相似,因此,关于版权归属与保护目前仍存在争议。二是AIGC营销与信息泄露、隐私伦理问题。一方面,企业基于AIGC平台产出的营销方案、物料等存在信息泄露的风险;另一方面,企业AIGC产出中涉及真人特质的部分,如外貌、声音等可能会对当事人造成负面影响,甚至引发伦理道德问题。三是AIGC营销与深度伪造问题。企业营销中由AIGC产出的内容可能涉及虚假信息,存在误导风险。以上三个方面的潜在风险为行业监管带来了巨大挑战,也在一定程度上使AIGC推动企业营销数智化跨越的速度减缓。未来监管制度的完善,将有助于为AIGC与营销数智化深度融合保驾护航。

(资料来源:http://www.cww.net.cn/article?id＝C50D60A9A9D847FF802D7453790445D8。有删改。)

第二节　数智化营销的关键环节

一、数智化营销的三个关键实现

数字时代下,营销不再是单一地获取流量,而是涉及消费者行为洞察、触点沟通以及决策影响的全链路消费者运营。数字时代的新营销解法是运用数据智能来进行消费者运营,是要实现业务在线,实时连接消费者,基于此打造消费者旅程闭环的营销数据资产,从而用数据驱动消费者运营,为消费者营造良好的体验,实现业务增长,如图5-1所示。

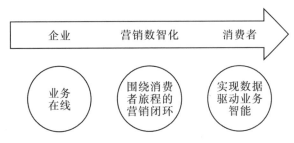

图 5-1 数智化营销的三个关键实现

（一）业务在线

在中国，探究营销数智化的真实动因是消费者行为的数字化演变。消费者的信息获取、购买决策和购买行为等环节已经实现了数字化，并逐步倒逼零售商运营和品牌商供应实现数字化。大消费企业（包括消费品品牌商、流通商、零售商）营销数智化要了解和迎合自身目标消费群体的数字化行为与喜好，从公域到私域，实现产品与服务从品牌到消费者双向端到端业务在线，也就是要实现从消费者角度出发的全链路营销业务数字化，使企业能够实时连接目标消费群体的数字化行为。

海底捞为了让服务连接到更多消费者，开发了自己的私域 App，这样消费者可以通过私域 App 订位、选菜品、下单，在约定的时间内到门店直接用餐。同时，海底捞也把服务移植到美团等公域平台，对接目标消费群体，支持消费者在线下单以及通过微信或支付宝在线支付。目前海底捞私域 App 用户达 30 余万，微信公众号用户将近 80 万。通过线上产品和服务的布局，海底捞已经在端到端业务在线的过程中，摸索出了一条属于自己的路径。

总的来说，实现业务在线，就是实现商品从企业到消费者整个过程的两个主要通路（零售和渠道）的业务实时在线，完成全链路数据资产沉淀，使得企业可以实时连接消费者，如图 5-2 所示。业务在线需要品牌个性一体化，供给侧和需求侧共同发力，重塑和融通零售和经销渠道，共同服务于消费者。

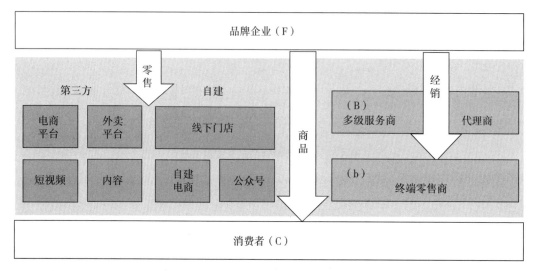

图 5-2　业务在线

（二）围绕消费者旅程的营销闭环

商品从企业流转到消费者手里,涉及公域品牌推广、市场活动引流、渠道及交易、消费者及服务等内容,这是传统的营销链条。

在数字时代,由于消费者的场景化、渠道的多元化、产品与服务的一体化,企业开始利用数字重构营销链条:以消费者为中心,基于消费者旅程打通产品、营销、销售和服务环节,通过对消费者的全方位洞察和全生命周期管理,使业务与数据形成营销闭环,达成业务到数据的一体化、数据到业务的运营化,从而提高获客数量、提升客户价值。这就是营销数智化的第二个关键,即从消费者运营的视角,围绕消费者旅程构建营销闭环,以营销闭环的设计为抓手提升消费者体验。

例如,日化企业拥有强大的用户基础,运营数据涉及产品数量及种类、消费者数量、消费者特征及行为偏好、区域市场销量等各方面。当前,大部分日化企业虽已开始探索营销数智化、场景营销,但对上述数据的开发程度不足,没有形成消费者旅程的营销数据闭环,因此数字化也只覆盖了局部。

未来,移动互联网和物联网应用将会拓展到更深层次,产品从研发、生产、制造到消费者手中,每个环节都会产生大量的对象、时间、场所、种类、数量等数据。因此,整合、加工这些数据,支撑企业进一步开发消费者市场、研发新产品、开发新商业模式,需要企业拥有更强的数据开发、分析、整合能力。

（三）实现数据驱动业务智能

营销数智化的本质是连接、沉淀消费者数据，由"数据＋算法"产生智能，并赋能业务，从而推动业务的新增长，如图5-3所示。这就需要营销新技术把通过业务在线沉淀的消费者数据资产化、智能化、服务化、价值化，并利用内嵌到各个环节的智能应用，激活数据的商业价值。例如，基于大数据算法精准预测顾客购买时间，有效提升活动ROI的黄金购买时间模型；基于多维数据，结合大数据算法，精准洞察会员健康度的会员健康模型；融合多源第三方数据进行精准广告策略投放，促进公域转私域有效转化的精准营销模型；基于用户订单交易及行为数据洞察，用深度学习算法构建用户与商品的"千人千面"个性化推荐模型；利用大数据算法，赋能经销商生意经营管理全过程的经销商生意参谋模型；等等。这些都是基于企业在线业务沉淀数据资产，通过进一步智能化加工、服务化输出，赋能到业务环节的数据价值转化案例。企业持续产生的数据会补充并完善现有的算法模型，使模型得到进一步训练，作出更加智能的决策，从而形成良性反馈闭环，最终帮助企业实现业务智能化。

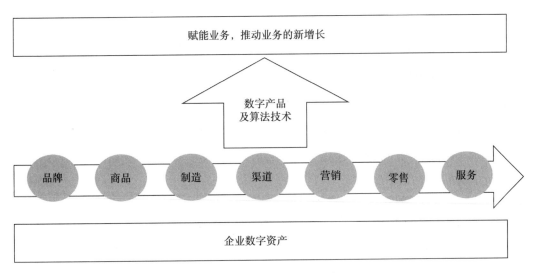

图5-3　数据驱动业务智能

二、营销数智化创新覆盖的环节及路线图

基于互联网中台架构的营销数智化创新所覆盖的环节包括数字中台、洞察与策略、内容与创意、投放与触达、服务与体验、渠道与销售。

（一）数字中台

数字中台是营销数智化的第一个创新环节,促使数据取代人的主观决策成为营销业务的核心驱动力,这意味着获取、管理、利用数据的能力成为企业营销数智化转型的核心竞争力。借助互联网平台及营销数智化服务商的数字中台相关产品,企业能够获取、管理、利用海量数据,发现数据规律,为多环节营销业务创新和决策提供辅助。

此外,营销数智化的三个关键实现,即业务在线、基于消费者旅程的营销数据闭环及数据驱动业务智能,迫切需要企业建设数字中台,构建扎实的"业务＋数据"能力,奠定高效开发、快速复用的基础,并实现数据的实时采集、治理、存储、查询、分析、展示,积累数据资产,赋能业务应用场景。

（二）洞察与策略

洞察与策略是营销数智化的第二个创新环节。在此环节中,企业动态、全面的大数据市场研究与精准洞察工具取代传统的市场研究方法,依托数据智能而非少部分人的主观经验优化营销决策。洞察与策略领域的颠覆主要依靠消费者洞察、行业与品类洞察、内容趋势洞察、社交洞察、渠道分析与洞察等方面的相关产品,这些产品能够为企业战略制定、新品研发、价格优化、品牌增长、广告投放、内容创意、渠道选址提供决策支撑。

（三）内容与创意

内容与创意是营销数智化的第三个创新环节。在此环节中,企业将内容与创意生产领域的"一键生成"与"千人千面"变为现实,基础的内容创意不再依赖人去生产,创意的高效、批量、个性化得以实现;创意优化也变为由数据驱动,使得内容管理工作更为高效。内容与创意的数字化关键节点包括:依靠智能创意供给平台工具整合外部创意供应链,依靠智能创意制作、创意数据分析与优化工具实现创意内容智能生产

及优化,依靠内容平台工具实现对创意内容的高效管理,以及应用规范与合规工具规范内容、规避内容风险。

（四）投放与触达

投放与触达是营销数智化的第四个创新环节,包括全用户的精准触达、全渠道的智能投放、实时动态的效果监测与优化,可使得企业的覆盖人群、媒介类型及广告类型不断拓宽,实现人群的全链路追踪,且在广度与深度上都实现了触达效率的飞跃。

投放与触达领域的数字化关键节点包括:以程序化广告为载体,实现精准的目标受众定向与广告内容投放;在不同类型媒介平台实现不同类型广告的精准投放;依靠全域测量进行单平台或跨平台监测,量化企业与消费者的每一次接触,实现广告投资优化;借助 KOL(关键意见领袖)营销相关工具,科学评估 KOL 价值,实现 KOL 与用户之间的精准匹配,通过直播完成"种草"与带货。

（五）服务与体验

服务与体验是营销数智化的第五个创新环节。营销从流量时代进入存量时代,企业与用户的关系需要从粗放式转为精细与深耕式,因此,企业需要不断制造与用户的"相遇","种草"并"收割"用户,进入下一轮循环。服务与体验领域的数字化关键节点包括:设计消费者体验旅程,依靠流量运营完成流量的有效分配,通过社群运营、用户运营、内容运营、商品运营等为消费者提供服务,从而提升消费者体验。

（六）渠道与销售

渠道与销售是营销数智化的第六个创新环节。企业应培养并维护对消费者、商品、渠道、销售人员的即时连接、数据获取、状态监控、服务支持等能力。渠道与销售的数字化关键节点包括:依靠平台电商、数字门店、自建电商、客户服务,覆盖从品牌官方商城、线上购物平台及社交商城、线下数字门店到客户的全渠道,通过仓储物流、零售商运营、经销商运营完成渠道拓展、铺货、分销、动销,实现智慧营销与渠道运营。

第三节　数智化营销技术与手段

营销数智化的本质是连接、沉淀消费者数据,因此,数据的产生、收集、传输和处理显得尤为重要。信息时代下,智能传感器、移动互联网、物联网等技术的发展使数据的产生速度、规模出现了爆发式增长,同时也使数据的低成本生成、采集、传输、存储成为可能。同时,大数据、人工智能等技术的发展极大地提高了数据处理效率,使海量非结构化数据的清洗、分析、使用成为可能。总之,数据成为信息时代最关键的要素,谁掌握了数据,谁就在市场竞争中占有优势,数据的获取、分析、使用是营销数智化的关键。

一、大数据与 AI

当今时代,数字化趋势已不可逆转,大数据与 AI 技术将给数智营销带来无限的想象空间。同时,数据的使用正在智能化,人工智能技术将大幅提高数据的精准性,让原本无法挖掘的数据被运用。20 世纪 90 年代,美国沃尔玛超市的管理人员在分析销售数据时发现,啤酒与尿布经常出现在同一个购物车中,因此,沃尔玛尝试将两者摆放在同一区域,从而实现更高的商品销售收入。背后的原因是,当一个家庭有了小孩之后,买尿布的任务往往由年轻爸爸去完成,而年轻爸爸在买尿布的同时就会顺便买啤酒。这一经典案例可谓大数据营销思维的起源,但当时发掘数据关联性的工作完全是依靠人工来完成的,而现在随着数据应用技术的革新和发展,特别是在人工智能技术的加持下,数据之间的关联性将会更好地被挖掘。

AI 将在以下几个方面对营销发挥明显的作用。

(1)精准化数据支持。营销或许从未像现在一样众口难调,一场全案营销打天下的传统营销方式已经成为过去式。人群越来越精细化、媒介环境越来越复杂的今天,找到顾客和找对顾客变得越来越难,而 AI 技术的发展却可以更好地解决这一难题。企业通过 AI 技术将大量的数据存储起来,再通过技术算法追踪用户的行为路径、生活习惯,从而更精准地分析和理解用户需求,产生个性化的营销方案。

(2)强交互体验。在营销层面,AI 技术带来的最直接的变化就是使用户在营销体验时更有代入感,有更沉浸式的体验。例如,AI 赋能的创意广告可以使用户和广告直接互动,甚至可以让用户主动参与其中。

(3)丰富创意的表现形式。与传统的创意相比,融入 AI 技术后的创意有更多的表现形式,比如可口可乐曾推出通过扫码体验不同城市的文化、探寻城市秘密的活动。

(4)精准触达,促使营销效果可视化。可通 AI 过技术的加持,精准投放广告,有效识别、过滤虚假流量,获得更真实的营销效果。

AI 技术使企业在营销时不仅能将数据、技术、内容融合在一起,还可通过语音、图像等与用户进行深度交互,最终通过动态分析与用户达成多层次沟通,实现营销效果精准转化。

AI 技术使得整个营销领域都将发生翻天覆地的变化。它不仅会影响企业的营销行为,而且会影响每一个消费者。技术的升级迭代、数据的管理分析、创意内容的生产以及传播的动态匹配,这些都是当下企业营销必须关注的新趋势。

二、互联网重构触媒

目前,支持移动传输的 4G、5G 通信网络已得到广泛应用,卫星通信和卫星定位成本大幅度降低,手机、平板电脑等智能终端的普及率远远超过台式计算机等固定终端,传感器的精度更高、更加智能,通信网络更加泛在化,使万物在任何时间、任何地点实现互联成为可能。通过全方位连接用户智能设备,营销者可以精准获得海量用户的线下消费行为、媒介接触习惯及日常生活场景等信息,并根据相关数据将营销的内容与用户所在场景完美结合,实现对不同场景下用户的智慧触达。未来,数智营销势必向场景化、个性化方向发展。遵循传统营销习惯,将不同媒介分散组合的营销策略将难以和这样的发展趋势相适应。

三、区块链

在数字营销市场规模持续快速增长的趋势下,区块链技术的兴起无疑为数字营销市场带来了一股颠覆式创新的力量。该技术创造了一种去中心化、分布式存储、全球统一的超级数据库系统,将产业链上下游联结在一起,构成了一个完整的利益链条,因而具有公开透明、共同维护、去信任化、安全可靠等特性。在数字营销领域,区块链技术可以将数据加密并分割成小块,分布在重点、众多节点上,即使某一部分的数据泄露,其他节点上的数据也不会受影响,保证了数据交易的不可篡改和来源的可靠性。

区块链技术通过数学原理而非第三方中介来创造信任,可以降低维护的系统成本。同时,去中心化的存储平台具有极高的隐私性,用户可以选择将一部分愿意分享的数据有偿分享到平台上,使数据共享真正实现市场化,可以切实降低市场中各方的信息不对称程度。此外,与区块链技术紧密相关的智能合约技术,帮助广告主、媒体、用户等相关利益方全链路、全透明地关注广告投放的全过程,从技术上解决了流量作弊问题。在这一过程中,数字营销公司的职能几乎可以被完全替代,使去中介化在技术上成为可能。

四、5G 技术

基于 5G 技术,沉浸式 VR(虚拟现实)交互技术将为用户营造身临其境的购物体验。流畅的场景式购物体验离不开 VR 技术的沉浸感属性和标准化制作过程,也离不开安全、便捷、高速的 5G 网络服务。以中国电信为例,其依托高安全、低成本、大容量的云网协同技术优势,整合 CDN(内容分发网络)云服务和天翼云 VR 平台功能,短时间内为因新冠疫情按下暂停键的商业综合体和代理商打造 360 度全景虚拟导购平台,在平台中,用户利用手机可以随时随地享受"云货架""云橱窗""云逛街"等多维度的沉浸式购物体验,与心仪的商品深度互动,点击即可查询每款虚拟商品的实时价格、限时特惠活动、会员权益信息等,轻松自然地便可完成整个线上购物过程。

此外,5G 技术将打通多终端,形成社交传播与粉丝的裂变,提高商户营销转化率。多终端的社交分享传播裂变特性,使得 5G 技术能够有效地帮助商户扩大消费规模,降低运营成本,提高营销转化率,并同步提供云服务、完整的创作工具和配套的技术支持。

就商业创新而言,5G 技术的应用意味着企业营销思维模式的转变:从单品思维到混频思维,从二维世界到三维世界,从数据智能到数字智慧,从单一场景到多元场景。随着消费者对智能化应用的依赖,很多企业已经率先开始探索5G的相关应用。例如,华晨宝马在沈阳生产基地建设了5G工厂。又如,海尔建设基于5G网络的智慧家庭体验中心,打造了智慧客厅、智慧厨房、智慧卧室、智慧浴室、智慧阳台五大生活空间,为消费者带来全智慧化家居新体验,赋予家居生活新定义。这些案例都表明5G技术将助力创造一个全新的万物互联世界。

五、信息流广告

信息流广告指一种依据社交群体属性,根据用户喜好和特点进行智能推广的广告形式,是移动互联网时代信息流商业化的形式之一。在移动互联网时代,信息流逐渐成为用户获取信息的主阵地,而信息获取社群化、决策场景化和行为碎片化已成为用户的典型特征,以企业为主导的强说服性广告沟通方式已无法吸引更多用户,以用户为主导的信息流广告形式应运而生。

大数据挖掘技术的发展为信息流广告提供了技术基础。移动终端的广泛应用使得消费者网络使用习惯发生改变,同时,消费者从过去的主动搜索内容转变为接受技术算法推送的内容,这一切都为信息流广告的发展提供了社会土壤。广告主对广告效果的重视及对移动终端广告投入的增长,促进了信息流广告市场的爆发式增长。

信息流广告通过数据收集和技术算法将用户兴趣与广告进行智能匹配,具有品效合一的特点,更加迎合了广告主与消费者的需求。2016年,阿里巴巴、腾讯、今日头条的信息流广告营收超过百亿元,位于信息流广告市场的第一梯队;百度、微博、凤凰网和搜狐网的信息流广告营收规模位于十亿元级别,构成信息流广告市场的第二梯队。此外,众多垂直网站、短视频媒体等都逐渐加入信息流广告市场的竞争中,产品能力、流量能力、技术能力成为影响信息流广告市场格局的主要因素。产品能力即信息流产品的设计、用户规模、用户停留时长等方面的情况;"流量"能力即产品内部内容生态是否能带来更多的流量聚集;技术能力即能否通过利用大数据技术和算法精准地针对受众进行广告推送,并适当提高受众对广告的接受度和关注度。

信息流广告依托强大的数据追踪技术,进行信息和人的高度匹配,实现个性化体验,有助于提高广告转化率。内嵌在社交流媒体中的信息流广告往往具有强交互性,使得用户对品牌更具黏性,最终有利于品牌形象的塑造和品牌价值的传播。总体而言,信息流广告对用户、广告主、广告平台以及整个产业链上的主体均有重大价值,未来仍存在广阔发展空间。

六、短视频

在过去的 20 多年间,互联网内容从文字到图片再到视频,不断更迭,并形成日益复杂的组合,整体表现形式更加丰富,互动性和可视性越来越强。随着数字技术的发展和用户习惯的改变,内容生产的门槛越来越低,用户观看与生产内容的便利性却越来越高。

与直播、长视频相比,短视频的短小精悍更符合当下用户碎片化的场景需求,用户在短时间内即可观看并分享。同时,视频长度的缩短降低了视频制作的门槛,普通用户也可随时用移动设备拍摄制作视频,短视频因此成为用户更乐于使用的社交语言。与传统图文广告相比,在内容营销的时代,品牌更需要用情感和角色来打动用户,更具三维立体感的视频语言可以让用户更真切地感受到品牌传递的情感,这就意味着品牌使用短视频作为与用户交流的语言将更容易被用户接受,也更容易实现品效合一的传播效果。

目前我国短视频社交平台分为综合平台、分享平台和推荐平台三类。综合平台集视频的制作、发布、播放和社交功能为一体,如快手、美拍等。分享平台主要为大量流量聚集的社交媒体平台,如微博、朋友圈等;推荐平台包括今日头条等资讯内容分发平台。

短视频内容的生产者有普通用户、专业经纪公司包装的“网红”群体,以及专业的视频制作公司。短视频内容生产正向组织化、垂直化和个性化方向发展,美妆、美食、生活方式等垂直领域的创作者有望集中发力。同时,受众群体也将更加细分化、社群化,受众对于高质量、自己感兴趣的短视频内容的接受度将比以前更高。对于广告主而言,如何选择头部 IP,制作符合品牌调性并能打动用户情感的视频,以及如何准确地找到平台入口实现流量变现,成为重要的课题。

当前,“短视频＋社交＋电商”模式已较为成熟,短视频平台基于兴趣、以头部主播为中心的陌生人弱关系社交闭环已形成,未来短视频平台将不断强化以头部主播为中心的社交体系扶持。

七、内容营销

内容营销是指以营销为目的、以内容为载体的商业传播行为。随着内容时代的发展和更新,内容营销的范畴和类型也愈加丰富。尤其在网络内容时代,内容营销在传播上的"爆款效应"愈加显著,在内容上的长尾价值凸显,在效果上品效合一的结合也愈加紧密,各类互联网平台也开始不断探索和创新内容营销布局,创造更加丰富多彩的内容营销"玩法"和生态。

互联网重构了用户浏览内容的习惯与偏好,基于社交媒体的去中心化内容传播已经成为当前重要的传播方式。因此,内容营销的发力点也不再仅仅作用于内容本身,而是深入内容传播的各个链条和场景中,甚至创造新的衍生内容来服务于内容营销,最大化地扩大内容营销的传播效果。可以说,广告主未来内容营销的策略重心不仅是在内容中更好地呈现营销信息,更要在内容外设置更多的营销信息传播点,让内容营销本身能够成为被讨论和分享的"爆款"内容。

内容营销可以承载深度更大、内容更丰富的营销信息,同时能够结合内容同用户产生更强的情感共鸣。因此,当前广告主对于内容营销的价值期望仍然主要集中在建立品牌形象、传达深度营销诉求、建立用户情感连接的目标上。但随着媒体方的不断发展和努力,内容营销也开始突破品牌传播的枷锁,通过增强内容消费属性、强化及时转化的便捷性、打造消费内容场景等方式实现销售转化。因此,未来广告主对内容营销的价值认知和评估体系也会更加丰富、成熟,会更加综合地评价内容营销在各个维度上带来的营销效果。

随着媒体环境的丰富和用户偏好的多元化,要打造覆盖各个圈层主流受众的头部内容,将是一件越来越困难的事情。一方面,少量的头部内容变得越来越珍贵,各大广告主争相与其进行合作。另一方面,过于密集的合作品牌和营销信息也会让用户的注意力分散,影响实际的营销效果。尽管未来头部内容的营销价值仍在,但广告主应该更多地结合自身品牌特征、目标受众以及营销诉求,寻找"小而美"的中长尾内容展开内容营销合作,在拥有更多创意空间的同时,也可以与垂直领域的用户群体产生深度更大的情感连接。

随着内容创作的爆发,对于用户来说,高价值内容的获取反而成为难题,资讯爆炸带来的劣质信息泛滥的问题已成为用户的痛点。在用户注意力越来越碎片化的情况下,只有优质内容才能引起用户的共鸣,只有自带话题促使用户主动转发才能给用户留下长久的印象。

八、数字中台

在互联网时代,当数字化成为企业的核心战略,如何实现业务数字化,如何使数据赋能企业业务转型升级,如何提升企业数字资产的价值,成为企业发展面临的重要问题。在此背景下,数字中台成为企业数字化转型、实现数字营销的重要手段。数字中台是基于企业级互联网及大数据架构打造的数字化创新平台。一方面,数字中台可以在云厂商提供的运行机制和基础架构下,支撑企业新零售业务应用的标准化,同时为企业提供大数据采集、管理和分析能力,使企业实现数据精细化运营;可以将企业内外割裂的数据进行汇聚、治理、建模加工,消除"数据孤岛",实现数据资产化,为企业提供客户立体画像、商品智能推荐、业务实时监控,助力企业实现数据驱动业务。另一方面,数字中台不仅可以将不同系统中实现相同功能的服务聚合起来,统一标准、统一规范、统一出口,实现企业业务的整合;还可以通过服务的聚合实现资源与能力共享,支撑新应用与新业务的快速开发与迭代,以满足用户需求的快速更新。通过数字中台构建的客户触点体系可以帮助企业实现业务数据化、数据业务化,赋能企业智能化,助力企业全面实现数智化营销。

在以消费者为中心的时代,企业的数字化应用发生深刻变革。原来以系统为核心的建设模式中,业务和数据被"烟囱式"IT系统分割到了不同系统中。一旦业务变更,产生新的应用需求,这种烟囱式的体系架构难以支撑业务变化与创新。同时,以消费者为中心的应用系统面临巨大的性能挑战,传统架构难以应付海量数据的并发,分布式、平台式的转变成为变革的方向,由于云平台具备作为分布式架构的灵活性、可扩展性以及能承载海量用户的能力,因此成为企业的必然选择。为了支撑业务迭代创新,以阿里巴巴、腾讯为代表的互联网巨头开始实施中台战略,引入数据资源整合与交换中心、共享服务中心,即数字中台与业务中台,以支撑数据交换与业务交互。通过中台将共性需求抽象化,并通过解耦和组件化方式保证整个系统的各种业务应用以微服务方式进行交互处理,可保障业务随着场景发展而迭代,给用户带来全新体验,并为用户提供个性化服务。

课程思政 5-1

人工智能、机器学习等智能化技术在数智化营销中发挥着越来越重要的作用,这些技术可以帮助企业实现精准营销、个性化推荐等目标,但是,也要看到这些技术可能带来的伦理和社会问题,如隐私泄漏、算法偏见。例如,如果算法模型的训练数据中存在性别、种族偏见等信息,那么算法可能会无意中放大这些偏见,造成歧视性推荐。因此,企业在应用机器学习算法时,需要注重数据的多样性和公平性,避免算法偏见的情况出现。企业可与学术界、政府部门合作开展技术伦理研究,探索智能化技术在营销领域应用的伦理规范和最佳实践。

思考题

1.数字化与数智化有何区别?

2.简述数智化思维。

3.简述电商数智化运营的作用。

4.电商数智化运营的主要技术有哪些?

案例评析

花西子数智化营销

花西子从 2017 年成立至今,短短几年时间,就凭借"东方彩妆,以花养妆"的差异化国风定位,以及将国风和东方审美融入品牌经营中,成功赢得了年轻人市场,突破了美妆销售额的阈值。

除了精准的品牌定位之外,花西子还通过美妆行业最常见的私域"玩法",即通过"疯狂吸引公域流量+微信营销+企业微信沉淀私域"进行精细化的营销运作,沉淀品牌用户。

在国内外大牌强势围攻的情况下,花西子依然突破重围,粉丝量超过1000万,一年吸金30亿,因此成为不少品牌争相学习的样本。

1.一物一码＋KOC(关键意见消费者)营销,盘活公域流量

花西子瞄准"Z世代"的消费主力军,凭借互联网"玩法"与年轻人达成身心契合,实现快速"出圈",本质上还是因为掌握了以用户为核心的价值理念,对目标用户群体进行了深刻洞察。

在数字经济浪潮下,用户在线化的习惯已经养成,品牌要想打破用户在线和渠道之间的协同障碍,需要从原来的深度分销单向推动升级成"深度分销＋深度粉销"双轮驱动,在立体连接的基础上,以用户为中心,重构人货场关系,而这也是品牌构建营销数智化的关键。

花西子从原来"货"的思维转变为"人"的思维(核心是用户经营),通过立体连接盘活公域流量,抓住用户使用产品的场景,靠KOC推动公域流量转化成私域流量,从定点引爆中寻求营销规律,快速复制并实现全国推广。其中,一物一码是品牌和消费者触达和互动的最佳入口,是立体连接的最强抓手。在花西子的营销场景中,一物一码可以帮助花西子快速从公域流量中抓取用户的数据,勾勒用户立体化画像,为下一步的营销互动动作和精准用户经营打下基础。借助一物一码的"防伪码"技术,花西子在产品包装上放置专属的二维码,消费者在购买花西子产品后马上就可以扫码进入花西子公众号查验真伪。在花西子公众号中除了查验真伪,还有假货举报的选项,这不仅维护了花西子的品牌形象,而且极大地提升了用户的参与感。在用户扫码的过程中,花西子可以在用户无感知的情况下获取用户的基础数据,以One ID(统一用户标识)的方式构建用户账户体系,实现数据私有化。在此基础上,花西子再用大数据技术分析出核心用户群体,进行二次触达和精准营销。

花西子针对不同平台的属性和算法逻辑制定匹配的营销"打法",配合"一物一码＋KOC投放"开启精准的营销活动。例如:在抖音发起"卸妆卸出脸谱妆"挑战赛,不少KOC自发参与活动引发热点,用户在挑战比赛的时候扫码或点击链接,就可以进入花西子线上小程序购买挑战赛中出现的产品;在快手寻找KOL主播进行口红试色,如果用户被"种草",就可以直接扫码进入公众号专场活动中,领取大额优惠券购

买商品;在淘宝直播中推出各类古典妆容的仿妆教程,用户可以去线上参与彩妆新品活动,体验同款仿妆产品;在哔哩哔哩网站推出华服展示、国风歌舞、古代食物做法等视频,随视频内容场景插入一物一码,不仅加深了用户对花西子的认知和印象,还使花西子在公域中准确获取目标流量。

可见,一物一码实现了多平台互联互通,将公众号、小程序、官方商城三个品牌私域阵地互通,品牌可在用户扫码的过程中掌握用户数据,再基于数据灵活推出与用户相匹配的营销活动,盘活公域流量。

2.“一物一码＋企业微信”引领微信生态,实现消费闭环

用户被引流到微信生态领域后,花西子再通过提供精细化的服务,更扎实地沉淀私域流量。而“一物一码＋企业微信”恰好帮助花西子更好地实现用户服务,赋能最小 SKU 单元的员工实现他们的业绩目标,维护好私域流量。

在线上,花西子在用户可能路过的节点,都利用一物一码设置企业微信导流码,比如产品展示的详情页、支付后的弹窗等,让用户在购买前、购买中、购买后的任何环节,都可以看到企业微信的入口,实现用户有效导流和沉淀。同时,花西子还给首次添加企业微信的客户定向发放新人折扣券,实现吸引用户的目的,有效且精准地将流量从公域转化到私域。

在线下,花西子在能够接触到用户的多个场景中投放物料,实现用户触达。花西子在产品包装和产品上用一物一码进行赋码,导购员扫产品包装码注册登记产品信息;用户在购买产品后扫产品内部码,无需好友验证就能进到花西子的企业微信账号领取奖励,此时导购员的包装码也被激活并同步得到卖货奖励。“一码双奖”不仅能够有效实现企微引流,还能激励售货员主动“拉新”和积极卖货。花西子的门店传单或者线上海报也附带企业微信二维码,而且每个导购员有专属的企业微信邀请码,当用户通过导购员的邀请码加入企业微信,花西子给予导购员精准奖励,从而促进线下门店每一个售货员都能自发成为品牌的 KOC,实现最小 SUK 单元员工和线下渠道业绩增长的目标。

引流之后,花西子在企业微信社群进行运营,比如推出推广官招募活动,从社群内的用户中招募推广官,推广官在推广新用户后可以得到精准推广奖励,而由推广官推广来的客户又会经过商城的“获客漏斗”进入私域,成为下一批潜在种子用户。花西子不定期在社群进行社交裂变营销,比如发动拼团购、朋友圈集赞、助力得红包等活动,对社群用户精细化运营,实现牢牢"锁客"。同时,花西子让用户参与到新品研发中,听取广大用户的真实需求,基于用户的反馈进行产品的快速迭代和优化,迅速解决产品问题,并且每一次上架产品都经过大部分用户的把关和肯定,确保产品的品质和使用体验。通过与用户共建共创,花西子进一步加深和用户的联系,提升用户的品牌黏性和忠诚度。

(资料来源:https://zhuanlan.zhihu.com/p/434079374。有删改。)

问题:

1.什么是一物一码?

2.花西子如何盘活公域流量?

3.花西子如何实现消费闭环?

实训题

实训任务:选择一家企业做调研,了解该企业数智化营销现状及存在的问题,并提供对策和建议。

参考文献

[1] 吴超,等.营销数智化:一路向C,构建企业级营销与增长体系[M].北京:机械工业出版社,2022.

[2] 李永平,董彦峰,黄海平.数字营销[M].北京:清华大学出版社,2021.

[3] 彭英.数字营销[M].北京:清华大学出版社,2023.

[4] 菲利普·科特勒.营销革命5.0:以人为本的技术[M].北京:机械工业出版社,2022.

[5] 袁国栋.数智化零售:科技重塑未来零售新格局[M].北京:人民邮电出版社,2024.

第六章

数智化物流

🎯 学习目标

▶ 知识目标

1.掌握数智化物流的基本概念及发展阶段。

2.理解数智化物流系统的构成与运作机制。

3.熟悉数智化物流的先进技术和工具。

4.理解数智化物流对电商行业发展的意义及现实实践。

▶ 能力目标

1.能够理解并运用数据分析工具对物流数据进行处理、分析和解读,以发现数据中的规律和趋势,为物流决策提供数据支持。

2.掌握数智化物流的发展历程及体系设计。

3.能够分析不同物流工具在企业中的现实应用。

4.能够分析数智化物流对电商行业的发展意义。

▶ 素养目标

1.培养创新思维和解决问题的能力,能够独立思考、勇于创新。

2.提升信息素养,包括信息技术应用能力、数据分析能力、信息安全意识等,以符合信息化时代的人才需求。

知识图谱

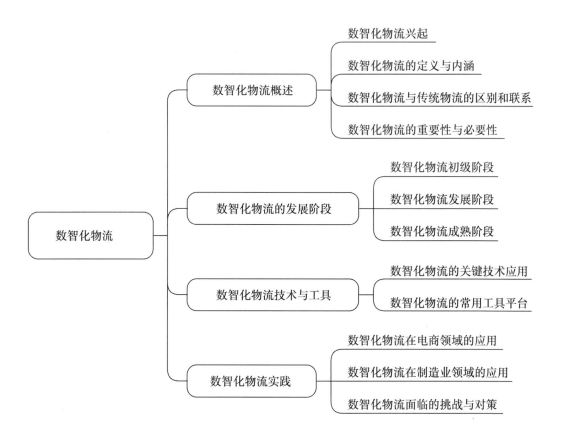

引导案例

吉利汽车的物流数智化转型实践

2021年,吉利汽车以132.8万辆的年度总销量,跻身乘用车年度销量榜单前三强。这样卓越成绩的背后离不开吉利以"提高质量、提升效率、降低成本"为目标实施的系列物流数智化转型探索:"货到人"、线边无人配送、视觉收货、智能装载、自动装卸车等智慧物流场景被广泛构建;西安"黑灯工厂"、长兴"5G＋"数字化工厂、春晓

KD(散件装配)智慧物流车间等多座数字化工厂、智慧车间落地运营;吉利自主研发的 OTWB[①] 一体化物流信息平台上线应用。吉利汽车正在以中国速度实现物流数智化转型。

一、整体战略与发展概况

在智慧物流方面,吉利汽车以仓网统筹为基础,以信息化平台及智能设备为两大产品的战略思路,建设智慧物流体系。吉利汽车集团物流中心于 2019 年 1 月正式成立,智慧物流部于 2021 年 4 月正式组建,在汲取物流发展先进企业的经验基础上,规划完成了全国"10+19"仓点布局,目前已经展开仓点部署。与此同时,吉利汽车不断尝试和应用各类智慧物流技术和手段,加速试点应用与复制推广,形成了多样化的智慧物流场景。

二、多样化智慧物流场景

吉利汽车在全国拥有近 30 个仓储/物流中心。近年来,吉利汽车在先试点、再推广的探索路径下,构建了很多先进的智慧物流场景项目,这些项目多数已经在吉利汽车工厂、仓储中心、物流中心落地运营。

1."货到人"

"货到人"项目已经在吉利汽车部分工厂正式落地。在汽车工厂超市区,拣料人员多,人员在走动过程中产生大量非增值动作,因此,吉利汽车利用 AGV(自动导向车)实现了自动化物流收发存,提高了运营效率。超市区的物料种类繁多,吉利通过 IWMS(集成工作场所管理系统)系统软件与吉利 GLES(全球物流执行系统)的融合实现数据互通,做到实时反馈、智能运维,让生产运营管理水平进一步提升。吉利将库区设置为动态库存,减少大量重复性规划工作,通过智能系统实现动态库存,让物料存储更柔性、敏捷化。"货到人"IWMS 系统及吉利 GLES 系统建立接口,以箱二维码承载和传递物料信息,在服务器高速运算逻辑下,大幅提升物料入库、出库效率。

2.线边无人配送

吉利汽车焊装车间应用 AGV 实现了无人化线边配送,且可实现无灯作业,大大

---

① OTWB 是 OMS(订单管理系统)、TMS(运输管理系统)、WMS(仓储管理系统)、BMS(计费管理系统)四个物流核心系统的统称。

提升了线边配送效率与质量,同时还降低了能耗。AGV 自动化配送能够实现系统软件数据联通,打通上下游业务信息流,在此基础上,线边物料信息直接回传到拣货叉车司机终端,由 AGV 将空器具送回至代发点,并将拣配完成的满托零配件送至线边。

3. 视觉收货

在入厂物流环节,吉利应用视觉收货门替代传统人工静态逐箱扫描收货,实现动态站式收货,同时对到货状态进行拍照留存,并与 IWMS 系统、GLES 系统实时串联,不仅提升了入厂物流收货效率,更保证了百分之百的收货准确率。

4. 智能装载

吉利在汽车零部件包装与装车作业环节,应用智能装载系统自动生成装载方案。零部件装载率直接关系到物流成本,传统模式下都是人工根据"大不压小、重不压轻"等原则来判断料箱内零部件如何摆放、制定最终装车方案,但这样未必能达到装载率最优、效率最高,而智能装载软件能够自动计算并生成最优装载方案,使装载率、应用效率和可视化程度大幅提升。

5. 探索自动装卸

2021 年,吉利汽车开始试点研究自动装卸车作业,在研究过程中发现汽车行业的自动装卸有两种较为主流的方式:一种是应用无人叉车进行装卸车作业,但无人叉车的装卸效率和速度远低于人工,在汽车行业并不算十分适用;第二种是通过运输车辆的车厢改造,实现整车托盘一次性装卸,但这种方式对零部件的包装、托盘尺寸标准化都有比较高的要求,也会一定程度上影响车辆装载效率。在充分对比之后,吉利汽车决定持续探索应用第二种自动装卸车方式,同时,考虑到装载效率和远近距离下的相对因素,吉利汽车决定在短途运输车辆中优先试点推行。

三、春晓 KD 智慧车间

由于吉利汽车有散装零部件出口海外业务,零部件需要在国内进行翻包作业,考虑到产量提升、降低车间工作强度等迫切需求,2019 年,吉利汽车引进智能设备,自主开发系统,开启了对春晓 KD 车间的智能化、数字化改造。

1. 智能物流设备应用

车间内采用智能 AGV 拣选物料,改变了传统人工拣配物料的方式,实现了从

"人找货"到"货到人"的模式创新,解决了传统模式下找货难、找货时间长、货物盘点复杂的难题。此外,车间内还应用了大量智能穿戴设备,智能穿戴设备可以实时采集人员效率、机器行驶路径等方面的数据,通过数据采集与分析,不断优化机器运行路径,提高人员作业效率。

2.数字化物流系统

(1)自主开发的 KDMS 执行系统

在原来的作业环节中,从任务下发到进度的管控,以及缺件和补货记录,都是人工完成的。因此,吉利汽车自主开发 KDMS 执行系统,实现了春晓 KD 车间所有执行环节的智能记录和自动管控。

(2)物流运作监控系统

通过 RCS(机器人控制系统)监控客户端,对无人仓内 AGV 运作状态实施监控,从而实现实时动态仿真、智能监控和优化、信息业务智联,将事后分析升级为事中监控和事前预警。

(3)物流运营系统

物料运营系统可提供自动化指标检测和告警、批量集中部署配置、软件版本管理、高效日志分析等功能,帮助企业及时发现和解决问题,提升交付和运维效率,为业务平台提供有力的后台保障。该系统共包含首页、告警处理、状态监控、系统维护、日志分析、知识库和系统管理七大模块,它们分别承担着不同的功能,有助于企业更高效快捷地监测软件和处理问题。

智能化、数字化改造完全打破了春晓 KD 车间以往的"人力作坊"形式:原本接驳区到暂存区、暂存区到线边的叉车搬运作业由 AGV 代替;通过智能化系统代替人脑,实现现场运营管控,任务的下发、进度的管控、缺件与补货的记录由手动完成改为由 KDMS 系统实现;KDMS 系统与 GLES 系统、IWMS 系统、RCS 系统联动 AGV,实现线边自动配送及任务出库等复杂度较高的作业。这使得春晓 KD 车间的现场作业效率显著提升,现场管理难度降低,从而实现降本增效的最终目的。目前,春晓 KD 车间产能由最初的 120 台套/天提高至 180 台套/天,待全部环节改造完成后,预计车间产能可达到 240 台套/天。

四、OTWB 一体化物流信息平台

在多工厂、多仓储/物流中心、多零部件供应商,以及多4S店的布局下,吉利汽车面临如下问题:如何将采购订单、生产订单转化为物流订单?物流订单如何整合运输与配送才能在保障效率的条件下优化物流成本?物流订单信息又如何传递给零部件供应商、工厂?物流订单执行到哪个环节了,订单在途信息又该如何更新?中转仓库内部收货、存储、发货到了哪个环节,何时能送达主机厂,运输与配送过程中哪条路线最优?想要整合工厂端、运输端,以及整个售后备件上千家4S店的订单需求并非一件容易的事,而将所有物流订单进行整合并统筹仓配作业,还要在此基础上实时掌握所有零部件在产前、仓储、生产、运输以及售后环节的全链条信息,这无疑让难度再次升级。

2021年,吉利自主研发的OTWB一体化物流信息平台落地应用,这一平台在覆盖吉利汽车所有整车及零部件工厂、售后备件厂,以及上千家4S店的订单需求,并且细化到物流运输、仓储、分拣、包装、配送等环节的基础上,将物流订单整合并统筹下发到对应的运输、仓储、配送等系统,最后与结算系统联通,形成了闭环,让吉利汽车集团下所有零部件和整车的信息流与实物流合一,每一个个体产品、零部件在生产的全流程中可以被实时监控和管理,物流运作过程可以被事前预测、事中操作和事后追踪。

(资料来源:https://mp.weixin.qq.com/s/s7zDey9oCiFiqU7Yk9H7sg。有删减。)

引导问题:

1.数智化物流如何帮助企业实现降本增效?

2.数智化物流如何赋能企业业务发展?

第一节　数智化物流概述

一、数智化物流兴起

随着我国互联网及电商的高速发展,我国物流业也跟着兴起,短短10年时间物流包裹增量超过 15 倍,根据中华人民共和国国家邮政局的数据,2023 年我国快递业务量达 1320.7 亿件,日均 3.6 亿件快递寄出。包裹服务需求爆发增长,促使物流行业蓬勃发展,然而高额的供应链成本一直困扰着物流行业,从公开数据来看,2023 年,中国物流成本高达 18.2 万亿元,占 GDP 的比重为 14.4%,而发达国家物流成本占GDP 的比重仅为 10% 以内,可见我国与发达国家还存在不小的差距。因此,《中共中央 国务院关于加快建设全国统一大市场的意见》中明确指出,要推动国家物流枢纽网络建设,支持数智化第三方物流交付平台建设,推动第三方物流产业科技和商业模式创新,促进全社会物流降本增效。

数智化物流的兴起是技术进步、市场需求转变、行业竞争加剧和政策支持等多方面因素共同作用的结果,伴随着 AI、物联网、数字孪生、5G 自动驾驶、无人仓等智能化物流技术的使用,各大企业也都纷纷投入重金发展数智物流。近几年,除了传统的顺丰和"三通一达"(中通、圆通、申通、韵达)外,各大电商平台如京东、淘宝等也开始进军物流业,共同推动着物流供应链的高速发展。

二、数智化物流的定义与内涵

(一)数智化物流的定义

数智化物流是指将数字化和智能化技术深度融入物流领域,通过应用大数据、物联网、云计算、人工智能等先进技术手段,实现物流运作的自动化、信息化和智能化。数智化物流旨在优化物流流程,提高物流效率,降低物流成本,并推动物流行业的创新与发展。

具体来说,数智化物流通过实时采集、传输和处理物流信息,实现物流过程的可视化、可预测和可控制。它可以帮助企业更好地掌握物流运作情况,提高决策效率和响应速度。同时,它还可以促进物流资源的优化配置,提升物流服务的水平和质量,满足客户的个性化需求。

在数智化物流的发展过程中,数据扮演着至关重要的角色。通过对海量数据的挖掘和分析,可以洞察物流市场的趋势和规律,为企业的战略决策提供有力支持。此外,数智化物流的发展还得益于物流设备和技术的智能化升级,如自动化仓储系统、智能配送车辆,这些设备和技术的升级有助于进一步提升物流运作的效率和准确性。

总之,数智化物流是物流行业未来发展的必然趋势,它将推动物流行业向更高效、智能、可持续的方向发展。

(二)数智化物流的内涵

数智化物流的内涵主要体现在以下几个方面。

1.数据驱动决策

通过大数据的收集、整合和分析,数智化物流能为企业的物流决策提供科学、精准的数据支持。这些数据不仅包括传统的物流信息,如运输信息、仓储信息、配送信息等,还包括客户的消费行为、市场需求预测等更为丰富的信息,有助于驱动企业的物流策略优化和创新。

2.智能化技术应用

数智化物流中广泛应用了物联网、云计算、人工智能等先进技术,实现了物流流程的自动化、智能化。例如,通过物联网技术,企业可以实时监控货物的状态和位置,确保货物的安全、准时送达;通过人工智能技术,企业可以实现对运输路线的智能优化,降低运输成本,提高运输效率。

3.高效协同与整合

数智化物流强调各物流环节之间的协同与整合,打破"信息孤岛",实现信息的实时共享和流通。这不仅可以提高物流效率,减少资源浪费,还可以降低物流成本,提升企业的竞争力。

4.个性化服务体验

数智化物流以客户需求为导向,通过提供个性化、定制化的物流服务,满足客户的多样化需求。例如,企业可以根据客户的消费习惯和偏好,提供个性化的配送服务,提高客户的满意度和忠诚度。

5.可持续发展

数智化物流不仅关注当前的物流效率和服务质量,还注重物流活动的可持续发展。通过优化物流流程、降低能耗和减少排放等措施,数智化物流致力于实现物流活动的绿色、低碳和可持续发展。

综上所述,数智化物流的内涵体现在数据驱动决策、智能化技术应用、高效协同与整合、个性化服务体验和可持续发展等多个方面。这些内涵共同构成了数智化物流的核心价值和优势,推动了物流行业的转型升级和创新发展。

三、数智化物流与传统物流的区别和联系

(一)区别

随着科技的飞速发展,数智化物流逐渐崭露头角,与传统物流相比,它带来了许多革命性的变化,两者的区别主要表现在以下几点。

1.对技术的应用程度不同

传统物流主要依赖人力和基本的机械化操作,而数智化物流则集成了大数据、物联网、人工智能等先进技术,实现了物流信息的实时采集、分析和处理。

2.效率与成本不同

数智化物流通过自动化、智能化的设备和系统,大大提高了物流效率,降低了人力成本。而传统物流则相对依赖人力,效率较低,成本较高。

3.决策依据不同

传统物流的决策往往基于经验和直觉,而数智化物流则能够通过数据分析,为决策提供更为科学和精准的依据。

4.服务体验不同

数智化物流有助于实时监控货物状态,为物流客户提供更加及时和透明的信息服务,提高客户满意度。传统物流在这些方面的表现相对较为一般。

(二)联系

虽然数智化物流与传统物流之间存在较大的差异,但两者也并非完全割裂,而是存在着紧密的联系,主要体现在以下几点。

1.物流基础相同

无论是数智化物流还是传统物流,其核心任务都是实现物品从供应地到需求地的有效流动,这一点是两者的根本联系。

2.都需要资源整合

无论是数智化物流还是传统物流,都需要对运输、仓储、配送等资源进行整合和优化,以实现物流效率的最大化。

3.目标一致

两者的最终目标都是为了提高物流效率、降低成本、提升客户满意度,只是数智化物流在实现这些目标上采用了更加先进的技术和手段。

由此可见,数智化物流与传统物流在技术应用、效率与成本、决策依据和服务体验等方面存在显著区别,但两者在物流基础、资源整合和目标上又存在许多共通点。数智化物流是传统物流在科技推动下的一种升级和转型,两者共同构成了物流行业的完整版图。

四、数智化物流的重要性与必要性

在全球经济一体化的背景下,数智化物流对物流行业的重要性与必要性愈发凸显。随着科技的飞速发展,数智化物流已经成为物流行业转型升级的关键驱动力。通过运用大数据、云计算、物联网、人工智能等先进技术,数智化物流不仅提升了物流效率,还极大地改善了客户体验。相关数据显示,数智化物流的应用使得物流行业的整体效率提升了30%以上,运营成本减少了近20%。数智化物流引发的变革不仅让物流企业获得了更大的竞争优势,也为整个供应链带来了更加稳定、高效、透明的运作环境。总体而言,数智化物流的重要性与必要性包括以下几个方面。

(一)提高物流效率

数智化物流通过引入大数据、物联网、人工智能等先进技术,实现了物流信息的实时共享和智能处理,大大提高了物流运作的效率和准确性。这不仅可以减少物流过程中的时间延误和人力成本,还能提升客户满意度和忠诚度。

(二)优化资源配置

数智化物流能够实时监控和分析物流资源的使用情况,帮助企业更加精准地预测和规划物流需求,从而优化资源配置。这不仅可以降低企业的运营成本,还能提高资源的利用效率,实现可持续发展。

(三)促进产业升级

数智化物流作为一种新型的物流模式,能够推动物流行业的转型升级和创新发展。通过引入先进的技术和管理理念,数智化物流能够提升整个物流行业的服务水平和竞争力,为产业升级提供有力支撑。

(四)满足市场需求

随着消费者需求变得多样化和个性化,市场对于物流服务的要求也在不断提高。数智化物流通过数据分析和智能化应用,能够更好地满足客户的多样化需求,为客户提供更加高效、便捷、透明的物流服务,从而赢得市场青睐。

(五)增强企业竞争力

在激烈的市场竞争中,数智化物流成为企业获取竞争优势的重要手段。通过数智化物流的应用,企业可以提高运营效率、降低成本、优化资源配置,从而在竞争中脱颖而出。

总体而言,数智化物流的重要性与必要性主要体现在提高物流效率、优化资源配置、促进产业升级、满足市场需求和增强企业竞争力等方面。随着技术的不断进步和市场的不断发展,数智化物流将成为未来物流行业的重要发展方向。

第二节　数智化物流的发展阶段

数智化物流是物流行业与数字技术深度结合的产物,其发展并非一蹴而就,而是经历了一个渐进的过程,从最初的信息化与自动化到如今的全面智能化。具体而言,数智化物流的发展经历了以下几个阶段。

一、数智化物流初级阶段

在数智化物流初级阶段,即物流信息化与自动化初探阶段,物流行业开始意识到传统物流模式的局限性,企业也认识到信息技术和自动化技术在物流业务中的巨大潜力,并尝试通过技术手段提升效率和透明度。于是,企业开始尝试在这一阶段建立基础的信息化系统、引入简单的自动化设备,初步实现物流数据的电子化和自动化处理。数智化物流初级阶段主要有以下几个特征。

1.信息化探索

企业开始建立基础的信息化系统,如仓储管理系统(WMS)、运输管理系统(TMS)等,用于实现物流信息的电子化存储和查询。

2.自动化初步应用

企业开始引入一些简单的自动化设备,如自动化仓库货架、自动分拣系统等,以减轻人工作业强度,提高作业效率。

3.数据积累

在这一阶段,企业开始重视数据的积累,通过信息化系统收集物流运作中的各类数据,为后续的数据分析和智能化应用打下基础。

在初级阶段,数智化物流还面临着诸多挑战。技术的不成熟、高昂的成本以及行业对新技术的不信任等因素都限制了数智化物流的发展。虽然这一阶段只是数智化物流的起点,但它为后续物流的智能化发展奠定了坚实的基础。通过不断的技术创新和实践探索,数智化物流逐渐展现出巨大的潜力和价值。

二、数智化物流发展阶段

随着物流行业的不断发展和技术的进步,数智化物流的发展进入了智能化技术的引入与应用阶段。在这一阶段,数智化物流不仅实现了对传统物流流程的优化,更在供应链透明度、个性化服务以及环境可持续性方面取得了显著进展。在大数据、人工智能、物联网等先进技术的支撑下,物流行业得以进一步自动化、智能化和高效化。

在供应链透明度方面,数智化物流通过引入物联网技术,使得每一件商品从生产到配送的每一个环节都变得可追踪、可查询。例如,某知名电商平台通过引入RFID(射频识别)技术,实现了对每一件商品的实时追踪,大大提高了供应链的透明度,为消费者提供了更加可靠的服务。

在个性化服务方面,数智化物流利用大数据分析技术,对消费者的购物习惯、偏好等进行了深入研究,从而为消费者提供了更加个性化的配送服务。例如,某物流公司通过分析消费者的购物历史,预测消费者未来的购物需求,并提前为消费者推送了相应的商品,大大优化了消费者的购物体验。

在环境可持续性方面,数智化物流通过优化配送路线、减少空驶率等措施,大大降低了物流行业的碳排放量。据统计,某大型物流公司通过引入智能配送系统,成功减少了 30％的碳排放量,为环境保护作出了积极贡献。

数智化物流的成熟与应用还体现在其对传统物流行业的深刻变革上。通过引入先进的技术和工具,数智化物流不仅提高了物流效率,更在降低成本、提升服务质量等方面取得了显著成效。正如亚马逊创始人杰夫·贝索斯所说:"物流是亚马逊的核心竞争力之一,而数智化物流则是我们保持领先地位的关键。"

数智化物流的逐步成熟与应用为物流行业带来了前所未有的变革和机遇。通过引入先进的技术和工具,数智化物流不仅提高了供应链透明度、个性化服务水平以及环境可持续性,更在降低成本、提升服务质量等方面取得了显著成效。未来,随着科技的不断进步和应用场景的不断拓展,数智化物流必将为物流行业带来更加广阔的发展空间和更加美好的未来。

三、数智化物流成熟阶段

随着数智化物流技术的不断发展和应用,数智化物流的发展逐渐进入成熟阶段。在数智化物流的成熟阶段,创新与突破成为物流行业发展的核心驱动力。这一阶段,物流行业不再满足于简单的数字化改造,而是追求更深层次的智能化、自动化和个性化服务。因此,大数据、云计算、物联网、人工智能和区块链等前沿技术得到广泛应用,推动数智化物流发展实现质的飞跃。

以京东物流为例,其通过先进的物流机器人和无人机配送系统,实现了仓储和配送环节的高度自动化,这不仅大大提高了物流效率,还降低了人力成本。亚马逊利用大数据技术分析消费者行为,预测其未来需求,进而优化库存管理和配送路线。这种个性化的服务模式,不仅优化了消费者体验,也为亚马逊赢得了市场份额。

在数智化物流的成熟阶段,物联网技术发挥了重要作用。通过物联网技术,物流企业可以实时监控货物的运输状态,确保货物在运输过程中的安全。同时,物联网技术还可以实现对货物的智能追踪和定位,提高物流信息的透明度,不仅有助于增强物流企业的竞争力,也有利于提高整个供应链的协同效率。

人工智能和机器学习技术在数智化物流的成熟阶段也发挥了重要作用。通过人工智能技术,物流企业可以实现对运输需求的智能预测和规划,从而优化运输资源和路线。机器学习技术可以帮助物流企业不断优化其运营模式和流程管理方式,提高物流效率和服务质量。

值得一提的是,区块链技术在数智化物流的成熟阶段也展现出了巨大的应用潜力。通过区块链技术,物流企业可以实现物流信息的不可篡改和透明化共享,增强供应链的信任度和协同效率。同时,区块链技术还可以降低物流成本和提高物流安全性,为物流行业的可持续发展提供有力支持。

数智化物流在成熟阶段的创新与突破不仅体现在技术的广泛应用上,更体现在物流行业运营模式和商业模式的深刻变革上。在这一阶段,企业需要不断完善数智化技术、加强供应链协同合作、建设智慧供应链,并注重可持续发展与绿色物流,从而创造更大的价值并促进整个社会的可持续发展。

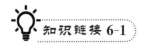 知识链接 6-1

数字物流发展相关政策

1.2021 年 1 月,中华人民共和国商务部办公厅发布《商务部办公厅关于推动电子商务企业绿色发展工作的通知》

关键内容:大力推广电子发票、电子合同,推动电商企业实行电子发票报销入账归档全流程电子化管理。鼓励电商企业应用大数据、云计算、人工智能等现代信息技术,加强供需匹配,提高库存周转率,推动多渠道物流共享,应用科学配载,降低物流成本和能耗。

2.2021 年 5 月,中华人民共和国工信部发布《"5G＋工业互联网"十个典型应用场景与五个重点行业实践》

关键内容:厂区智能物流场景主要包括线边物流和智能仓储。线边物流是指从生产线的上游工位到下游工位、从工位到缓冲仓、从集中仓库到线边仓,实现物料定时定点定量配送。智能仓储是指通过物联网、云计算和机电一体化等技术共同实现智慧物流,降低仓储成本、提升运营效率、提升仓储管理能力。

3.2021 年 7 月,中华人民共和国国务院办公厅发布《国务院办公厅关于加快发展外贸新业态新模式的意见》

关键内容:支持传统外贸企业运用云计算、人工智能、虚拟现实等先进技术,加强研发设计,开展智能化、个性化、定制化生产。鼓励企业探索建设外贸新业态大数据实验室。引导利用数字化手段提升传统品牌价值。鼓励建设孵化机构和创新中心,支持中小微企业创业创新。到 2025 年,形成新业态驱动、大数据支撑、网络化共享、智能化协作的外贸产业链供应链体系。

4.2022 年 3 月,中共中央、国务院发布《中共中央 国务院关于加快建设全国统一大市场的意见》

关键内容:建设现代流通网络。优化商贸流通基础设施布局,加快数字化建设,推动线上线下融合发展,形成更多商贸流通新平台新业态新模式。推动国家物流枢纽网络建设,大力发展多式联运,推广标准化托盘带板运输模式。

5.2022 年 10 月,党的二十大报告

关键内容:建设现代化产业体系。坚持把发展经济的着力点放在实体经济上,推进新型工业化,加快建设制造强国、质量强国、航天强国、交通强国、网络强国、数字中国。加快发展物联网,建设高效顺畅的流通体系,降低物流成本。加快发展数字经济,促进数字经济和实体经济深度融合,打造具有国际竞争力的数字产业集群。优化基础设施布局、结构、功能和系统集成,构建现代化基础设施体系。

6.2022 年 9 月,中华人民共和国交通运输部、国家标准化管理委员会发布《交通运输智慧物流标准体系建设指南》

关键内容:到 2025 年,聚焦基础设施、运载装备、系统平台、电子单证、数据交互与共享、运行服务与管理等领域完成重点标准制修订,形成结构合理、层次清晰、系统全面、先进适用、国际兼容的交通运输智慧物流标准体系,打造一批标准实施应用典型项目,持续提升智慧物流标准化水平,为加快建设交通强国提供高质量标准供给。

7.2022 年 10 月,中华人民共和国交通运输部、国家铁路局、中国民用航空局、中华人民共和国国家邮政局发布《关于加快建设国家综合立体交通网主骨架的意见》

关键内容:加强国际性、全国性综合交通枢纽城市建设,增强集聚辐射能力。加强枢纽集疏运体系建设,加快重要港区、大型工矿企业和物流园区的铁路专用线建设。充分发挥各种运输方式比较优势,加快发展多式联运,提高组合效率。推动各种运输方式信息共享、标准衔接、市场一体化。加快发展联程运输,加强各方式间运营信息、班次时刻、运力安排等协同衔接,推进一站购票、一票(证)通行。加快货运结构调整,大力发展大宗货物、集装箱铁水联运和江海联运,推动集装箱、标准化托盘、周转箱(筐)等在不同运输方式间共享共用,加快推进多式联运"一单制"。鼓励传统运输企业向联程联运、多式联运经营人转型。

8.2025 年 6 月,国家发展改革委发布 2025 年国家物流枢纽建设名单

2025 年 6 月,国家发展改革委将 30 个国家物流枢纽纳入 2025 年的建设名单。这些枢纽的建设旨在进一步完善国家物流枢纽网络,有效降低全社会物流成本,推动枢纽经济发展,畅通国际物流通道,服务区域对外开放,提升运行效能。从地区分布来看,东部地区有 10 个,中部地区有 5 个,西部地区有 9 个,东北地区有 2 个。从枢纽类型来看,陆港型有 3 个,空港型有 2 个,港口型有 1 个,生产服务型有 8 个,商贸服务型有 11 个,陆上边境口岸型有 3 个。

(资料来源:https://mp.weixin.qq.com/s/GtZrMe-PbuKKj_o8_PUMbg。)

第三节 数智化物流技术与工具

一、数智化物流的关键技术应用

(一)大数据分析技术

在数智化物流的实践中,大数据分析技术发挥着非常关键的作用。通过收集、整合和分析海量的物流数据,企业能够洞察市场趋势,优化运营流程,提高物流效率。例如,利用大数据分析技术,企业可以准确预测货物需求,实现库存的精准管理,避免库存积压和浪费。同时,通过实时分析运输数据,企业可以优化运输路线,减少运输时间和成本。

在数智化物流未来的发展中,大数据分析技术将继续发挥关键作用。随着物联网、人工智能等技术的不断发展,物流数据将变得更加丰富和复杂。因此,企业需要不断提升大数据分析技术的能力,以适应市场的变化。只有充分利用大数据分析技术,企业才能在激烈的市场竞争中脱颖而出,实现可持续发展。

(二)云计算技术

云计算技术在数智化物流中的应用日益广泛,为物流行业带来了前所未有的变革。云计算技术以其强大的计算能力和灵活的资源分配方式,为数智化物流提供了强大的技术支持。通过云计算平台,物流企业可以实现对海量数据的快速处理和分析,从而优化物流流程、提高运营效率。

云计算技术可以帮助物流企业实现供应链的透明化管理。通过云计算平台,供应链上的各个环节可以实现信息共享和协同作业,从而提高供应链的响应速度和灵活性。云计算技术还使得物流企业能够更好地应对市场变化和客户需求的变化。通过云计算平台,物流企业可以实时收集和分析市场数据,了解客户需求的变化趋势,从而及时调整物流策略和服务模式。这种灵活性和敏捷性使得物流企业能够更好地适应市场的变化,提高竞争力。

然而,云计算技术在数智化物流中的应用也面临着一些挑战,如数据安全和隐私保护问题。物流企业在使用云计算平台时,需要加强对数据的保护和管理,确保数据的安全性和隐私性。

总的来说,云计算技术在数智化物流中的应用为物流行业带来了巨大的变革和机遇。通过云计算技术,物流企业可以实现对海量数据的快速处理和分析,优化物流流程、提高运营效率,实现供应链的透明化管理,并更好地应对市场变化和客户需求的变化。

(三)物联网技术

企业对物联网技术的应用主要是通过各种设备和传感器,实现对物流过程的实时监控和智能化管理。例如,在仓储管理中,企业可以通过 RFID 标签和传感器实时追踪货物的位置和状态,提高仓储效率和准确性。在运输过程中,企业可以通过 GPS 和车载传感器实时监控车辆的位置和行驶状态,优化运输路径和减少运输成本。此外,物联网技术还可以与大数据分析、云计算等技术相结合,帮助企业实现更加精准的需求预测和库存控制,进一步提升物流效率和服务质量。

以京东为例,其作为全球领先的电商和物流企业,在物联网技术的应用上走在了行业前列。京东的"亚洲一号"智慧物流园广泛采用了 RFID 技术和传感器网络,实现了对货物的实时追踪和监控。同时,京东还通过物联网技术实现了对运输车辆的智能调度和优化,提高了运输效率,减少了运输成本。这些举措不仅提升了京东自身的物流效率和服务质量,也使京东为整个物流行业树立了标杆。

物联网技术在数智化物流中的应用也同样面临着一些挑战。例如,物联网设备的部署和维护需要大量的资金投入和技术支持,对于一些中小企业而言可能构成较大的经济压力。此外,物联网技术的安全性和隐私保护问题也需要引起足够的重视。因此,在推广和应用物联网技术时,需要充分考虑其成本和安全性等因素,确保数智化物流的可持续发展。

未来的物流将不再是简单的送货,而是基于大数据、物联网等技术的智能化、个性化服务。物联网技术作为数智化物流的重要支撑,将不断推动物流行业的创新和发展,为物流企业带来更加广阔的市场和发展空间。

(四)人工智能技术

在数智化物流实践中,人工智能技术成为驱动其快速发展的关键引擎。人工智能技术不仅可以优化物流流程,提高效率,还使得个性化服务成为可能,主要体现在如下几个方面。

1.智能路径规划

利用人工智能算法,如遗传算法、蚁群算法等,可以自动规划出最优的运输路径,减少运输时间和成本。

2.库存预测与管理

企业通过利用人工智能技术,可以预测未来的库存需求,进行库存管理和补货决策。

3.自动分拣系统

在仓库管理中,企业可以通过图像识别等技术,实现货物的自动分拣和归类,提高分拣效率。

4.智能车辆调度

企业利用人工智能技术,可以实现对运输车队的智能调度和管理,确保车辆资源得到最有效的利用。

5.智能客户服务

企业可以将人工智能技术应用于客服系统,实现自动回复、智能问答等功能,提高客户满意度。

人工智能技术在其他供应链管理环节中同样发挥着重要作用,通过构建复杂的人工智能分析模型,企业可以实时监控供应链的运行状态,预测潜在的风险和问题,并提前制定应对策略。这种智能化的供应链管理不仅提高了物流的可靠性,还有助于降低企业的运营成本。

📖 **课程思政 6-1**

习近平总书记指出,要大力发展智慧交通和智慧物流,推动大数据、互联网、人工智能、区块链等新技术与交通行业深度融合,使人享其行、物畅其流。中国物流市场规模已连续 7 年位居全球首位,当前我国邮政快递业每天平均揽收和投递的包裹量超过 3 亿件。快递物流业要维持如此庞大的业务量,离不开高效、便捷、强大的智能化运营网络的支撑。当下,快递物流搭乘上数字化、智能化的"快车",传统依赖人力的仓储分拣模式被以人工智能、物联网、大数据等技术为基础的数智化模式所取代,在快递物流业拥抱技术红利的同时,整个社会也都在畅享智能创造的便捷。

二、数智化物流的常用工具平台

(一)仓储管理系统(WMS)

WMS 是一个实时的计算机软件系统工具,主要用于对仓库中的信息、资源、行为、存货和分销运作进行高效管理。作为数智化物流的核心组成部分,该系统可以根据运作的业务规则和运算法则,实现仓库作业的自动化、智能化管理,从而提高仓库的运作效率。

WMS 通常包括软件、硬件和管理经验三个部分。其中:软件部分支持整个系统的运作,包括收货处理、上架管理、拣货作业、月台管理、补货管理、库内作业、越库操作、循环盘点、加工管理、矩阵式收费等功能。硬件部分主要用于提高数据采集和传输的精度和速度。管理经验能够帮助系统更准确地适应企业的实际需求,提高管理效率。

WMS 具有多层级、多货主、多分仓的适用性设计,可以根据货主属性及策略配置灵活自定义作业流程,支持多模式(如批发、零售、B2C、生产制造)和多业态(如超市、卖场、便利店)的个性化需求。通过使用 WMS,企业可以实现对仓库的精细化管理,提高仓库的运作效率,提升库存周转效率,降低运营成本,提升竞争力。

以京东静宁数字化物流园为例,在引入了智慧物流 WMS 后,该物流园不仅实现了库存的实时更新和查询,还能对仓库内的物资进行精确的定位和追踪,对包裹进行智能化实时监控,自动化精确读码查找,对不同快递进行分拣,使得货物的拣选和配送更加高效和准确。

通过引入 WMS,企业可以更好地掌控库存,降低库存成本,提高运营效率。同时,WMS 还能为企业提供丰富的数据分析功能,帮助企业更好地了解市场需求和供应链状况,作出更加明智的决策。随着技术的不断进步和应用场景的不断拓展,WMS 将在数智化物流中发挥更加重要的作用。

(二)运输管理系统(TMS)

TMS 是一种基于网络的操作软件,它的主要功能是对物流中的运输环节进行全面管理。该系统主要包括订单管理、调度分配、行车管理、GPS 车辆定位系统、车辆管理、人员管理、数据报表、基本信息维护、系统管理等模块。

在数智化物流的全方位解析中,TMS 扮演着至关重要的角色。作为数智化物流的核心组成部分,TMS 不仅实现了运输过程的数字化和智能化,还大大提高了物流运输的效率和准确性。该系统通过对时间、已有路线计划、车辆管理和调度执行的处理或操作,可以制定最佳的路线计划和排程,减少人工干预,通过运输作业的上下游数据集成,消除"信息孤岛",帮助企业进行运输流程的实施、管理和决策,提高资源利用率,降低成本。此外,TMS 还能通过数据分析和预测模型,帮助企业优化运输路径和运输方式。通过对历史数据的分析,TMS 能够预测未来的运输需求,从而提前规划运输路线和运输资源,避免运输过程中的拥堵和延误,为企业带来更多的经济效益。

（三）供应链管理系统（SCM）

SCM 在数智化物流中同样起着重要作用。随着全球化和市场竞争的加剧，企业对于供应链管理的需求也日益增长。SCM 通过集成供应链中的各个环节，包括供应商、生产商、分销商和最终消费者，实现信息的共享和流程的协同。这种协同不仅提高了物流效率，还降低了成本，增强了企业的市场竞争力。

此外，SCM 还通过引入先进的分析模型和算法，帮助企业优化供应链。例如，通过运用线性规划、整数规划等优化方法，SCM 可以帮助企业更加精确地确定生产、采购和分销策略，实现资源的最大化利用。这不仅提高了企业的运营效率，还为企业节约了成本。

英国供应链管理专家马丁·克里斯托弗认为，供应链是企业之间的竞争场所，21世纪的竞争不再是单纯的企业与企业之间的竞争，而是供应链与供应链之间的竞争。在数智化物流的背景下，SCM 的重要性不言而喻。通过引入 SCM，企业可以实现对供应链的全面掌控和优化，从而在激烈的市场竞争中脱颖而出。

（四）自动化物流系统

自动化物流系统通常由自动化仓库系统、自动化搬运与输送系统、自动化分拣与拣选系统及信息管理系统等部分组成。

自动化仓库系统主要包括货架、堆垛机以及密集存储的自动子母车等自动化存储设备；自动化搬运与输送系统主要包括各式输送机、无人搬运小车、轨道穿梭车、机器人和其他自动搬运设备；自动化分拣与拣选系统主要包括各类自动化分拣设备、手持终端拣选和电子标签拣选等；信息管理系统主要包括物流管理软件、仓库管理软件、仓库控制软件、智能分拣和拣选软件等。

知识链接 6-2

京东物流开启"4.0 时代"："大模型＋数字孪生"智能决策

2023 年 7 月 13 日，2023 京东全球科技探索者大会于北京正式举行。近些年来，大模型正在成为数字产业领域的竞争焦点。京东集团 CEO 许冉表示："京东的大模型技术演进,遵循了京东的技术追求:成本、效率、体验、可信、普惠、突破。成本、效率和体验是从京东的经营理念传承而来,也是零售的第一性原理。可信、普惠和突破则是技术服务于产业和社会的承诺。"

会上,京东言犀大模型正式推出,致力于深入零售、物流、金融、健康、政务等知识密集型、任务型产业场景,解决真实产业问题。京东物流也重磅发布了基于大模型的数智化供应链产品"京东物流超脑"及全新升级的"京慧3.0",这两个产品在大模型与数字孪生技术的深度结合上发力,驱动供应链全局优化。

1."京东物流超脑"首次亮相,"大模型+数字孪生"驱动供应链全局最优

2007年开始,京东物流先后上线"玄武"WMS仓储信息管理系统和"青龙"配送全链条信息管理系统,标志着京东物流从物流技术"1.0时代"迈入信息化的物流技术"2.0时代"。此后,京东物流在数智技术领域不断发力,基于数字孪生技术对供应链体系进行升级,实现决策智能化,由此进入物流技术"3.0时代"。2023年,大模型将物流技术"4.0时代"的大门提前推开,在大会上,京东物流发布了基于大模型的数智化供应链产品"京东物流超脑"。

"京东物流超脑"融入了京东物流深度服务供应链全场景的经验,实现了多模态大模型对物流场景内容生成和创作的交互升级,提升交互效率。例如,在交互层面,用户无需具备专业建模能力,可以直接描绘希望呈现的仓储布局效果,系统将快速生成三维可视化方案,并根据用户的描述,进行局部调整;在决策层面,"京东物流超脑"可以高效进行不同布局对比、归因分析和方案推荐,通过大模型分析、理解当前仓储3D模型的异常运营问题,给出改善性建议,变被动调整为主动干预,显著提升运营效率。

"依托多年深耕与技术积淀,京东物流能够更高效、精准地为供应链上下游提供全场景服务",京东集团副总裁、京东物流技术负责人何田表示。具有行业属性的场景是京东物流大模型探索的重点,目的是通过京东物流本身的场景和垂域数据优势建立行业大模型,解决行业痛点问题,在服务于内部降本增效的同时,也通过一体化供应链服务赋能其他行业客户。

何田特别提到,大模型生成的解决方案存在不适用于实际情况的可能。"对于一家企业来说,任何一个实际业务的失误,都有可能带来无法挽回的损失",何田表示,京东物流未来要做的是将大模型与数字孪生技术结合,推进物流技术迈向数字原生时代,逐步形成 AI 自动生成供应链解决方案,数字孪生验证出全局最优方案,最终用于实践的完整闭环,助力行业极致降本增效。

2.“京慧 3.0”创新升级,数智供应链技术助力企业降本增效

在本次大会上,京东物流发布了一站式数智化供应链数据管理平台“京慧 3.0”。“京慧 3.0”能基于丰富的大数据分析和科学的算法模型,结合客户的实际销量情况,为客户提供销量预测、库存预警、库存仿真、智能补货以及库存营销等智能决策产品,帮助客户制订更精准的供应链计划。

除了丰富的 AI 预测、运筹优化等原生算法外,基于开放生态技术,“京慧 3.0”还能很好地与异构系统的算法及数据互联互通。在大模型的加持下,“京慧 3.0”在销量预测、库存、供应及补货计划方面更具表现力,其交互式供应链控制塔能够帮助用户快速定位并解决供应链问题。

京东物流智能供应链部负责人陈名臻表示:京慧已经在汽车、消费品、3C 电子等各大行业均有广泛的应用。在服务大型企业客户方面,通过咨询与技术结合,优化供应链网络和计划模式,最快 16 周帮助客户完成数字化升级,实现高质量增长;在服务中小企业客户方面,通过最快 3 天的极速交付,实现电商行业垂类领域履约全环节降本增效,并提供供应链辅助托管服务,帮助客户省心省力。

在与某头部乳品企业的合作中,京东物流基于京慧的能力,聚焦其直营电商场景,设计了一盘货方案,双方通过共建数字化应用平台实现了需求预测、需求计划、智能补调、分货策略等。同时,京东物流基于仓网能力和系统能力,成功为该乳品企业推进了履约一盘货模式的试点落地。全面合作以来,京东物流不仅帮助该乳品企业解决了多渠道库存割裂、库存分布不均衡等问题,也显著降低了其库存周转天数,以及液态奶等对保鲜度要求较高商品的临期库存比例,为整个乳品行业的供应链升级提供了切实的经验和路径。

从“京东物流超脑”的发布到“京慧 3.0”的创新升级,京东物流逐渐展现出大模型应用的价值与前景。大模型的真正价值在于成为产业智能的发现工具、效率工具和创造工具,因此,围绕行业大模型进行技术融合与创新,并不断降低大模型的落地成本,是京东物流长期确定的目标。

技术根基的厚度决定了建立在其上的大模型的高度，而深厚的技术根基正是京东物流的优势所在。未来，京东物流也将继续发挥软件、硬件、系统集成的"三位一体"技术优势，探索大模型在物流行业的多场景应用，并通过自身技术的沉淀与开放，为更多产业的转型升级贡献力量。

（资料来源：https://www.toutiao.com/article/7255230338157445671/?app＝news。有删改。）

第四节　数智化物流实践

一、数智化物流在电商领域的应用

（一）数智化物流在电商领域的现状与发展

随着电子商务的飞速发展，数智化物流在电商领域的应用日益广泛。当前，电商物流正经历从传统模式向数智化模式的转变，这一转变不仅提升了物流效率，还为消费者带来了更加便捷、个性化的购物体验。数智化物流的应用使得电商平台的订单处理时间平均缩短了约30％，配送准确率也大幅提升。

在数智化物流的推动下，电商的仓储管理实现了智能化。例如，通过京东平台仓的智能仓储管理系统，电商企业可以实时监控库存情况，实现精准补货。同时，通过对历史销售数据及未来销售趋势的分析，企业可以提前把产品运输到距离消费者最近的七大区域仓库。当用户下单后，系统根据消费者的地址自动匹配仓库，实现产品就近发货，和"一仓发全国"相比，此模式的发货速度、顾客满意度都显著提升。与此同时，物流中转环节及搬运次数减少，产品破损率也下降了。可见，数智化物流的运用，为企业带来了更高的利润，为企业的客户创造了更好的产品交付体验。

（二）电商物流中的智能配送与路径优化

智能配送与路径优化是电商数智化物流的重要组成部分。随着大数据、云计算和人工智能等技术的不断发展，智能配送与路径优化已经成为电商物流行业提升效率、降低成本的关键手段。通过运用先进的算法和模型，电商企业可以实现对配送路线的智能规划和优化,从而提高配送效率、减少运输成本。

例如,企业在电商数智化物流实践中,通过 TMS 的智能算法和数据分析,自动规划出最优的仓网布局和配送路径。TMS 会综合考虑配送地点分布、货物特性等因素,选择最优的承运商和最合适的配送模式,从而减少配送时间和成本。此外,TMS 通过先进的追踪技术,实现对订单配送过程的实时追踪和监控,企业可以实时了解订单的配送状态、位置、预计到达时间等信息,从而及时作出调整和优化,确保订单按时送达。

当然,智能配送与路径优化也面临着一些挑战。例如,数据的准确性和实时性对于算法的有效性至关重要。如果数据存在误差或者延迟,可能会导致算法的计算结果偏离实际情况,从而影响配送效率。因此,电商企业需要不断完善数据收集和处理机制,提高数据的准确性和实时性。

总之,智能配送与路径优化是电商物流数智化转型的重要方向之一。通过运用先进的技术和算法,电商企业可以实现对配送路线的智能规划和优化,提高配送效率,降低成本,提升客户体验。

(三)大数据分析在电商物流需求预测中的应用

电子商务的蓬勃发展离不开强大、高效的物流支撑。面对愈发沉重的物流压力,电商企业不可能再用传统的方式去送货,必须通过大数据的连接和社会化协同来提升效率。为了应对"6·18""双十一"这样的大促活动,电商企业需要通过收集和分析历史销售数据、用户行为数据以及市场趋势信息等,更准确地预测未来的物流需求。这不仅有助于电商企业优化库存管理,还有助于电商企业提高物流运作的效率和响应速度。

以京东为例,其利用大数据和云计算技术,结合气候、促销条件等,对海量商品的历史销售数据进行分析,从海量商品中选出爆品,预测爆品在不同城市的销量,输送相应数量的产品至离消费者最近的前置仓;通过对用户的大数据分析,预测核心城市各片区的主流单品的销量需求,提前在各个物流分站预先发货,帮助商家制订更精准的入库计划。

数据是新的石油,它将成为驱动未来经济发展的核心动力。在电商物流领域,数据分析的应用正是这一理念的生动体现。通过充分利用数据资源,电商企业不仅能够提升物流运作的效率和准确性,还能在管理与决策、客户关系维护、资源配置等方面大有建树。

(四)数智化物流在跨境电商中的实践

随着全球化的加速和互联网的普及,跨境电商已成为全球贸易的重要组成部分。数智化物流在跨境电商中发挥着至关重要的作用,为跨境电商提供了更高效、便捷、智能的物流解决方案。

跨境电商面临着复杂的物流方面的挑战,包括跨国运输、语言障碍、不同国家的法律法规和关税政策的差异等。数智化物流通过先进的技术和数据分析方法,可以有效地解决这些问题。例如:菜鸟华东集运仓通过数智化物流技术——智能合单,将海外消费者在不同店铺购买的多个商品在仓库后台智能整合,把几个小包裹打包成一个大包裹再运输。包裹进行整合后,运输线路由原来 30～50 天时效的平邮线路升级为 20 天之内送达的航空直达线路。同时,给每个货物分配一个唯一的 ID,消费者可以通过手机或电脑实时查看货物的位置和状态,并可以一次性拿到所有货物的快递。这不仅提高了物流的透明度和可控性,缩短了包裹的运送时间,而且降低了商家的物流成本。

在跨境电商中,不同国家的法律法规和关税政策差异很大,也给物流带来了很大的挑战。在数智化物流实践中,物流企业可以通过与各国当地的物流公司合作,了解当地的法律法规和关税政策,确保物流的合规性和顺畅性。同时,还可以通过大数据分析,预测不同国家的关税政策变化,获取及时的政策预警和建议。

二、数智化物流在制造业领域的应用

在制造业领域,数智化物流的应用已经取得了显著的成效。以九牧 5G 智慧制造产业园为例,在园区中,通过"5G＋AGV"一体化小车代替传统手工搬运方式,可完成烧成区及检包区的产品自动运输,以自动出入卸窑站、工作台和检包流水线;通过云端 AGV 控制平台及后台可视化系统,可实时显示 AGV 的状态及点位,有效地提高产线自动化率,降低员工疲劳度,减少工时浪费,促使产量更加稳定并保障员工作业安全,进一步提高整体生产效率。

数智化物流通过大数据分析技术,为企业提供了更加精准的市场需求预测和分析。通过对历史销售数据、消费者行为以及市场趋势的深入挖掘和分析,企业能够更准确地预测未来的市场需求,形成更加合理的生产计划和物流策略。这种基于数据的决策方式不仅提高了企业的市场响应速度,还降低了企业库存过剩的风险。

在数智化物流的推动下,九牧的供应链管理也变得更加高效和透明。通过应用云计算技术,企业可以实时掌握供应链各个环节的信息和数据,包括供应商的生产情况、库存状况、运输进度等。这种透明化的管理方式不仅有助于企业及时发现和解决潜在问题,还能够使企业加强与供应商之间的协同合作,共同应对市场变化和挑战。

数智化物流在制造业领域的应用已经取得了显著的成效。通过物联网、大数据分析、5G等先进技术的应用,数智化物流不仅提高了制造业企业的生产效率和供应链协同效率,还降低了制造业企业的库存成本和缺货风险。

三、数智化物流面临的挑战与对策

随着科技的快速发展和市场竞争的加剧,数智化物流在带来诸多便利的同时,也面临着技术更新与投入成本、数据安全和隐私保护、法律法规和政策限制等方面的挑战。

首先是技术更新与投入成本,随着技术的不断进步,企业发展数智化物流时需要不断更新和升级相关设备和技术,这使企业面临较大的压力。

其次是数据安全和隐私保护,在数智化物流过程中,涉及大量的个人信息和交易数据,如何确保数据的安全性和保护用户隐私成了一个重要的问题。

最后是法律法规和政策限制,不同国家和地区对于数智化物流的法律法规和政策存在差异,企业需要适应并遵守相应的规定。

针对这些问题,企业也可以研究应对之策,根据自身实际情况和市场需求,合理规划数智化物流的投入,避免盲目跟风或过度投入。在数据安全方面,可以借助区块链等技术建立健全数据安全管理体系,采用先进的技术手段确保数据的安全性和隐私性。

思考题

1.数智化物流与传统物流有什么区别?

2.简述数智化物流对物流效率提升的作用。

3.简述数智化物流在降低成本、优化客户体验等方面的运用。

4.数智化物流如何赋能企业的生产经营？

案例评析

九牧厨卫股份有限公司5G智慧制造产业园建设及管理

（一）九牧5G智慧制造产业园项目简介

九牧厨卫股份有限公司（以下简称九牧）创立于1990年，是立足于中国的国际一流卫浴企业，也是一个全球布局、全产业链自主创新，集科研、生产、销售和服务于一体的综合性整体厨卫品牌。

九牧5G智慧制造产业园与全球多家世界知名企业合作，在行业内实现多项创新突破，目前为世界领先的智慧制造陶瓷工厂。比如：与德国西门子合作，对整体产业园区进行设计规划，在生产工艺流程上按照"工业4.0"智慧工厂进行规划设计，建设"工业4.0"自动化物流平台；与华为达成战略合作关系，并携手中国电信打造5G智慧陶瓷工厂。

（二）九牧5G智慧制造产业园项目实施内容

从工业智能化发展的角度出发，工业互联网将构建基于网络、数据、安全的三大优化闭环。其中：网络是工业系统互联和工业数据传输交换的支撑基础，通过新型的机器通信、设备有线与无线连接方式，支撑实时感知、协同交互的生产模式。数据是工业智能化的核心驱动力，包含数采、集成、建模、决策和反馈控制等功能模块，涉及边缘计算、云计算等基础技术，有助于工业企业实现生产过程的自动化控制、智能化管理、定制化生产等。安全是指网络与数据在工业中应用的安全保障，包含设备安全、网络安全、控制安全、数据安全、应用安全和综合安全管理，目的是实现对工业生产系统和商业系统的全方位保护。

九牧发现，在现有技术的基础上，难以对实时产量、在线良率波动、工艺过程稳定性、员工标准化生产的情况、物料储备、能源消耗、订单完成率等生产数据实现有效的摄取与监控，导致生产效率低、产品不合格率波动大，进而产生不必要的物料消耗、增加人工检测的成本等。为了解决这些问题,九牧致力于建设符合"工业 4.0"和工业互联网要求的智慧工厂(即九牧 5G 智慧制造产业园),实现产业园区规模化及专业化的转型升级,以科技赋能,运用 5G、工业视觉、边缘计算、云计算、AI 等新技术,搭配多样化的数据采集方式、全面的物料管理及可扩展的监控预警平台,融合国际制造企业的优秀管理经验,将人员设备物料等制造要素以精益生产理念整合到相关后台系统中;强化厂区运营管理,实现员工人脸识别、访客自主管理申请、消防系统联动一键处理等方面的智能管理。

九牧 5G 智慧产业园内已实现 4G、5G 专网全覆盖,逐步实现自动监测实时产量、生产线工艺、员工标准化作业、能源消耗,自动检测产品外观,施釉机器人自动施釉,AGV 运输小车替代人工运输,无人立体仓库智能化管理等功能,并基于 5G 网络运行九牧自研 MES 系统等,加快 IT(信息技术)、OT(操作技术)、CT(通信技术)的融合,完成"工业 4.0"制造升级。

1.精益生产

精益生产包含设备管理和人员(作业标准化)管理两部分。设备管理部分,通过对生产设备的运行指标数据进行自动采集,并在后台通过分析、对事先设定的异常情况进行预警,可实时感知设备运行状态,并在设备运行指标出现异常时主动维护、节约人工成本。人员管理部分,通过"视频监控+人脸识别+AI 分析+5G+边缘计算"的技术手段,能够对员工的着装、精神状态、生产的规范化行为等方面进行有效的采集、分析,对员工不规范的行为实时预警,以节省监管人工成本,提升生产效率,降低废品率,提升员工素质和企业形象。

2.能源消耗

对工业制造所涉及的气表、水表、电表等表具的能耗数据自动实时采集,利用后台系统进行大数据智能分析,实现设备、能耗等异常情况的主动预警,输出节能生产的时间段、季节、气候要求等。其价值体现在节省人工成本、主动监管预警、节能减排、绿色生产上。

3."5G+"机器视觉的自动质检

通过技术手段,对生产制造中半成品、成品的合格率按一定维度进行识别、采集,通过后台系统进行分析、统计、输出并按需进行预警。管理人员结合预警主动处理、实时管控订单进度,以节省人工检测成本,提升生产水平,降低不合格率,确保订单时效性。

4."5G+"施釉机器人

"5G+"施釉机器人借助低时延 5G 网络和可编程逻辑控制器与 MES 系统互通,实现设备状态、生产数据实时采集以及施釉工艺参数远程传输,准确控制施釉的力度,保证釉面平整光滑。以往人工施釉 1 小时能完成 20 件,而"5G+"施釉机器人 1 小时能完成 30 件,工作效率得到显著提升。由于施釉场景多粉尘排放,用机器替代人工还能保护劳动者的身体健康。

5.实现智能物流的"5G+"AGV 一体化小车创新应用

通过"5G+"AGV 一体化小车代替传统手工搬运方式,完成烧成区及检包区的产品自动运输。通过云端 AGV 控制平台及后台可视化系统,实时显示 AGV 的状态及点位。目前,九牧已在 101 厂房的烧成区和检包车间部署 6 台"5G+"AGV 一体化小车,实现自动出入卸窑站、工作台和检包流水线等,有效地提高线平衡率、降低员工疲劳度、减少工时浪费、保障产量稳定和员工作业安全,进一步提高整体生产效率。

6.实现智能仓储的无人智慧云仓应用

九牧员工通过人脸识别后进入智慧云仓,按导引选取需要的生产资料,自助扫码录入物品出库信息,然后通过人脸识别从智慧云仓出来。智慧云仓系统通过与 SAP 系统进行对接,实现仓库物料的有效管理,从而节省人工成本、提高仓库数据管理准确率和效率、降低物料呆滞率。

(资料来源:九牧内部资料。)

问题:

1.九牧智慧生产转型之前遇到的问题有哪些?

2.九牧 5G 智慧制造的价值体现在哪些方面?

实训题

实训项目:走近电商企业。

实训任务:选择一家电商企业做调研,了解该企业数智化物流现状及趋势。

参考文献

［1］王玉.吉利汽车的物流数智化转型实践［EB/OL］.［2024-03-21］.https://mp.weixin.qq.com/s/s7zDey9oCiFiqU7Yk9H7sg.

［2］诚运天下.数字物流发展历程、政策及前景［EB/OL］.［2024-03-21］.https://mp.weixin.qq.com/s/GtZrMe-PbuKKj_o8_PUMbg.

［3］现代物流报.京东物流开启"4.0 时代","大模型＋数字孪生"智能决策［EB/OL］.［2024-03-21］.https://www.toutiao.com/article/7255230338157445671/?app＝news.

第七章

数智化客服

🎯 学习目标

▶ 知识目标

1. 了解数智化客服的概念及发展。

2. 理解客服数智化转型的必要性。

3. 熟悉数智化客服管理的主要技术。

4. 了解数智化客服的发展趋势。

▶ 能力目标

1. 能够区分客服与数智化客服的区别。

2. 能够分析数智化客服的作用。

3. 能对数智化客服的人才建设进行规划设计。

4. 会分析不同数智化工具在企业中的作用。

▶ 素养目标

1. 培养创新思维和问题解决能力。

2. 关注科技在电子商务中的应用,适应信息化时代的需求。

知识图谱

引导案例

奥克斯的智能顾客服务中心建设

奥克斯是我国家电行业,尤其是空调领域的头部企业。空调产品的季节性属性极强,在夏、冬两季用户需求会出现明显的峰值,奥克斯顾客服务中心春秋季节每天接到的服务咨询电话只有几百通,但是在夏冬季节每天最高可达到上万通。因此,如何保障较高的咨询电话接通率,是奥克斯急需解决的问题。

一、奥克斯的数智化转型升级需求

1.全渠道打通,形成高效协作的整体

通过全渠道客户联络系统,实现从售前咨询、售中订单处理到售后维保服务联动协同的服务体系,建立完整的业务流程。

2.可视化评估客服质量,洞见客户需求

全渠道运营数据统一存储,服务效率/满意度等能被实时可视化分析;洞悉客户需求,提升客户满意度,加速业务增长。

3.引入 AI 产品,提升客服工作效率

原有系统智能化程度还需提升,需增加 AI 技术支撑的客服产品,通过数字化技术的赋能提升客服体系的工作效率。

二、奥克斯面临的挑战

1.服务渠道分散,消费者获得的服务体验不同

消费者只能在工作日联系客服,并且客服答复可能因人而异、口径不一,导致消费者体验较差。

2.人工座席繁忙,急需 AI 座席辅助人工完成大量接待工作

由于奥克斯日常客服访问量较大,且消费者咨询需求有极大的重复性,急需 AI 机器人接替部分人工座席工作,并以 AI 座席助手辅助人工座席进行接待和话术引导。

3.人力成本高企,人效较低

近年来,人工成本升高,企业运营成本也水涨船高,奥克斯作为家电制造企业,急需通过智能化产品实现自动化服务。

三、奥克斯的应对方案

沃丰科技 AI 场景落地专家 GaussMind 为奥克斯很好地解决了咨询电话接通率的问题。AI 机器人客服让奥克斯的咨询电话接通率高且稳定,大大减少了高峰期时客服的压力。

在客服质量方面,奥克斯希望能够以最快的速度为用户解决问题。对此,沃丰科技提供了 GaussMind AI 座席助手和 AI 机器人的组合。AI 座席助手能根据业务流程,结合用户语音,快速在知识库里找到匹配的知识点并推荐给话务员,让话务员能

第一时间知道如何为用户提供正确答案。AI机器人则提升了接通率,将有复杂需求的用户分配给人工座席,而大部分简单的问题则由机器人解决。这直接将奥克斯咨询电话的接通率提升了一倍,并为奥克斯大大节省了人力成本。

(资料来源:https://baijiahao.baidu.com/s?id=1742464064870758978&wfr=spider&for=pc。有删改。)

引导问题:

1.传统客服和智能客服有什么区别?

2.为什么要开展客服数智化改革?

第一节　客服与数智化客服

一、客服发展历程

早期只有电话客服和邮件客服,随着科技的进步和互联网的普及,客服行业经历了多次变革。在20世纪90年代,随着互联网的出现,在线客服和论坛支持成了新的客服形式。进入21世纪,随着社交媒体和移动设备的普及,多渠道客服和自助服务成了主流。近年来,随着人工智能技术的发展,数智化客服逐渐崭露头角。

客服行业的发展历程中,技术的革新起到了关键作用。从最初的电话客服到如今的数智化客服,每一次技术的突破都推动了客服行业的进步。例如,人工智能技术的应用使得客服系统能够更智能地处理客户问题,提高了客服工作的效率和服务质量。

在发展过程中,客服行业也面临着诸多挑战。随着消费者需求变得多样化和个性化,客服需要不断提升服务水平和响应速度。同时,随着市场竞争的加剧,客服也需要不断创新和优化,以提升客户满意度和忠诚度。

数智化客服作为客服行业的新兴力量,具有显著的优势。通过运用人工智能、大数据等先进技术,数智化客服能够更快速、更准确地处理客户问题,提升客户体验。同时,数智化客服还能够实现多渠道整合和自助服务,进一步提高客服效率和服务质量。

展望未来,随着技术的不断进步和应用场景的拓展,数智化客服将在客服行业中发挥越来越重要的作用。客服行业需要紧跟时代步伐,积极拥抱新技术,推动数智化客服的广泛应用和发展。

知识链接 7-1

九牧客服模式的变迁

九牧作为国内卫浴行业的佼佼者,其成功离不开优质的客户服务。随着市场的不断变化和消费者需求的日益多样化,九牧客服模式也经历了多次变革,以适应市场的变化,优化消费者的购物体验。

1.纯人工客服阶段(2011—2016 年)

在这一阶段,九牧主要依赖自有的客服团队来处理客户咨询和投诉。这些客服人员主要集中在厦门和南安等地,他们的业务技能相对单一,主要应对客户普通的需求。然而,随着九牧业务规模的扩大,纯人工客服模式逐渐暴露出一些问题,如大促活动期间的抗压能力不足、人效低下等。

2."自有+外包"客服阶段(2017—2020 年)

为了应对上述挑战,九牧开始尝试将部分客服业务外包给专业的服务商,以扩大客服团队的规模。这一时期,九牧的客服团队遍布多地,包括厦门、南安、山东、河北、江西、安徽等地。然而,随着外包人员的增加,人员管理难度加大,人员稳定性变差,数据指标和数据安全也面临着挑战。

3."人工+智能"客服阶段(2021 年至今)

为了进一步提升客服效率和服务质量,九牧引入人工智能技术,实现了人工与智能客服的有机结合。在这一阶段,智能客服能够处理大量重复性的咨询和问题,而人工客服则专注于处理复杂和个性化的问题。这种模式不仅提升了人效和精细化服务水平,还提升了九牧的抗风险能力和行业地位。

(资料来源:九牧内部资料。)

二、数智化客服定义与内涵

（一）数智化客服定义

客服，即客户服务，是企业与客户之间的重要桥梁。客服工作的核心在于提供全链路服务，确保顾客从咨询到售后的整个购物过程中都能得到及时、专业、周到的服务。

数智化客服是通过运用大数据、人工智能、云计算等技术手段，对客户服务进行智能化、个性化、高效化的改造，以提高客户满意度和企业竞争力的一种客服模式。这种客服模式不仅提高了客户服务的效率，还通过对客户数据的深度挖掘，为客户提供更加精准、个性化的服务。与传统客服相比，数智化客服具有更高的响应速度、更低的成本，能够为用户提供更个性化的服务体验。

著名管理学家彼得·德鲁克曾指出："技术的真正价值不在于技术本身，而在于它如何被用来改善人们的生活和工作。"数智化客服正是这一理念的生动实践。它不仅提升了客服行业的整体效率，更在改善客户体验、增强企业竞争力等方面发挥了不可替代的作用。

（二）数智化客服内涵

数智化客服内涵主要体现在以下几个方面。

1.人工智能驱动的交互

数智化客服通过运用自然语言处理（NLP）和机器学习算法，实现了与用户的智能交互。NLP 技术使客服系统能够理解和解析用户的自然语言，自动回答用户的问题，为用户提供流畅、自然的沟通体验。而机器学习算法则使客服系统能够根据用户的历史行为数据和反馈，不断学习和优化回答策略，提高回答准确率。

2.数据驱动的决策

数智化客服通过收集和分析用户行为数据、服务记录等，洞察用户需求，预测用户行为，并据此作出智能决策。企业可以根据这些数据，优化产品设计、改进服务流程，甚至预测市场趋势。这种数据驱动的决策方式，使企业能够更好地满足用户需求，提高用户满意度。

3.云计算的支持与弹性

云计算为数智化客服提供了强大的计算资源和弹性扩展的能力。借助云计算,客服系统可以轻松应对高并发、大流量的服务需求,保证服务的稳定性和可靠性。此外,云计算的弹性扩展能力也使企业能够根据业务需求,灵活调整客服系统的规模,降低运营成本。

4.自动化与智能化服务流程

数智化客服通过自动化和智能化的服务流程,能够高效地处理大量的常规问题。对于复杂问题,数智化客服也能提供智能化的辅助和建议,降低人工介入的成本,提升服务效率。这不仅提高了客户满意度,还为企业节省了大量的人力资源。

5.持续优化与自我学习

数智化客服通过机器学习算法和数据分析,能够持续学习用户的反馈和行为数据,不断优化服务策略。这种自我学习的能力使数智化客服能够不断适应市场变化和用户需求的变化,提高服务质量和用户满意度。同时,数智化客服还能通过收集用户反馈,为企业提供改进产品和服务的建议,推动企业的持续发展。

三、传统客服和数智化客服的区别与联系

（一）区别

1.人力成本

传统客服以人工为主导,需要企业投入大量的人力资源进行客户服务工作。这意味着企业需要雇佣更多的客服人员,并为他们提供培训、管理等各项支持,企业的人力成本也就随之升高。相比之下,数智化客服基于自动化和智能化的技术手段,有效地降低了对人工的依赖程度,从而显著降低了企业的人力成本。

2.决策依据

传统客服在解决问题时,主要依赖客服人员的个人经验、知识和直觉进行判断和决策。这种方式虽然具有一定的灵活性和人情味,但也可能受到个人主观因素的影响,导致决策的不准确或不一致。而数智化客服则基于大量的数据和算法分析,能够提供更精准和个性化的服务。通过对客户数据的深入挖掘和分析,数智化客服能够更准确地了解客户的需求和偏好,从而为客户提供更具针对性的服务。

3.服务模式

传统客服通常采用一对一的服务模式,即一个客服人员对应一个客户。这种模式虽然能够为客户提供更加专注和个性化的服务,但受限于人力资源的有限性,可能无法应对大量的客户咨询。此外,传统客服通常只能在工作时间提供服务,无法随时满足客户的需求。而数智化客服则可以实现一对多的服务模式,通过智能分流和自动化处理,同时处理多个客户的咨询,大大提高了服务效率。同时,数智化客服还可以实现全天候的在线服务,有效优化客户体验。

(二)联系

1.服务目标

无论是传统客服还是数智化客服,其核心目标都是为客户提供满意的服务,满足客户的需求和期望。无论是通过人工还是自动化的方式,客服都需要以客户的满意度为导向,为客户提供高质量的服务体验。

2.团队协作

无论是传统客服还是数智化客服,都需要团队紧密协作,以确保服务的连贯性和高效性。客服团队需要密切合作,共同应对各种客户问题和需求,确保服务的及时性和准确性。同时,团队成员之间还需要进行定期的沟通和交流,分享经验和知识,共同提高服务水平。

四、客服数智化转型意义

(一)解决日益增加的服务量和服务体验之间的矛盾

随着市场竞争的加剧,客户对服务的需求和期望也在不断提高。传统的客服模式往往难以应对新环境要求,存在显著缺陷,例如:在团队管理方面,员工流动频繁、素质参差不齐,团队运维成本高;在顾客体验方面,客服响应速度慢,服务时间有限,服务态度不稳定;在员工负担方面,夜间值守困难、工作负荷不均衡、大量重复工作导致员工负担沉重;在岗位价值方面,员工缺乏有效信息的收集能力,浪费数据资源。

随着企业规模的扩大,客服座席规模逐年增长,人力成本不断攀升,企业对客服中心降本增效的需求日益旺盛。客服数智化改革的目的便是通过引入先进的技术和智能化工具,解决日益增加的服务量与服务体验之间的矛盾。这种改革旨在提高客服效率,优化客户体验,并从根本上解决服务问题。

(二)客服角色价值提升

传统客服主要扮演着响应者和执行者的角色,他们的工作重心在于及时、准确地回答客户的问题,提供必要的服务支持,确保客户有较高的满意度。而数智化客服不仅具备传统客服功能,还能扮演着其他多重角色,如图 7-1 所示。

图 7-1　数智化客服的多重角色

图片来源:九牧内部资料。

1.业务专家

数智化客服通过深度学习和数据分析,精准掌握业务核心知识与流程,确保在为客户提供服务时能够提供准确、及时的信息,从而满足客户的期望和需求。

2.需求挖掘者

在与客户的交互过程中,数智化客服能够系统地收集并分析用户反馈与需求,通过自然语言处理和机器学习技术,有效识别和提取客户需求,进而为业务决策提供有力依据。

3.解决方案定制师

数智化客服利用大数据技术洞察用户需求,为不同的用户定制个性化的解决方案,满足用户的个性化需求。这种定制化的服务方式,使得数智化客服成了解决方案定制师,能为用户提供更贴心、更全面的服务。

4.变革推动者

数智化客服利用数据分析和用户洞察的能力,为企业的变革提供数据支撑,帮助企业识别市场趋势,推动业务变革和创新,为企业未来的发展提供有力的支持。

(三)客服中心价值重塑

传统客服向数智化客服转型的过程,也是客服中心价值重塑的过程。企业通过打造数智化高价值服务团队,推动客服中心从成本中心到价值中心的转变,并实现营收价值、运营价值和品牌价值的全面提升,如图 7-2 所示。

图 7-2　客服中心价值重塑

图片来源:九牧内部资料。

1.营收价值提升

(1)成为创收部门。客服中心可以通过多种方式转化为创收部门。例如,通过提供增值服务、交叉销售或追加销售,客服中心可以在处理客户问题的同时,发现新的销售机会。此外,客服中心还可以利用自身的专业知识和客户数据,开发新的产品或服务。

(2)实现销售循环。客服中心可以通过建立会员体系、售后服务关怀、个性化服务、数据分析等方式提高客户满意度和忠诚度,从而增加销售额,促进销售循环。

(3)解决方案提供者。客服中心利用人工智能和大数据分析,深入了解客户的购买历史、偏好和行为模式,洞察顾客需求,生成个性化的推荐和营销策略;针对顾客差异需求,给予更贴合的解决方案,提升转化率。

2.运营价值提升

(1)数据沉淀。客服中心是企业与客户交互的重要场所,积累了大量关于客户需求、高频问题和满意度等方面的数据。通过对这些数据的深入挖掘和分析,企业可以发现运营中的问题和改进方向,从而优化产品和服务。

(2)认知校准。客服中心是企业与客户之间的桥梁,作为直接面对客户的岗位,能够敏锐感受市场变化,通过与客户的深入沟通和市场信息的精准反馈,帮助企业更准确地把握市场趋势,制定出更加贴合市场需求的运营策略,提高决策能力。

(3)决策基石。基于客服中心积累的数据和知识,企业可以制定更为科学和合理的决策,提高创新能力。例如,通过分析客户反馈和行为数据,企业可以改进产品设计、优化定价策略或调整市场推广方式。

3.品牌价值提升

(1)企业形象塑造。客服中心是企业与客户直接接触的窗口,其服务质量和效率直接影响着客户对企业的印象和评价。因此,通过提升客服中心的服务水平,企业可以塑造良好的品牌形象,提升客户满意度和忠诚度。

(2)理念传递。客服中心在与顾客交互的过程中,潜移默化地将企业理念传递给顾客,有助于增强客户对企业的认同感和信任感,进而促进企业品牌价值的提升。

(3)市场沟通。客服中心可以通过与客户的互动和反馈,收集关于市场需求、竞争态势和行业动态等方面的信息。这些信息对于企业市场策略的制定和调整具有重要意义,有助于企业更好地适应市场变化。

第二节 数智化客服管理

一、数智化客服管理概述

客服管理是指通过一系列的组织、协调、计划和监督活动,对客户服务过程进行全面管理,以提高客户满意度和忠诚度,进而提升企业竞争力和市场占有率。客服管理涉及多个方面,包括客户服务流程设计、客户服务人员培训、客户服务质量监控、客户服务数据分析等。

数智化客服管理是指利用大数据、人工智能等先进技术,对客服流程进行智能化改造和优化,为客户提供更加高效、精准、个性化的服务,从而提升企业的市场竞争力。

(一)数智化客服管理特点

一是高效协作,实现多部门、跨团队、跨平台的协同工作,提高整体服务效率;二是自动化流程,减少人工干预,提高服务效率和质量;三是机器人辅助,智能客服机器人提高服务效率、缩短服务周期;四是质检监控,进行实时、全面、客观的质检监控,提升服务质量;五是数据驱动,基于大数据的决策支持,优化客服流程和策略。

(二)数智化客服管理作用

1.优化客户服务流程

数智化客服通过集成先进的人工智能和自动化技术,可以自动化处理常见问题和咨询,使客服流程更加高效、快速。同时,数智化客服还可以智能地分配资源,确保每个客户都能得到及时、专业的服务。

2.个性化服务体验

借助先进的数据分析和机器学习技术,数智化客服系统可以深入了解客户的偏好和需求,为每个客户提供定制化的服务方案。这不仅能提升客户的满意度,还能为企业创造更多的价值。

3.强化数据分析与决策支持

数智化客服系统能够收集和分析大量的客户数据,包括客户咨询记录、客户行为、客户满意度等。这些数据可以为企业提供深入业务洞察的资源,帮助企业优化产品、改进服务和制定更有效的营销策略。

4.降低运营成本

数智化客服系统能够减少人工客服的工作量,提高客服效率,从而降低企业的运营成本。同时,数智化客服系统还可以有效减少客户投诉量,进一步降低企业的运营成本。

5.增强企业竞争力

通过数智化客服管理,企业可以提供更加高效、个性化的客户服务,提升客户满意度和忠诚度。这将有助于企业在激烈的市场竞争中脱颖而出,树立良好的品牌形象,并吸引更多潜在客户。

二、数智化客服管理原则

（一）以客户为中心

在数智化客服组织架构的设计中，以客户为中心的原则是至关重要的。这意味着整个组织架构的构建和优化都需要围绕客户的需求和体验进行。例如，前端服务层作为直接接触客户的界面，其人员配置、服务流程和技术应用都需要紧密围绕客户的期望和需求进行设计和调整。通过深入了解客户的痛点和需求，前端服务层可以更加精准地提供解决方案，提升客户满意度。

（二）数据驱动

在数智化客服管理中，数据是决策的基础。数智化客服组织应充分利用数据资源，通过数据分析挖掘客户需求和行为模式，引导客服服务质量改进和服务方式创新。同时，数据驱动的决策机制，有助于提升数智化客服管理决策的科学性和有效性。

（三）技术驱动

技术驱动在数智化客服管理中发挥着至关重要的作用。随着人工智能、大数据、云计算等技术的飞速发展，数智化客服组织架构正经历着前所未有的变革。这些先进技术不仅提升了客服的响应速度和准确性，还极大地提高了客户满意度和忠诚度。

（四）高效协同

在数智化客服管理架构中，高效协同是一个很重要的原则。通过打破部门壁垒，促进跨部门合作，可以显著提升工作效率和服务质量。例如，当客服团队与技术团队实现高效协同时，能够快速响应客户需求，优化服务流程，从而提升客户满意度。此外，数据共享和实时沟通也是高效协同的重要体现。通过构建统一的数据平台，各部门可以实时获取和分析客户数据，为决策提供支持。同时，定期的跨部门沟通会议和使用协作工具，有助于及时解决问题，提升整体运营效率。

著名管理学家彼得·德鲁克曾指出："协同是组织未来竞争力的核心。"在数智化客服管理中，高效协同不仅是提升客服工作效率和服务质量的关键，更是使整个组织保持竞争力的重要保障。因此，在数智化客服管理中，应注重打破部门壁垒，促进跨部门合作，实现数据共享和实时沟通，以推动组织的高效协同和持续发展。

三、数智化客服管理架构

（一）前端服务层

在数智化客服管理架构中,前端服务层是与客户直接接触的界面,不仅是企业与客户沟通的桥梁,更是企业塑造形象的关键环节,其重要性不言而喻。前端服务层的设计和优化,直接关系到客户体验和企业形象。因此,需要从多个维度来探讨前端服务层的构建和运营。

1.需具备快速响应和解决问题的能力

在数智化时代,客户对于服务效率的要求越来越高。因此,前端服务团队需要通过技术手段,如智能客服机器人、在线客服等,实现快速响应和自动化处理。同时,团队成员还需要具备丰富的业务知识和良好的沟通技巧,以便在客户遇到问题时能够迅速给出解决方案。

2.需注重客户体验和服务质量

客户体验是评价客服体系的重要指标之一。前端服务团队需要通过多种方式,如调查问卷、客户反馈等,收集客户对于服务的评价和建议,以便不断优化服务流程和提高服务质量。此外,团队成员还需要关注客户情感需求,通过人性化的服务方式,增强客户对企业的信任感和忠诚度。

3.需与其他层级保持紧密协作

在数智化客服管理架构中,前端服务层与中台管理层、后端支持层是相互依存、相互支持的。前端服务团队需要及时将客户需求和反馈传递给中台管理层和后端支持层,以便后者能够及时调整和优化服务和资源配置策略。同时,前端服务团队也需要积极借鉴和吸收中台管理层和后端支持层的经验和资源,不断提升自身的服务能力和水平。

（二）中台管理层

中台管理层作为数智化客服管理架构的核心部分,承担着承上启下的关键作用。它不仅要对接前端服务层,确保客户需求得到及时响应,还要与后端支持层紧密合作,确保服务质量和效率。因此,中台管理层的设计和运营至关重要。

在数智化客服领域,中台管理层的作用尤为突出。以九牧为例,其通过构建高效的中台管理层,实现了客服资源的优化配置。具体而言,中台管理层通过数据分析和人工智能技术,对客服需求进行预测和分类,从而实现了客服资源的智能调度和分配。这不仅提高了客服效率,也提升了客户满意度。

此外,中台管理层还通过引入先进的分析模型,对客服数据进行深入挖掘和分析,为企业提供了有价值的客户洞察信息。这些洞察信息不仅有助于企业优化产品和服务,还为企业制定市场策略提供了有力支持。正如彼得·德鲁克所说,"企业的目标应该是创造客户,而不是产品",中台管理层正是通过数据分析和客户洞察,帮助企业更好地实现这一目标。

(三)后端支持层

后端支持层是数智化客服管理架构的基石。这一层级主要负责数据处理、技术支持和知识管理等核心任务,为前端服务层和中台管理层提供坚实的后盾。后端支持层的运作直接关系到数智化客服系统的稳定性和服务质量。

1.数据处理

在数据处理方面,后端支持层通过引入先进的数据分析工具和算法,对客服交互数据进行深度挖掘和智能分析。例如,通过自然语言处理技术,自动识别和分类客户问题,为前端服务人员提供精准的问题解答方案。这不仅提高了客服效率,也极大提升了客户满意度。

2.技术支持

技术支持是后端支持层的另一重要职责。随着技术的不断进步,数智化客服系统需要不断升级和优化,以适应市场的快速变化。后端团队通过引入最新的技术,如人工智能、机器学习等,为客服系统提供强大的技术支持,确保系统的稳定性和先进性。

3.知识管理

知识管理同样是后端支持层不可忽视的一环。通过构建完善的知识库和培训体系,后端团队能够确保客服人员具备专业的知识和技能,为客户提供高质量的服务。此外,知识管理还能够实现知识的共享和传承,为企业的持续发展提供有力保障。

九牧服务体系的前瞻性构建与创新性实施

九牧作为卫浴行业的佼佼者,其成功离不开服务体系的前瞻性构建和创新性实施。九牧的服务体系不仅彰显了九牧对于客户需求的深刻理解,更体现了其在行业中的领导地位和创新精神。

在前端客服方面,九牧进行了精心重组,将原本简单的分组模式升级为精细化管理。新的客服架构更加精细化,包括专业客服组、售后支持组、EC(电子商务)运维组、智能 AI 组、质检培训组和物流仓配组,确保每一位客户都能得到全方位、多渠道的服务支持。此外,九牧还引入了先进的数字化工具矩阵,覆盖售前、售中、售后完整服务链路,实现了精准、高效的服务履约能力。这一举措不仅提升了客户满意度,也为九牧赢得了良好的口碑。

在供应链创新方面,九牧通过技术创新和流程优化,实现了供应链的智能化和高效化。九牧搭建了全国最优的物流模型,优化仓储布局,使产品能够快速、准确地送达客户手中。这种智能化的供应链管理模式不仅提高了物流效率,也降低了运营成本,为九牧赢得了更多的市场份额。

在业务专项制度改革方面,九牧从原本的单线管理转变为品类制、项目制管理,通过矩阵式管理方式,实现了资源的优化配置和高效利用。这一变革要求每个小组负责人不仅要具备跨部门协作能力,还要精准把握市场需求和行业动态。这种灵活的管理方式使九牧能够快速响应市场变化,满足客户的多样化需求。

在增值服务方面,九牧致力于提升客户满意度和忠诚度。通过统一管理和形象要求、打造区域服务能力平台等措施,九牧成功实现了多品牌、全渠道、多品类服务管理赋能。这意味着消费者无论在哪个渠道购买九牧的产品,都能享受到统一、专业、细致的服务体验。这种全方位的服务模式不仅增强了客户对九牧的信任感,也为九牧赢得了更多的忠实客户。

综上所述,九牧在服务团队体系建设方面展现出的前瞻性构建和创新性实施不仅体现了其对客户需求和市场趋势的深刻理解,更彰显了其在卫浴行业中的领导地位和创新精神。这种精细化、智能化、高效化的服务理念将成为未来服务业发展的重要趋势,也将推动九牧在竞争激烈的市场中继续保持领先地位。

(资料来源:九牧内部资料。有删改。)

四、数智化客服人才建设

在数智化客服管理的浪潮中,人员培训与转型成了企业不可忽视的一环。随着技术的快速发展,客服人员需要不断适应新的工作环境和工具,这不仅要求他们掌握新的技能,还需要他们理解并应用数据分析、人工智能等前沿技术,从而更好地服务客户。

(一)数智化客服人才培养体系的构建与优化

1.明确数智化客服人才的培养标准

为明确数智化客服人才的培养标准,需深入分析数智化客服的岗位结构与核心职责,精准确立各岗位所需的专业技能与知识要求。在此基础上,构建学习地图模型,为每个岗位量身定制详细的能力框架,确保人才培养目标的明确性与针对性。同时,紧密结合企业战略与人才需求,制定长期与短期相结合的人才战略规划,以实现数智化客服人才的高效培养与合理配置,助力企业可持续发展。

2.对比评估,优化人才培养计划

为优化数智化客服人才的培养计划,首先需通过全面的人才盘点,评估现有员工的技能水平与发展潜力,确保人才资源的高效利用。在此基础上,结合人效分析,对比员工的实际表现与岗位需求,精准找出差距,为人才培养计划的调整提供科学依据。根据这些对标结果,持续优化人才培养计划,确保人才培养与企业战略目标紧密衔接,从而实现人才发展的战略性和针对性。

3.建立健全的数智化客服人才培训机制

为建立健全的数智化客服人才培训机制,企业应注重实践、指导与课程学习的有机结合,通过多种方式提升员工的学习效果与实际应用能力。同时,构建多层次的课程体系,满足不同层级员工的发展需求,为员工提供个性化的学习路径,促进员工的全面成长。此外,企业还要建立干部选拔与晋升机制,通过培训与实践双重考核,选拔优秀员工进入企业管理层,激发员工的积极性和创造力,为企业的可持续发展提供有力的人才支持。

(二)加强数智化客服人才的实践训练

第一,提供丰富多样的实践机会,让员工深入实际业务场景,通过亲身参与锻炼技能、积累经验,实现快速成长;第二,鼓励员工积极参与复杂问题的解决过程,在应对挑战中提升问题解决能力和应变能力;第三,定期举办经验分享会与技术交流会,搭建员工学习交流平台,促进员工间的相互学习与经验传承,营造积极向上的学习氛围,全方位助力员工提升实践能力。

(三)推动数智化客服人才的职业发展

企业要明确职业发展路径与晋升标准,为员工提供清晰的职业发展规划,确保员工了解自身发展方向和成长路径。同时,提供多元化的职业发展机会,鼓励员工跨部门发展或参与项目管理等工作,拓宽职业发展道路,突破职业瓶颈。此外,企业要建立激励机制,通过绩效奖励与晋升机会等手段,激发员工的工作积极性与职业发展动力,让员工在追求个人职业发展的过程中,也为企业的整体发展贡献力量。

课程思政 7-1

某大型电商平台引入先进的数智化客服系统,通过 AI 技术实现 24 小时不间断服务,大大提高了响应速度和问题解决效率。在一次突发事件中,一位老年顾客因不熟悉在线操作、无法完成订单支付而情绪焦急,数智化客服系统识别到这一特殊情况,立即启动人工介入流程。客服小李迅速响应,不仅耐心指导老人完成支付,还额外花时间教会老人如何更便捷地使用平台的各项功能。小李意识到,数智化虽便捷,但对于部分群体而言,人性化的关怀和服务不可或缺。这一件事促使平台进一步优化客服系统,增设"特殊需求快速通道",确保所有用户都能享受到贴心、无障碍的服务体验。

此案例不仅展示了数智化客服的高效与智能,还凸显了在推动技术进步的同时,应保持对人类情感的尊重与理解,体现了企业的社会责任感和对用户的深切关怀。

五、数智化客服管理的核心技术

（一）人工智能与机器学习

1.自然语言处理

NLP 是数智化客服管理的核心技术之一，能提升客户服务体验和运营效率。NLP 技术使机器能理解和处理自然语言文本，为客户提供智能、高效的服务，提高客服响应速度并降低成本。NLP 技术还可用于情感分析，使客服理解客户需求并提供贴心服务。随着 NLP 技术的发展，数智化客服将更智能、高效，有效提升客户满意度。

2.语音识别与合成

语音识别与合成技术在数智化客服管理中至关重要。语音识别技术将用户语音转为文字，语音合成技术将用户文字转为语音，使用户和客服实现自然交流，不仅能优化用户体验并减轻客服负担，还能帮助客服为用户提供个性化服务。

3.预测性分析

预测性分析在数智化客服管理中的作用不可小觑。企业可通过算法和模型预测客户行为和需求，为客户提供个性化服务，进而提高客户满意度，比如预测客户的购买意向并推送相关商品信息。预测性分析离不开大数据的支持，通过利用大数据技术，企业能够建立准确的模型预测未来趋势。同时，预测性分析需要预测人员具备前瞻性思维和创新思维，对数据价值进行挖掘。

（二）大数据分析

1.数据收集与整合

在数智化客服管理中，数据收集与整合是基础且关键的一步。随着企业规模扩大和业务多样化，有效收集、整合和分析数据成为提升客服效率和客户满意度的关键。数据收集涉及多渠道、多方式采集客户数据，而数据整合则需要借助先进技术和工具对数据进行清洗、分类和整合，确保数据准确、一致。总的来说，数据收集与整合为企业挖掘客户需求、优化服务流程提供有力支持，是数智化客服管理的核心环节。

2.数据挖掘与分析

数据挖掘与分析在数智化客服管理中至关重要。通过深入挖掘和分析客户数据,企业能更准确地了解客户需求和行为,从而优化服务流程,提升客户满意度。挖掘技术帮助企业发现购买偏好和趋势,调整产品策略;分析客户反馈和评价则有助于企业及时发现服务问题并改进。数据挖掘与分析是企业在激烈竞争中脱颖而出的关键,同时也有助于企业发现新的业务增长点和提高运营效率。

3.数据可视化

数据可视化是信息展示和传达的最佳方式之一,有助于提高数据利用率,在数智化客服管理中具有重要作用。通过直观展示和分析客服数据,企业能洞察客户需求,优化服务流程,提高满意度。数据可视化工具使企业管理人员能迅速识别服务瓶颈和问题,提高决策效率和准确性。此外,可视化分析还有助于企业发现市场机会,激发团队创造力,促进跨部门沟通合作。

(三)云计算技术

1.云存储与备份

云存储与备份是数智化客服管理的核心技术。随着数据量增长,高效、安全地存储和备份数据变得重要。云存储通过云计算技术将数据存储在远程数据中心,使得数据存储空间更大,可用性和容错性也更大。备份则是指复制数据到另一存储介质或位置以防丢失。通过云存储与备份,企业可实现远程备份数据,确保业务连续性。结合数据分析和挖掘技术,云存储与备份还能为企业提供更智能化的数据服务,提升客户满意度和忠诚度。

2.云计算资源调度

云计算资源调度在数智化客服管理中至关重要,有助于企业高效、灵活地管理客服资源,提升服务效率和质量。通过收集、整合和分析客服数据,企业可了解客服资源使用情况,预测用户需求变化,作出科学决策。云计算资源调度的灵活性和可扩展性使企业能更好地应对市场变化和客户需求,提高市场竞争力和适应能力。结合先进分析模型和优化算法,企业可实现资源的智能调度和优化,提高资源使用效率和客户满意度。

3.云服务集成

云服务集成是将多种分散的云服务整合为一个有机整体,实现功能互补、数据共享,从而为企业和用户提供更高效、灵活的服务的过程。云服务集成在数智化客服管理中发挥重要作用,可实现不同云服务的无缝连接、数据共享和交换,提高运营效率和客户满意度。通过云服务集成,企业可灵活应对市场变化,快速响应客户需求,实现业务创新。例如,某电商企业采用云服务集成技术,集成多个云服务,实现数据共享和协同工作,提高运营效率,优化产品和服务,提高客户满意度。云服务集成的灵活性和可扩展性使企业可根据需求调整云服务,降低成本,提高竞争力。

第三节　数智化客服未来发展

一、需求驱动创新

随着市场不断变化,客户对服务的需求也在持续升级。传统的客服模式已难以满足现代客户的期望,因为当下客户期待拥有更加高效、便捷、个性化的服务体验。数智化客服转型已成为企业提升客户体验、增强竞争力的关键路径。

（一）客户体验是关键

客户需求是推动企业服务升级的关键动力,客户体验好坏则是决定企业服务成功与否的核心因素。未来,情感智能与 AI 的紧密结合将是不可或缺的。

技术的进步让 AI 能高效处理数据,但 AI 总归是缺乏情感的。引入情感智能后,AI 将能够精准把握客户的需求和情绪,提供更具人文关怀的服务。此外,这样的融合还提高了 AI 的预测能力,使 AI 可以更精准地预测客户需求和行为趋势,协助数智化客服提供精准服务,实现更快速、准确的响应。这将推动数智化客服迈向新的发展阶段,为客户提供更加智能、便捷且人性化的服务体验。

（二）跨渠道整合和无缝交互体验是趋势

跨渠道整合和无缝交互体验是客服数智化升级的重要方向之一。随着用户沟通方式的多样化,客服系统需要能够支持多种渠道,如电话、短信、邮件、社交媒体等,并且能够实现这些渠道之间的无缝连接和交互。这样,用户就可以在任何渠道上获得一致、高效的服务体验,企业也能够更好地管理和跟踪客户的需求和反馈。

同时,为了实现跨渠道整合和无缝交互体验,客服系统需要具备智能化的特征,主要是指客服系统应该融入自然语言处理、语音识别、图形识别等技术,以便能够自动识别和理解用户的需求,为用户提供智能化的回复和解决方案。此外,客服系统还需要具备数据分析和挖掘的能力,以便能够分析用户的行为和需求,为企业提供商业洞察和优化建议。

二、技术推动升级

随着科技的飞速发展和数字化浪潮席卷全球,客服行业正站在数智化升级的历史性交汇点上。现有的智能客服系统大多依赖于固定的问答库和模式,缺乏灵活性和应变能力,在面对实际中复杂多变的问题时,这种相对机械化的方式往往显得捉襟见肘,无法提供令用户满意的答案。这不仅影响了用户体验,还限制了智能客服系统的发展潜力和应用范围。

随着GPT(生成式预训练变换器)等语言大模型的崛起和广泛应用,智能客服系统将迎来前所未有的发展机遇。GPT等语言大模型拥有强大的自然语言理解能力,它们可以像人类一样准确捕捉用户的意图、情感和需求,从而为用户提供更加贴心、个性化的服务。同时,这些模型还能根据上下文进行深度推理,生成富有逻辑性和针对性的回复,使得整个对话过程更加流畅、自然。这种强大的能力将使得智能客服在面对复杂问题时能够表现得像人类专家一样出色,为用户带来前所未有的满意体验。

总的来说,GPT等语言大模型在智能客服领域优势显著:能准确理解用户的多样化输入,并提供精准答复;具备强大的推理能力,能保持对话连贯性,提升用户满意度;能自我学习和优化,提供智能、高效的服务。

知识链接7-3

GPT引领人工智能新时代的浪潮

随着科技的飞速发展,AI已经成为当今社会的热门话题。在众多AI技术中,GPT凭借其强大的自然语言处理能力,逐渐成了AI领域的一颗璀璨明星。

1.GPT 的发展历程

GPT 是由 OpenAI 研发的一种预训练语言模型。自 2018 年首次发布以来，GPT 已经经历了多个版本的迭代升级，从最初的 GPT-1 到如今的 GPT-4，其在自然语言处理领域的表现越来越出色。

GPT-1 作为开山之作，展示了强大的文本生成能力。它能够根据给定的文本片段，生成与之相关且连贯的后续文本。而 GPT-2 则在 GPT-1 的基础上进一步提升了性能，拥有更高的参数量和更强的生成能力。到了 GPT-3，GPT 模型的规模达到了惊人的 1750 亿个参数，成了当时最大的语言模型。GPT-3 不仅能够生成文本，还能完成问答、翻译等多种任务，展现出了极高的通用性。

2023 年 3 月 14 日，OpenAI 发布了 GPT-4。GPT-4 是一个多模态大模型，相比上一代的 GPT-3，GPT-4 可以更准确地解决难题，具有更广泛的常识和解决问题的能力；更具创造性和协作性；能够处理超过 25000 个单词的文本；能够进行长文内容创建、扩展对话以及文档搜索和分析等。

2.GPT 的核心功能

(1)自然语言生成。GPT 能够根据给定的文本或主题，生成高质量、连贯的自然语言文本。这使得它在文学创作、新闻报道、广告文案等领域具有广泛的应用前景。

(2)问答系统。GPT 能够理解并回答各种问题，无论是学术性的还是日常生活中的疑问。这使得它在智能客服、教育辅导等领域具有很大的潜力。

(3)文本翻译。GPT 具备强大的跨语言处理能力，能够实现不同语言之间的文本翻译。这对于国际交流、多语言环境下的信息处理等具有重要意义。

(4)情感分析。GPT 能够识别和分析文本中的情感倾向，为舆情监控、产品评价等领域提供有力支持。

(5)文本摘要与总结。GPT 能够自动提取文本的关键信息，生成简洁明了的摘要或总结，这对于快速浏览大量文档、提高工作效率非常有帮助。

(6)代码生成与理解。GPT 还具备一定的编程能力，能够根据自然语言描述生成相应的代码片段，或者理解并解释已有的代码。这为软件开发、编程教育等领域带来了新的可能性。

3.未来展望

随着技术的不断进步和应用场景的不断拓展,GPT在未来将迎来更加广阔的发展空间,以下几个方面值得我们关注。

(1)模型规模的持续扩大。随着计算资源的不断优化,未来GPT模型的规模有望进一步扩大,性能和通用性也会相应提升。

(2)多模态融合。目前GPT主要处理文本数据,未来有望实现图像、音频等多种模态数据的融合处理,进一步扩大应用范围。

(3)个性化定制。随着用户需求的多样化,未来GPT有望实现个性化定制,根据不同用户的需求提供定制化的服务。

(4)伦理与隐私保护。随着AI技术的广泛应用,伦理和隐私问题日益凸显。未来在发展GPT技术的同时,还需要加强对伦理和隐私问题的关注和研究。

(资料来源:https://zhuanlan.zhihu.com/p/673055738。有删改。)

三、数智化＝裁员?

尽管数智化系统在诸多领域展现出显著优势,但其并不能完全取代人类,而是作为一种提升人类工作效率与能力的辅助工具。数智化系统的应用是一个渐进式的升级过程,致力于实现人类与机器的深度融合,形成更先进、高效的生产力模式。

数智化系统的应用可依据任务性质划分为完全模拟与部分模拟两大类。完全模拟主要针对重复性高、机械性强的简单操作任务,此类任务交由机器执行,能够显著提升人类的工作效率与准确性。部分模拟则针对更为复杂的场景,如需高级沟通、情绪控制或解决复杂问题等的场景。在这些场景中,人机结合模式更具优势,人类负责处理对思维沟通能力要求较高的任务,而机器则承担烦琐但必要的计算或查询工作。

从本质上看,客户的个性化与差异化需求一直存在。在过去,受限于生产能力与服务能力,这些需求往往被忽视。然而,随着数智化系统的发展,企业如今有了更多机会和可能性满足这些需求。通过结合数智化工具与人类智慧,企业能够实现商品的多样性、复杂性与特异性,同时兼顾客户的个性化需求与企业成本控制需求。

此外,数智化进程还将创造大量新的工作岗位与就业机会。随着数字化与智能化技术的广泛应用,数据分析师、人工智能工程师、云计算专家等新型职业应运而生。这些职业不仅要求从业者具备专业的技术知识,还要求从业者具备创新思维与问题解决能力。可见,数智化不仅为企业带来了更高的效率,也为人才市场注入了新的活力。

四、数智化客服实践中面临的风险与应对策略

(一)数智化客服实践中的风险

1.数据安全风险

(1)数据泄露风险

在数智化客服实践中,数据安全风险是首先需要被考虑的风险。其中,数据泄露风险更是重中之重。数据泄露不仅可能导致企业遭受巨大的经济损失,还可能损害企业的声誉和客户关系。数据泄露风险主要来自两个方面:一是外部攻击,如黑客入侵、恶意软件感染等;二是内部泄露,如员工不小心泄露、内部人员滥用权限等。无论是哪种情况,都可能导致企业的敏感信息被泄露,进而引发一系列严重的问题。例如,客户的个人信息泄露可能导致企业的客户信任度下降,企业的商业机密泄露则可能使企业在市场竞争中处于不利地位。

(2)数据误用风险

在客服数智化的过程中,数据误用风险是一个不容忽视的问题。数据误用可能导致决策失误、资源浪费,甚至可能损害企业的声誉和客户关系。数据误用风险主要源于两个方面:一是数据质量不高,存在错误或误导性的信息;二是数据分析方法不当,导致结论偏离实际情况。

2.技术风险

(1)技术更新迭代风险

随着科技的飞速发展,新的技术和工具不断涌现,而旧有的技术和系统则可能逐渐过时,无法满足日益增长的客户需求。这种技术更新迭代的风险不仅可能导致客服效率下降,还可能引发数据迁移、系统对接等一系列复杂问题。

（2）技术应用不稳定风险

技术应用不稳定风险主要源于新技术的不稳定。例如，当企业引入新的智能客服系统时，如果系统没有经过充分的测试和优化，就可能出现运行不稳定、响应速度慢、错误率高等问题。这不仅会影响客户体验，还可能给企业带来经济损失。

3.人员风险

（1）人员技能不足风险

随着技术的快速发展和迭代，传统的客服人员往往难以应对复杂的数据分析和技术应用问题。这种技能不足不仅影响了客服效率，还可能导致客户满意度下降，进而影响企业的整体竞争力。

（2）人员转型适应风险

随着技术的快速发展和数字化转型的推进，客服人员需要不断适应新的工作环境和技能要求。然而，由于年龄、教育背景、工作经验等因素的差异，不同人员在转型过程中面临着不同的挑战。

（二）风险应对策略

1.强化数据安全保护

（1）加强数据加密

采用先进的加密技术如 AES -256，确保数据在传输和存储中的安全；定期更新密钥和实行多重加密机制，提高数据安全性。

（2）明确数据访问权限

明确数据访问权限是确保数据安全的基础。企业可采取如下措施：根据数据敏感度和业务需要，设定不同部门和人员的访问权限。建立数据访问日志，记录每次访问的时间、人员和操作内容，以便在数据泄露时迅速追踪和定位。加强数据加密措施，定期更新加密算法和密钥，降低被破解风险。建立数据泄露应急响应机制，迅速应对潜在风险，包括通知相关方、调查原因、采取应急措施等。定期进行数据安全自查和评估，及时发现和修复潜在问题。

2.提高技术应用稳定性

（1）优化技术架构

优化技术架构时需考虑未来的可扩展性和可维护性，以确保系统能应对不断增长的数据量和用户量。同时,还应考虑到数据安全和隐私保护问题,降低数据泄露和误用风险。

(2)加强技术测试与验证

企业需对系统充分测试,及时发现并修复潜在技术问题,全面检查数据加密措施、数据访问权限管理等方面,确保数据安全性得到保障。模拟各种攻击场景,测试系统安全防护能力,及时发现并修补安全漏洞。

3.加强人员培训与转型

(1)制订详细的培训计划

企业制订培训计划时,需考虑客服数智化的实际需求,如数据安全、技术应用和人员技能提升。培训应理论与实践相结合,引入专家授课,注重培训效果评估和反馈。同时,企业需要给予组织和管理上的支持,建立完善的培训管理机制,提供必要的资源。

(2)提供必要的转型支持

客服数智化转型涉及企业文化、组织结构、人员能力等多方面变革。企业需要提供全方位的转型支持,包括制订详细的培训计划,关注员工心理变化,建设开放、包容、创新的企业文化,以及提供必要的员工关怀和激励。只有这样,才能确保客服数智化转型的顺利进行,实现企业的可持续发展。

第四节　数智化客服实践

数智化客服体系建设是一个综合性的项目,在提升客户服务的质量和效率的同时,也需要对企业内部的业务流程和协同工作进行优化。九牧是一个值得参考的案例,其数智化客服实践分为对外和对内两方面,具体如图7-3所示。

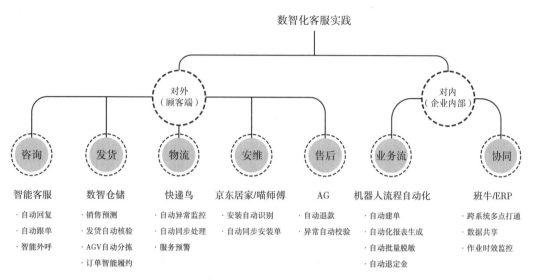

图 7-3　九牧数智化客服实践

资料来源:九牧内部资料。

一、对外(顾客端)数智化客服实践

(一)咨询

5G 时代,如何通过智能化提升服务的接入量和用户服务体验？在服务手段、技术没有很大变革的情况下,以及服务成本固定时,企业能接入的服务量和能为用户提供的服务体验是有上限的。然而,如果企业能转变思路,将智能化技术引入服务领域,这个问题或许就能迎刃而解。

智能化的核心在于把简单机械的事情交给机器,让服务者能够回归到为具体客户提供个性化的服务上。同时,在数智化时代,消费者需求变得多样化和个性化,传统"一刀切"的服务模式已不适用。企业需通过个性化与精准服务满足消费者期望,提高消费者满意度和忠诚度,促进销售增长和市场份额扩大。

1.数智化客服助力商家实现个性化服务的途径

(1)构建精准的用户画像

在电商领域,用户画像不仅仅是简单的数据集合,更是商家理解用户需求和行为的基石。通过收集并分析用户的浏览记录、购买历史、搜索行为、社交媒体互动等多维度数据,商家可以构建出细致而全面的用户画像。这样的画像不仅可以帮助商家了解用户的消费习惯,更能帮助商家洞察用户的兴趣偏好和潜在需求,为商家提供个性化服务打下坚实基础。

(2)基于用户行为分析进行个性化推荐

通过运用机器学习算法和人工智能技术,商家可以从用户行为数据中挖掘出用户的兴趣和需求,进而实现精准的商品和服务推荐。这种基于用户行为数据的个性化推荐,能够有效提高用户的购物体验,促进商家销售额增长。

在实际应用中,商家可以通过收集用户的浏览记录、点击行为、购买记录等数据,利用算法分析用户的购物偏好和兴趣点,为用户推荐相似的商品或服务。此外,商家还可以结合用户画像和行为数据,实现个性化的营销策略,如定向优惠、限时折扣等,吸引用户进行购买。

(3)智能问答与个性化交互

智能问答系统通过自然语言处理和知识图谱技术,自动识别、理解用户问题,为用户提供准确及时的回答;结合用户画像和行为数据,实现个性化交互,满足用户需求和期望;通过用户反馈评价,不断优化服务质量和体验,形成良性循环。此外,智能问答系统还能识别语音,模拟真人对话,解决传统按键式服务弊端,实现菜单扁平化,减轻人工服务压力。

2.智能客服带来的正向影响

以九牧为例,引入智能客服后,其在以下几个方面有了显著改进。

(1)人工客服效率大幅提升

九牧在引入智能客服系统后,人工客服的工作效率得到了显著提升。根据九牧内部资料的数据,引入智能客服系统后,九牧企业的人工客服首响时间减少了98%,平均响应时间减少了97%。这意味着客户在寻求帮助时,能够得到更快速、及时的响应。总体而言,智能客服系统通过自动分配、智能识别等功能,大大提高了人工客服的工作效率和准确性,使得九牧企业的整体服务效率有了显著提升。

(2)客户满意度显著提高

智能客服系统能够全天候、高效率地为客户提供服务,确保客户在任何时间、任何地点都能够得到及时的帮助。此外,智能客服系统还能够通过数据分析,预测客户需求,提前为客户提供个性化的服务。这促使九牧的客户满意度提升了21%,进一步巩固了九牧在市场中的领先地位。

（3）成本显著降低

在引入智能客服系统后,九牧不仅提高了服务效率和客户满意度,还显著降低了成本。智能客服系统能够协助人工客服承接40%以上的客户咨询量,从而减少人工客服的工作负担。同时,智能客服系统还使得企业能够优化人力资源配置,减少不必要的人员开支。这些成本优势使得九牧在激烈的市场竞争中更具竞争力。

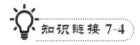

知识链接 7-4

阿里人工智能购物助理

阿里巴巴集团在2015年发布了一款人工智能购物助理虚拟机器人,将其命名为"阿里小蜜"。阿里小蜜是一个无线端多领域私人助理,能基于客户真实的需求,通过"智能＋人工"的方式,为客户提供极致的购物体验服务,提升客户留存率。

1.技术原理

阿里小蜜集合了阿里巴巴集团淘宝网、天猫商城、支付宝等平台日常使用规范、交易规则、平台公告等信息,凭借阿里巴巴在大数据、自然语义分析、机器学习等方面的技术积累,生成真实、有趣、实用的语料库,通过理解对话的语境与语义,实现超越简单人机问答的自然人机交互,成为消费者的购物助理、生活助手。自然人机交互就是让机器变得更自然,学习人的沟通方式、语音、手势、表情等。

2.主要功能

（1）多模式交互。除了传统的文本交互,还支持语音识别（语音转文本）的交互方式。

（2）淘宝服务问题识别与解决。

（3）支付宝服务类问题识别与解决。

（4）助手类业务识别与解决。例如,国内机票预订和国内天气查询等业务。

（5）导购领域意图识别。支持上下文语义识别与语义推理,为用户推荐商品。

（6）指令识别。例如，用户提出寻找人工服务得意图"我要找人工"。

（资料来源：https://baike.baidu.com/item/％E9％98％BF％E9％87％8C％E5％B0％8F％E8％9C％9C/19129551?fr＝ge_ala。有删改。）

（二）发货

数智仓储系统具有基于数智化的供应链网络和服务功能，能够实时分析销售、库存和物流数据，为订单的处理提供精准信息支持，并通过智能算法快速作出决策，实时反馈至客户。具体包括如下方面。

（1）销售预测。系统运用历史销售数据预测未来趋势和需求量，为库存管理和订单分配提供科学依据，减少库存积压和缺货风险，确保订单准时交付。

（2）发货自动核验。确保发出的货物数量、规格和质量符合客户要求。这提升了工作效率，降低了错误率，从而提升了客户满意度。

（3）AGV自动分拣。根据订单信息自动分拣商品，提升分拣速度和准确性。

（4）订单智能履约。实时监控订单执行情况，及时调整异常情况，确保订单按质按时完成。

（三）物流

快递服务作为客户服务中的重要一环，面临着越来越多的挑战。为了提高快递服务的效率和质量，企业需要引入智能物流监控与预警系统。

以九牧为例，九牧引入了"快递鸟"智能物流系统，该系统具备实时监控、预警和同步功能，能够实时监控物流轨迹，发现异常情况并预警，确保服务顺利进行。同时，该系统能预测潜在问题，发送预警信息，让工作人员提前应对；实时同步各快递网点数据，方便工作人员查询和管理快递信息。

（四）安维

九牧接入"京东居家"或"喵师傅"安装服务，通过创新的技术手段，实现了安装信息的自动流转，从而显著提升了售后安装服务的时效性和效率。

（1）安装门槛的自动识别。在消费者购买九牧产品并选择京东居家安装服务时，自动判定产品是否包安装及是否在服务区域内。

（2）数据共享和无缝对接。当消费者确认购买和安装服务后，相关信息会自动同步到消费者、九牧双方的系统中,确保双方都能够实时掌握订单状态和安装进度。

(3)安装信息的自动流转。在传统的安装服务中,消费者往往需要在多个环节之间来回奔波,耗费大量时间和精力。而通过自动流转的安装系统,消费者只需一次性提交相关信息,就可以轻松完成整个安装流程。这不仅大大简化了安装流程,还提高了九牧安装服务的时效性和消费者满意度。

(五)售后

随着电子商务的蓬勃发展,售后退款处理成了电商企业运营中不可或缺的。为了提高退款处理的效率,降低人力成本,许多企业开始探索系统自动化执行任务的方式,例如 AG 退款系统。AG 退款系统提供便捷的退款通道,其核心为自动化退款功能,支持智能分配、自动审核和退款,以及自动化同意退货和未发货退款等场景。此外,该系统支持批量化退款操作,能够提高工作效率和退款任务管理的有序性。

二、对内(企业内部)数智化客服实践

(一)业务流

在数字化劳动力的发展趋势下,机器人流程自动化(RPA)技术已成为企业提升效率、降低成本的重要工具。RPA 通过模拟人类在计算机界面上的操作,自动化执行重复性高、规则明确、标准化、大批量的日常事务操作,使人类能够从事更具价值和技术含量的工作。

RPA 的应用实现了企业业务流数智化变革的本质,主要体现在降本增效和流程重构两个方面:在降本增效方面,RPA 有效优化了人工成本结构,提高了工作效率;在流程重构方面,RPA 促进了多系统协同工作,实现了流程编排与再造,推动了精细化作业的实施。

1.RPA 能做什么?

RPA 具备强大的自动化能力,可广泛应用于桌面软件、Web(互联网)自动化以及手机 App 自动化等领域。

在桌面软件自动化方面,RPA 能够模拟用户在桌面应用程序中的操作,实现数据处理、报告生成等任务的自动化。

在 Web 自动化方面,RPA 能够模拟用户在网页浏览器中的操作,如自动填写表单、抓取网页数据等。

在手机 App 自动化方面,RPA 能够模拟用户在手机应用程序中的操作,如自动发送消息、处理订单等。这些自动化功能有效提升了企业运营效率,降低了人为错误率,增强了客户满意度。

2.哪些业务流程可以用 RPA 替代?

RPA 可替代的流程,主要包括标准可读电子输入类型的流程、高度重复的手工流程、异常率较低的流程、数量大且复杂程度较低的流程、稳定的流程以及基于规则的流程。例如,企业财务领域的账单支付、人力资源领域的员工入职流程、客户服务领域的订单处理流程等均可通过 RPA 实现自动化处理,从而提高工作效率,降低错误率,实现成本优化。

以下是可以运用 RPA 的几个典型场景。

(1)运营部门场景

在运营部门中,RPA 技术的应用能够显著提升运营工作效率和决策质量。RPA 使得运营部门可以自动抓取搜索引擎的关键字排名数据,为搜索引擎优化策略的调整提供精准的数据支持;能够定时获取电商平台的预售量数据,及时掌握市场动态并优化销售策略。此外,通过设定满减自动审核规则,RPA 可有效减少人工审核成本,提高审核效率并降低错误率。运营部门还可利用 RPA 技术自动抓取竞品的日销量数据,深度洞察市场和竞争对手策略,制定更具竞争力的市场策略。

(2)物流部门

在物流部门,RPA 技术的应用能够有效提升物流管理的效率和服务质量。通过使用 RPA 技术,物流部门可以自动抓取异常物流信息并及时提醒相关人员处理,确保问题能够迅速解决;自动抓取物流评价数据,为物流服务质量的改进提供依据,优化服务流程;根据预设规则自动创建异常物流投诉工单,加快问题的解决速度,提升客户满意度;定时自动下载物流数据表格并通过邮件发送给其他部门,促进部门间的数据共享与协作,提高整体运营效率。

(3)客服部门

在客服部门,RPA 技术的应用能显著提升客服工作效率和服务质量:自动校验并创建赔付单,有效提高问题处理效率,确保客户问题得到及时解决;通过批量处理延迟发货报备申请,大幅减少人工操作成本,提升工作效率;自动获取并批量处理加密订单信息,进一步提升客服处理订单的速度和准确性;自动排查退款成功订单,确保客户退款及时到账,增强客户满意度。

(4)商品部门

在商品部门,RPA技术的应用有效提升了商品管理的效率与规范性:根据预设规则自动上下架商品,确保商品管理的高效性;自动更新商品信息,保障信息的准确性和及时性,避免因信息滞后导致客户流失或投诉;自动批量上传商品素材和短视频,大幅提升宣传和推广效率,助力商品更好地触达目标客户;自动检查商品标题和描述中的违禁词,有效避免内容违规导致的商品下架或处罚风险,保障商品运营的合规性。

3.RPA 带来的成效

相较于传统的人工操作,RPA可以实现24小时不间断的工作,且处理速度更快、更准确。随着科技的进步,RPA已成为企业提高效率和降低成本的关键工具。以九牧为例,使用RPA工具使九牧企业工作效率提升300%以上。此外,RPA的应用还能显著节省人力成本,并降低运营成本。

(二)协同

随着信息技术的不断发展,数智化协同已成为企业提升竞争力、实现可持续发展的关键。数智化协同的核心在于跨系统多点打通,实现数据共享和作业时效监控。在这个过程中,数智化服务前台和中台的建设显得尤为重要。

以九牧为例,其通过引入"班牛"数智化前台,成功实现了服务履约的在线化、自动化、数据化、一体化。"班牛"数智化前台的应用,不仅提高了九牧的服务效率,还降低了九牧的服务成本,使九牧为客户提供了更加便捷、高效的服务体验。同时,"班牛"数智化前台的智能化功能,使得九牧能够对服务过程进行实时监控,确保服务质量和作业时效的达标。

在数智化服务中台的建设方面,九牧采用了百胜ERP系统,建立了全域数据池,实现了多个前台系统和多个后台系统的高效互通。通过这一举措,九牧打破了系统壁垒,实现了数据资源的共享,进一步提升了企业的运营效率。此外,百胜ERP系统还提供了丰富的数据分析工具,帮助九牧深入了解业务运营情况,为九牧的决策提供了有力支持。

数智化协同的实现,不仅需要企业引入先进的数智化系统,还需要企业在组织架构、业务流程等方面进行相应的调整和优化。只有这样,企业才能充分发挥数智化协同的优势,实现业务的高效运作和可持续发展。

思考题

1.客服数智化改革如何为企业赋能?

2.简述客服数智化的作用。

3.客服数智化工具有哪些?

案例评析

和人对话难,"转人工"更难:智能客服的"鸡同鸭讲"现象

近年来,智能客服越来越广泛地应用在电商平台、金融、物流、教育、医疗等行业。但与此同时,智能客服沟通不畅、答非所问、转接人工客服难等问题,也饱受消费者诟病。为什么宣称高科技的智能客服,消费者实际用起来却感觉连人话都听不懂?未来智能客服该如何优化,才能让消费者有良好的体验?

1.智能客服常现"鸡同鸭讲"现象

李女士在一家线上旅游平台预订了海南旅行套餐。就在出行前几天,她发现当地即将有台风过境。因为担心行程会受影响,她赶紧联系平台客服询问相关情况,平台方是智能客服在回复。

"我预订了去海南的旅行套餐,天气预报说会来台风,我的行程会不会受影响啊?"

"亲,我们平台提供了很多热门旅游目的地的攻略,您可以先看看哦!"

"我不要攻略,我马上要出发了,海南要有台风,你们有没有调整方案或者退款政策?"

"您可以在订单详情里查看一些基本的行程信息。"

……

这一番"驴唇不对马嘴"的沟通后，李女士觉得智能客服解决不了自己的问题，于是想转到人工客服。没想到，转接更是难上加难。

李女士输入"转人工"后，对方回复："请您先输入订单编号、个人身份信息验证，再详细描述您的问题。"李女士按照要求填好信息后，对方又回复："请先选择问题类型，以便客服更好地为您服务。"随后李女士陷入了无尽的预设问题循环……历时十多分钟，页面上终于出现了"正在转接人工客服"的提示，结果等了几分钟后，对方一句"很抱歉，当前人工客服繁忙，请您耐心等待，预计等待时间30分钟以上"，让李女士瞬间感到崩溃。

李女士无奈只能继续等待，其间多次询问进度，但客服每次都回复"请耐心等待"，没有提供任何实质性的解决方案。最终，李女士错过了调整行程和协商退款的时效，有了一次很不愉快的旅行体验。

"人工客服难找，'假人'客服却天天见！"李女士说，这段时间她每天都会接到十几个"智能客服"打来的电话，"一接通，就是很正常的人声，有时就是告诉你要发一个优惠券，随后还会给你发短信，再让你确认，这有什么必要呢？打来的电话号码有时是虚拟号，有时是座机号，不接吧我又怕错过工作电话，但接了对我而言属实构成了骚扰。"

对智能客服，刘先生也有着同样的不满，因为他80多岁的老母亲也经常接到这样的电话。有一次老人和对方通话了半天，却觉得越来越听不懂，就让刘先生帮忙接听。刘先生接过电话后，发现对方又是熟悉的"假人"客服，立即挂断了电话。"这里面都是机器人！"刘先生向母亲解释道。"啊？不可能！是个女的在说话，声音还挺甜的，像是个年纪不大的小姑娘！"老人说什么都不相信。

"连我们年轻人都真假难辨，更别说老人了。这要是诈骗电话，那不更麻烦了！"刘先生认为，因为老人反应慢、不熟悉新事物，智能客服系统对老年人尤其不友好。"现在老人网购也比较多，有时老人想要找客服处理售后问题，却面临重重阻碍。"刘先生表示，老人眼神不好，本来找客服入口就费劲，智能客服再发一堆推销信息，老人读一遍就得半天时间，而等到老人输入自己的问题后，客服经常"乱回"，这导致老人费了半天劲,什么问题也解决不了。

艾媒咨询 2024 年发布的《中国智能客服市场发展状况与消费行为调查数据》显示:无法解决个性化问题、回答生硬机械、不能准确理解提问,是智能客服最让人难以接受的三大缺点;有 30.98% 的用户认为,当前智能客服无法顾及老年人、残障人士等群体的需求。

2.智能客服需要科技支撑

智能客服大面积应用是无法改变的趋势。第一新声研究院发布的《2024 年中国智能客服市场研究报告》显示,经过几年的迅速发展,2023 年中国智能客服整体市场规模为 39.4 亿元,预计到 2027 年将达到 90.7 亿元,2022 年—2027 年复合增长率将达到 22.6%。

一位电商从业者说:"对于电商来说,很大的一个特征是一年之内会有平峰期和大促期。大促期间,海量的咨询蜂拥而至时,仅靠人工客服是不可能及时处理的。现在平台对商家都有考核要求,一般 1 分钟内没有回复顾客,商家就要被扣分的。所以,很多商家都选择先用智能客服进行回复,在智能无法解决问题时,才选择转接人工客服。"

"现在人工客服不好招人。人工客服每天的工作时间长,而且会面对大量投诉,甚至还要面对顾客的谩骂和无理要求,时间一长很难做到毫无情绪;加上客服人员的工资待遇一般,所以流动率也比较高。"这位电商从业者进一步解释。

北京果然智汇科技有限公司 CEO 郑俊成表示,"使用智能客服可以为企业降低人力成本,降本增效"。"以电商平台为例,商家的人工客服每天要面对大量重复性、流程化的问题,这里面存在'二八定律'——大概 80% 的用户咨询 20% 的问题。一个人工客服每天回复同一问题可能会达到几十遍甚至上百遍,这是相当枯燥的。最顶尖的金牌客服,一天最多也只能接待 200 多位客户。而智能客服可以对顾客问题快速高效地响应,如果客服系统的'并发'能力强,就可以同时回复多位顾客,一天的回复量也没有上限,还能 24 小时在线,这些都是人工客服做不到的。"郑俊成说。"智能客服系统的成本,包括基础系统费用和后期场景搭建、训练费用。如果是规模较小的商家,每年可能花两三万元就可以了,比雇几个人工客服要节省得多。"郑俊成谈道。

中国传媒大学信息与通信工程学院人工智能系副主任苗方介绍,近几年基于大模型的智能客服系统,背后依靠的技术是自然语言处理技术,具有语义理解、意图识别、上下文理解等深度学习能力。"在智能客服系统建立初期,需要向模型'投喂'包含用户问题和对应解答的语料库,让智能客服不断学习不同场景下用户的提问偏好,从而形成知识库。在具体使用过程中,当用户提出问题后,智能客服可以在后台的知识库里马上调取相应的答案,缩短问题与解答之间的路径,这就大大提高了客服回复的效率。"苗方进一步解释道。

3.智能客服也要有人文关怀

智能客服虽然具有人工客服无法比拟的优势,但从消费者目前实际的使用体验来看,智能客服显得并没有那么智能。苗方认为,这种现象一方面是因为目前大模型技术还不完全成熟,具有不稳定等固有的缺陷,有些系统也在不断优化迭代;另一方面,智能客服本身是没有思考能力的,投喂给它的语料库的全面性、准确性和专业性也难以得到保证。

"人的语义本身也具有一定的模糊性,在实际的对话场景中,用户的问题千奇百怪,问题背后的诉求也可能不尽相同,甚至有些用户本就没有说清自己的诉求是什么。这使智能客服很难判断用户的真实意图,无法了解用户的情绪。而如果用户对话的是人工客服,人工客服会根据用户的表述进行一步步有效追问,直至定位到用户准确的诉求。从这点上来看,智能客服目前是不能够取代人工客服的。"苗方说。

苗方提到,从纯技术手段来说,目前可以继续引入先进的辅助技术,例如智能体技术,让智能客服能够"像人一样思考"。"目前智能客服的这种对话大模型,是一种'你问我答'的被动状态。而引入智能体技术,可以为其增加外部的知识库,让智能客服在回答问题时,可以检索外部知识,实现信息或知识的全面串联。例如,引入智能体技术后,旅游平台的客服,就可以调取火车票、机票系统或酒店系统,帮用户查询相应的信息,从而深度解决用户的问题,也能更好地'听懂人话'。"苗方解释道。

互联网产业时评人张书乐则表示,技术的使用不能失去人文关怀。企业使用智能客服,虽然能降本增效,但这不能成为企业回避售后问题的借口,也不能牺牲消费者的消费体验。"人工客服也有着智能客服不可替代的作用,尤其是对老年人、残疾人等特殊群体来说,人工客服显然更加便捷。未来,企业在使用客服系统时,应该合理分配智能客服和人工客服的占比,设置'一键转人工服务'等选项,让客服系统能真正成为为消费者服务而不是添堵的工具。"张书乐说。

(资料来源:https://baijiahao.baidu.com/s?id=1817605995837458617&wfr=spider&for=pc。有删改。)

问题:

1.智能客服的缺点有哪些?

2.如何应对智能客服的缺点?

实训题

实训项目:调研人工智能客服训练师。

实训任务:了解什么是人工智能客服训练师,以及该岗位的职责、薪酬和所需具备的技能。

第八章

数智化私域运营

学习目标

▶ 知识目标

1. 了解数智化私域的概念。

2. 熟悉数智化私域运营的核心策略。

▶ 能力目标

1. 能够区分公域与私域的定义。

2. 能够分析数智化私域运营的作用。

3. 掌握数智化私域运营的策略并能够应用。

▶ 素养目标

1. 通过学习数智化私域运营的策略,树立以人为本的思想,培养不断创新的精神。

2. 通过学习数智化私域运营的策略,提升专业能力。

知识图谱

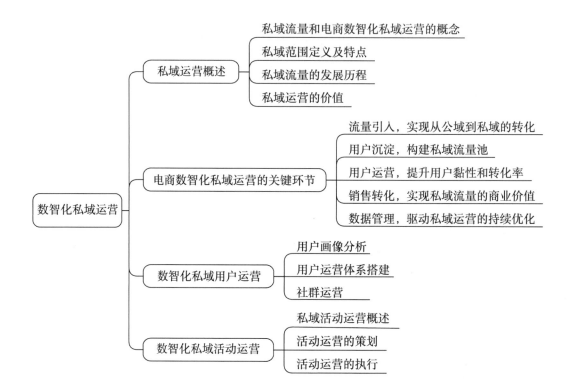

引导案例

蜜雪冰城私域运营

蜜雪冰城创立于1997年,经过多年发展,已成为国内茶饮市场的头部品牌之一,以高性价比产品著称,拥有庞大的消费群体。蜜雪冰城的私域运营起步于其早期对会员体系的探索和积累:通过线下门店收集会员信息,给予积分、折扣等优惠,逐渐积累了一批忠实用户。随着移动互联网的发展,蜜雪冰城加快数字化转型,构建了包括微信公众号、小程序、社群等在内的私域生态系统,将线上线下渠道深度融合,实现了对用户全生命周期的精细化运营,这使得蜜雪冰城在激烈的茶饮市场竞争中脱颖而出。

一、私域引流策略

1.线下门店强势引导

蜜雪冰城在全国数万家门店的收银台、点餐区、餐桌等位置,张贴了醒目的私域引流物料。例如,印有小程序二维码的桌贴,引导顾客扫码下单享受首单优惠;悬挂的海报宣传公众号关注福利,如"关注蜜雪冰城公众号,免费领取冰激凌券"。店员在顾客点餐过程中,也会主动推荐顾客加入会员、使用小程序点单,并告知顾客线上平台的专属优惠和活动。通过这种面对面的引导,蜜雪冰城将线下庞大的客流量高效转化为私域流量,实现了从线下到线上的无缝衔接。

2.线上营销精准引流

利用社交媒体平台的传播力,蜜雪冰城策划了一系列创意营销活动吸引用户进入私域。其标志性的品牌代言人"雪王"在抖音、微博等平台上频繁出镜,通过发布雪王动画短片、主题曲舞蹈挑战等趣味性内容,蜜雪冰城吸引了大量用户关注和互动。在这些内容中,蜜雪冰城巧妙地植入公众号和小程序的信息,引导用户进一步了解品牌并加入私域。同时,蜜雪冰城与外卖平台深度合作,在外卖包装中放置定制的私域引流卡片,卡片上的内容如"扫码加入蜜雪粉丝福利群,每日抢红包、赢免单",借助外卖渠道的高频消费场景,精准触达目标用户,拓宽私域流量入口。

二、私域留存与活跃策略

1.会员体系深度运营

蜜雪冰城的会员体系设计丰富且具有吸引力。用户注册会员后,消费、签到、邀请好友等行为均可获得积分,积分可兑换多种商品,包括饮品、小吃、周边产品等。会员等级分为普通、银卡、金卡等,不同等级会员享有递进式的特权,如折扣力度加大、生日福利升级、优先参与新品试吃等。这种会员体系激励用户持续与蜜雪冰城互动,增加消费频次和金额,以提升会员等级、获取更多权益,从而有效提高了用户在私域中的留存率和活跃度。

2.社群精细化管理

蜜雪冰城建立了数量庞大且分类细致的社群,按照地域、门店等维度进行划分,便于精准推送信息和开展本地化活动。社群内每日定时发布丰富多样的内容,包括新品预告、限时优惠活动、每日特价饮品推荐等,刺激用户下单购买。同时,社群管理员积极组织互动活动,如"雪王知识问答赢优惠券""晒单抽奖送周边"等,鼓励用户参与讨论和分享,营造活跃的社群氛围。对于用户在社群中的提问和反馈,社群管理员能够及时、专业地回复,解决用户的问题,增强用户对品牌的好感和信任,进一步提升用户在私域中的黏性。

3.内容营销情感连接

蜜雪冰城在公众号和小程序上持续输出优质的内容,涵盖品牌故事、产品背后的故事、健康茶饮知识、流行文化元素等多个方面。例如,发布"一杯蜜雪冰城背后的匠心工艺"文章,详细介绍原材料的采购标准、产品的制作流程,向用户传递品牌的品质理念;推出"蜜雪冰城与你的青春记忆"系列图文,引发用户的情感共鸣。通过这些有价值、有趣味的内容,蜜雪冰城与用户建立起深度的情感连接,让用户在非消费场景下也能保持对品牌的关注度和兴趣,使品牌形象更加深入人心,从而提高用户在私域中的留存和活跃程度。

三、私域转化与复购策略

1.个性化营销精准触达

借助强大的数据分析能力,蜜雪冰城对私域用户进行了精准画像和行为分析,根据用户的消费历史、偏好、地域、年龄等因素,推出个性化的营销活动。对于喜欢奶茶类产品且消费频次较高的用户,推送高端奶茶新品的尝鲜优惠;对于低频消费用户,则发放无门槛大额优惠券,刺激其再次消费。在营销时机上,蜜雪冰城也把握得恰到好处,如在炎热的夏季重点推广冰爽饮品,在寒冷的冬季则重点推广热饮和暖手奶茶套餐。通过精准触达用户需求,蜜雪冰城有效提高了营销活动的转化率和用户的复购率。

2.线上线下协同促进

蜜雪冰城将线上私域运营与线下门店体验紧密结合,实现了线上线下的协同发展。用户在线上小程序下单后,可选择到店自提或外卖配送。用户到店自提时,门店通过优化取餐流程、提供舒适的等待环境以及额外的小惊喜(如新品试吃小样、联名小礼品),提升用户的到店体验,吸引用户在店内进行二次消费;用户选择外卖配送时,门店则注重包装的品质和保温效果,同时随餐附赠优惠券、新品推荐卡等,引导用户再次下单。

此外，线下门店还会不定期举办"私域会员日"活动，为会员提供专属的折扣、赠品和互动体验，吸引线上用户到线下消费，进一步促进用户的复购行为，形成线上线下相互促进的良性循环。

（资料来源：https://app.myzaker.com/news/article.php?v=1.0&pk=65c0234b8e9f096d830747de。有删改。）

引导问题：

1.什么是私域流量？

2.私域流量运营的策略有哪些？

第一节　私域运营概述

一、私域流量和电商数智化私域运营的概念

私域流量，指的是品牌或个人自主拥有，可以免费、长期、主动、反复触达，持续影响，具有标签属性，可精细运营，具备商业价值或长期品牌价值的用户流量。其本质是可以低成本甚至是免费持续挖掘价值的用户群体。

根据品牌或企业对用户影响力的不同，私域运营又分为广义私域运营与狭义私域运营，两者的主要区别在于品牌或个人对用户沉淀的阵地是否拥有自主运营权。广义私域运营是品牌或企业基于公域平台体系规则办法，依靠相应平台内容对用户进行运营维护、转化及裂变。例如，在天猫平台上，商家利用平台"会员通"工具，能够自主运营品牌会员，但所有的营销、转化都不能脱离平台。狭义私域运营是品牌通过自有的渠道和平台直接与用户建立联系并进行互动。私域流量不受第三方平台的控制，企业可以自主管理和维护与用户的关系，与用户建立深度触达与响应关系。典型的私域流量留存在品牌微信、微信群、小程序或自建平台内。

私域流量的核心在于品牌可以直接影响和控制用户群体，更好地掌握用户数据，提高营销效率，提升用户忠诚度，并减少对外部流量平台的依赖，从而实现长期的用

户关系建设和品牌价值增长。

电商数智化私域运营是指通过数字化技术和智能化手段,将电商平台的公域流量转化为品牌或企业的私域流量,并对其进行精细化管理和深度运营的过程。私域运营的核心在于通过数据驱动的策略,实现用户留存、促活、转化和忠诚度提升。

二、私域范围定义及特点

(一)私域范围的定义

私域是一个相对封闭、可控的用户空间,企业通过自有平台或应用程序直接与用户进行互动。企业在私域内能够对用户关系和数据直接控制,并进行深度运营和用户互动。

(二)私域范围的特点

私域范围具有以下几个特点。

1.自主控制权

在私域范围内,企业能够自由制定营销策略,自主创造和分发内容,包括但不限于公众号文章、视频、直播等。这些内容旨在吸引和保留用户,引导销售转化,同时提升品牌认知度和用户忠诚度。

2.数据所有权

在私域范围内,企业拥有并控制着用户数据的收集、存储和分析。这意味着企业可以自主决定如何使用这些数据来优化用户体验、提升服务质量和制定营销策略。

3.用户关系管理

在私域范围内,企业通过自有渠道(如品牌 App、官方网站、社交媒体账号等)建立和维护的用户关系,这些渠道使企业能够直接与用户沟通,收集用户反馈,为用户提供更加符合企业属性的个性化服务,更好地满足用户需求,提升用户满意度。除此之外,企业还可以为特定用户群体设计专属会员制度,通过积分、优惠券、会员专享活动等方式与用户深度互动,增强用户的品牌忠诚度。

在数智化背景下,企业能够借助更多数字化技术和智能算法工具,如 CRM(客户管理)系统、AI 技术等,对用户行为进行更精准的洞察,以实现更高效、个性化的运营和服务。私域流量的建立和维护需要企业在多个方面不断投入时间和资源,包括平台搭建、内容创作、用户管理、数据分析等,但从长远来看,这些建立和维护的努力为企业提供了一种更为稳定和可持续的增长路径。

总之,私域和公域的主要区别在于企业对用户互动的控制程度、成本投入,企业与用户关系的深度,以及企业对数据的所有权和使用自由度。但是私域并非孤立存在,它与公域之间有联系且是互补关系。私域的建立有助于企业构建更稳定、成本效益更高的用户基础,而在公域中企业则更侧重于广泛的市场覆盖和快速的流量获取。在实际运营中,企业往往需要通过合理的公私域联动策略,实现最佳的市场表现和用户增长。

三、私域流量的发展历程

在流量红利时代,几乎所有企业的"引流"策略都是采用竞价的方式在公域平台获取流量。但目前人口红利增量空间进一步缩小,根据中国互联网络信息中心的数据,中国网络用户规模增长见顶,电商平台与品牌获客成本持续上升,这意味着利润空间被进一步压缩,于是越来越多的企业开始反思传统营销模式的效益。2011年起,越来越多的企业开始采取私域流量管理方式破局。

数智化时代下,数据驱动的商业策略日益普及,消费者行为模式发生了很大的变化,流量分发去中心化成为共识,电商从"人找货"变为"货找人",因此,精准导流是企业核心的需求。与此同时,企业开始意识到拥有自己的数字资产——私域平台的价值:在私域平台中,企业可以提供更加个性化的服务,与用户建立更稳固的关系。基于上述两方面原因,企业私域运营的意愿越发强烈。

(一)萌芽期(2009—2012年):互联网流量聚集

2009—2012年是私域流量的萌芽期,此时大多企业还没有私域流量的概念,只是下意识地实行了一些现在看起来和私域流量有关的举措。2009年,从新浪微博上线开始,"蓝V"(即社交媒体平台对企业或机构账号的官方认证标识)就存在了,只不过打造"蓝V"的趋势,是在之后才兴起的。那个时候,大多企业并没有流量运营的意识,仅将打造"蓝V"看作是一种新型的PR(公关)或CRM工具。

（二）启蒙期（2013—2016 年）：私域流量萌生

2013—2016 年是私域流量的启蒙期。2013 年，微信公众号推出，验证了依靠内容留存用户的方式。此时也是微商火爆的阶段，微商的模式直接指向流量变现，更接近当前的私域流量"玩法"。最开始，微商还是运作一些"丰美壮"产品，特点是成本低、定价低、定倍率高，模式是往代理层层压货。到了 2016 年左右，有越来越多的传统大企业进入了微商行业，如立白、舒客、浪莎、仁和药业等。

在 2016 年 1 月召开的阿里巴巴管理者内部会上，当时的阿里巴巴 CEO 张勇首次明确提出"私域流量"的概念。他表示，"我们既要鼓励商家去运营他的私域空间，也应该鼓励所有业务团队去创造私域空间"。阿里巴巴推出"微淘"渠道，成为其营造私域流量空间的战略举措。

（三）发展期（2017—2018 年上半年）：私域流量野蛮生长

2017 年到 2018 年上半年是私域流量的爆发期。之所以在这个节点爆发，有两个重要原因：其一，阿里巴巴的获客成本在 2016 年急速攀升，到了 2017 年依然处于高位；京东的获客成本也在 2017 年暴涨。其二，云集、拼多多等基于微信平台的社交电商模式开始崛起，社交平台上的流量红利肉眼可见。一边是引流成本上涨的压力，另一边是社交平台上持续的流量红利诱惑，先知先觉的企业开始进场。

（四）加速期（2018 年下半年至今）：私域生态丰富且逐步规范

从 2018 年下半年开始，私域流量的发展开始加速。这段时间里，阿里巴巴、京东、拼多多三大电商的获客成本再次出现大幅提升，私域流量的重要性已经无需证明。

2019 年开始，以社交电商的兴起为契机，私域流量全面爆发。以个人号为核心、以群为辅助的私域流量运营模式成为企业的主流共识。微信生态内的小程序补齐了商业变现闭环，视频号丰富了内容，企业微信服务商规范了管理工具，过度营销和影响用户体验的行为开始得到遏制。一个典型的现象是：虎赞、聚客通、乙店等赋能私域流量运营的工具类项目开始涌现并出现爆发的势头。

2020 年，私域流量的发展全面加速。抖音、快手、小红书开始发展内容变现模式，企业充分意识到直接参与客户运营的价值，纷纷在这些平台上注册账号并自主运营,私域流量管理全面爆发,并成为各行业企业争相使用的数字化营销转型重磅武器。

从私域流量发展历程来看,私域流量管理兴起从根本上看是存量经济与成熟数字技术的叠加结果,电商是私域流量管理的发源地,"以用户为中心"的管理理念契合当下社会发展需要,精细化运作流量成为平台与企业(品牌)的共识。

四、私域运营的价值

私域的优势在于企业对数据的独占性和自主控制权,随着数字化技术的深入应用,通过数据驱动,企业能够收集并分析更详细的用户行为数据,从而为用户提供更加个性化和精准化的营销、内容及服务,由此获得更高的运营效益。私域运营的价值在于企业能够以一种更为直接、可控且成本效益更高的方式来建立和维护与消费者的关系,具体体现在以下几个方面。

(一)引流成本低

构建私域流量池,是企业低成本获取流量的一种营销策略。营销的本质是把品牌的价值主张传达给目标消费者,而目标消费者就是品牌的精准流量。与第三方平台获客成本相比,私域流量的获客成本通常更低,且将流量沉淀到私域池中,企业后续可长期免费反复触达。除此之外,私域流量具有特有的社交属性,如果企业能有效引导客户介绍他人与实现社交裂变,那么企业的引流成本将大大降低。

在传统交易环境里,品牌方与用户之间往往只是销售方与消费者的关系,用户只有单一的角色。而在私域交易环境里面,用户不仅仅是一个购买产品的人,还可能是创造者、传播者、销售者,其角色发生了变化。用户可以把自己觉得好用的产品推荐给朋友,以真实体验评测生成内容,给企业或产品背书,这是非常具有说服力的。

(二)转化率高

在私域运营中,企业能在交易前、中、后环节,主动发起服务,如主动为用户提供问题咨询、经验分享、产品介绍、产品推销、售后服务等,以信任关系为核心纽带,及时解决用户的疑虑,让用户产生依赖性,进而提高用户购买率和复购率。

(三)用户资产积累便捷

企业可以通过社群、小程序、品牌 App 等渠道与用户建立更紧密的关系,提高用户的品牌忠诚度。同时,私域是很容易形成圈层的,用户会自发地将活动或内容转发给有同样需求的朋友,通过社交裂变传播,企业可聚集一批拥有相同价值观和消费特点的用户,这些用户能够持续不断地产生消费。私域用户画像一定程度上是企业(品牌)的目标用户群体画像,企业可通过长期持续的沉淀,利用颗粒化标签将用户进行分层管理,针对不同用户群体提供精准的服务与产品,增强用户黏性,不断积累品牌用户资产。

在私域运营中,企业应秉持长线发展的思路,重视用户的长期消费以及终身价值。企业通过私域运营让用户对品牌或产品产生足够的信任感之后,当用户想要购买相关产品或服务的时候,就能将企业放在第一的位置上考虑。例如:很多餐饮店、酒店、美容院等线下消费场所,一年进店人数达百万、千万人次,若这些场所的运营人员没有私域运营思维,那么其用户就只能产生一次性消费或随机性消费,而如果运营人员能利用私域平台与用户形成连接,重视用户资产的积累,就能让用户多次消费,从而实现流量的反复利用。

(四)数据积累直接

企业可以通过私域渠道直接收集和分析销售数据、用户资料、用户行为数据等,更好地了解用户需求和行为,为用户提供个性化营销和服务。在私域渠道里,企业能够与客户直接对话,从用户身上得到更多市场反馈,从而为新产品开发、产品试用、品牌形象提升、市场情报搜集、商业调研等提供价值依据和决策依据。

(五)品牌价值

通过私域渠道,企业可以更好地控制品牌信息的传播,塑造品牌形象,增强品牌的市场影响力。在讲究用户参与感的时代,没有"粉丝"的企业将寸步难行,而且,如果企业不懂得运营私域流量池,那么营销将无法持续。对于企业而言,私域流量池是持续沉淀打造品牌(个人品牌/产品品牌)的最佳地方。

课程思政 8-1

在运营私域流量和公域流量的过程中,企业必须坚守商业伦理、诚信经营,这是我国法律法规作出的要求。企业在处理用户数据时,以下几点尤为重要。

（1）合法收集与使用数据。企业应明确告知用户数据的收集目的、范围及使用方式，并获取用户的明确同意。未经授权，企业不得擅自收集、使用或分享用户数据。

（2）保护用户隐私。企业要采取严格的数据加密措施，确保用户数据的安全，防止数据泄露。同时，企业应建立有效的数据访问控制机制，限制非必要的数据访问。

（3）透明化数据处理。企业应公开数据处理的逻辑、算法及可能的影响，使用户能够了解自己的数据如何被利用。而且，用户有权要求更正、删除自己的数据。

（4）避免滥用数据。企业不得利用用户数据进行不当营销、歧视性定价等。企业的数据应用应聚焦于提升用户体验、优化产品服务，而非损害用户利益。

（5）遵守法律法规。企业要紧跟国内外关于数据保护、隐私权的法律法规变化，确保所有数据处理活动合法合规。

知识链接 8-1

九牧官方商城私域能力建设

九牧在 2010 年入驻电商平台，开启电商业务，是第一批入驻电商平台的卫浴品牌之一。2015 年，在私域概念还处于萌芽期时，九牧毅然决定开始打造九牧品牌官方商城平台，即打造属于九牧自己的私域流量池。截至 2023 年，九牧不仅完成了官方平台建设，还建设了微信公众号、微信视频号、企业微信社群等多私域阵地，形成私域触点全链路闭环，实现平台年度访问次数超千万级、私域用户突破百万级。

九牧官方商城为九牧自主研发的私域平台，初期以 B2C 的模式搭建，包括 B2C 贸易平台、网上支付系统、WMS（仓储管理系统）、TMS（运输管理系统）等，实现销售、渠道赋能、用户交互一体化。随着业务的发展，九牧官方商城的平台功能不断完善，实现多端口触点搭建，主要包括 PC 端、H5（超文本标记语言第五代）端、微信小程序端及 App 应用端，业务类型覆盖零售 B2C、企业批发购、分销及 O2O 新零售。除此之外，九牧官方商城还对接了九牧集团内部营销平台及会员中台系统，实现了对会员的精细化管理。九牧官方商城私域能力建设可拆解为以下几个方面。

1.平台定位

九牧官方商城作为九牧品牌私域平台,赋能集团各渠道开展新零售业务,推动集团营销业务数字化转型。商城内集合全渠道产品,结合各渠道业务特点,提供 B2C 下单、新零售 O2O、批发集采、分销裂变等多种订单类型,这就将九牧品牌私域流量统一聚焦在一起,最大程度实现用户需求转化。

2.流量来源

九牧品牌官网与九牧官方商城连接,将官网流量引导至商城平台销售转化,真正实现品销合一。同时,微信公众号的菜单栏、快捷回复语,以及微信视频号等多端口均有添加官方商城链接以便跳转,将流量集中导入。另外,九牧在公域流量平台如头条、百度、腾讯广告等也有进行付费广告投放,以提升私域平台访问人次及点击量,通过公私域联动,持续沉淀私域流量池用户。

3.营销能力

九牧官方商城平台配备了丰富的营销及促销工具,以满足多样化的营销活动形式。营销工具具体类型有预售活动、拼团活动、团购活动、"秒杀"活动、抽奖活动、套餐搭配购活动等,可根据产品属性选择合适的营销工具类型。促销工具具体类型有单品打折、单品送赠品、单品换购、订单满减、订单满赠、订单换购等。有效的营销及促销工具助力九牧私域活动效果大大提升。

4.用户运营

九牧通过公私域联动为九牧官方商城"引流",并在商城上策划新会员专享价、注册会员送积分等"拉新"活动承接,提升会员注册率。同时,九牧在官方城中展示社群专享福利等利益点,吸引用户进群,这样就把用户沉淀到更直接触达的私域池,便于后期能够更加精细化地管理。社群运营人员在社群推送内容时,会分享九牧官方公众号、视频号等上面的内容,这就又有效引导用户关注九牧自媒体账号,形成私域全链路的闭环。

九牧的社群运营是非常精细化的,主要是用不定期半价活动、优惠券、交流互助(装修攻略交流等)以及新品发售等信息引导用户进入社群,根据用户的兴趣偏好将用户分群管理,针对不同群定位策划对应的活动及内容:(1)活动兴趣群。将对活动力度及产品价格较敏感的用户统一拉群,利用群内专享活动力度刺激销售。(2)装修攻略群。将对装修攻略及选购指南等内容较感兴趣的人群统一拉群,群内通过产品"种草"、品牌实力宣传、服务保障等软内容的植入,提升用户对品牌的信任度,进而产生销售转化及品牌宣传效果。(3)大促活动群。在大促活动期间,九牧会将对大促活动有强烈兴趣的客户单独拉群,在群内及时同步大促活动信息,高效促成转化。除此之外,九牧还会针对新用户、老用户、已销售用户、未下单用户等更多细分用户,进一步开展精细化运营。目前,九牧商城微信私域沉淀的会员已经超百万,沉淀下来的用户价值很高,2023年社群用户贡献销售额的占比超40%。

5.数据沉淀

作为赋能九牧数字化转型的重要承接平台,九牧官方商城自主研发了一套数字化经营分析系统,将用户信息、用户路径、销售数据、订单数据等重要数据信息沉淀在系统,为运营策略制定提供有力数据支撑。九牧官方商城通过O2O派单模式业务,帮助线下门店获取更完整的会员信息,更清晰地记录销售订单明细;通过打造24小时不打烊线上门店,提升线下门店运营效率,加快线下门店数字化业务推进。

(资料来源:九牧内部资料。)

第二节　电商数智化私域运营的关键环节

一、流量引入,实现从公域到私域的转化

私域电商的核心在于私域流量的积累和运用。电商企业可通过社交媒体、小程序、App等渠道,构建稳定的私域流量池;利用优质内容、互动活动等方式,吸引用户关注并留存,为后续营销活动奠定基础。

公域引流是将公域流量(即第三方平台提供的公共流量)转化为私域流量(即品牌或商家自己的用户资产)的重要环节,目的是降低获客成本、提升用户黏性、实现长期用户价值挖掘和加强数据沉淀。

（一）公域引流的目的

1.降低获客成本

公域流量获得成本通常较高，且竞争激烈。通过将公域流量转化为私域流量，企业可以减少对公域流量的依赖，降低获客成本，实现更高效的用户转化。

2.提升用户黏性

公域流量通常具有较高的流失率，而私域流量的黏性和忠诚度是企业可以通过深度运营提升的。通过私域流量的运营，企业可以与用户建立更紧密的联系，提升用户对企业品牌的认同感。

3.实现长期用户价值挖掘

私域流量属于企业的私有资产，企业可以反复触达和深度运营。通过长期的私域流量运营，企业可以挖掘用户的全生命周期价值，实现更高的用户价值和品牌收益。

4.加强数据沉淀

公域流量的用户数据通常由第三方平台掌握，而私域流量的用户数据则可由企业自主沉淀。通过私域流量运营，企业可以积累丰富的用户数据，用于精准营销和产品优化。

（二）公域引流策略

1.电商平台引流

通过优化商品标题、关键词、详情页设计等方式，提高商品在电商平台的搜索排名，吸引更多用户点击进入。同时，利用电商平台的广告投放工具（如"直通车""钻石展位"等），精准触达目标用户。

2.社交媒体引流

利用抖音、快手、小红书等社交媒体平台的内容优势，通过发布优质的内容（如短视频、图文）吸引用户关注，并引导用户进入品牌私域（如公众号、小程序）。例如，完美日记通过小红书的"种草"笔记和抖音的短视频引流，成功将大量公域流量转化为私域流量。

3.线下引流

通过线下门店、活动等方式，将线下流量转化为私域流量。例如，海底捞通过线下门店的扫码点餐、会员活动等方式,引导用户关注其公众号或加入会员社群。

知识链接8-2

完美日记的公域引流策略

完美日记(Perfect Diary)是广州逸仙电子商务有限公司旗下品牌,成立于2017年,致力于研发护肤及彩妆产品。以年轻一代为主要消费者、走平价路线的完美日记,宣扬不被外界标签束缚、美不设限、拥抱多元的品牌理念,在2017年成立后取得了骄人的成绩。2022年,在艾媒金榜发布的《2022年中国国产卸妆品牌排行榜Top 15》中排名第1位。完美日记的公域引流策略主要包括以下两方面。

1.红包引流

完美日记微信公众号主要通过用户购买完美日记产品后领到的红包卡来引流,即用低成本(1~2元红包)就获得用户的关注。然后,再通过微信群的推荐和福利留住用户,并以美妆知识分享为手段来扩大品牌知名度,推动用户复购。

2.平台引流

完美日记在小红书、哔哩哔哩网站、微博等平台都开设了官方账号,提高宣传度;在多个电商平台投放广告,广告中的大部分产品为单个爆款产品,宣传图多为简单的产品图,优惠信息较为明显,以此吸引大量流量。

二、用户沉淀,构建私域流量池

(一)私域社群建设

建立品牌专属的私域社群,如微信群或企业微信社群,将用户沉淀到社群中。通过定期发布优惠活动、产品推荐、使用教程等内容,提高用户的活跃度和黏性。

(二)微信小程序/公众号

利用微信小程序和公众号作为私域流量的承载平台,通过优质的内容和服务吸引用户关注和使用。例如,通过微信小程序实现产品的在线销售,通过公众号推送个性化的营销信息。

（三）用户画像与数据管理

1.数据采集与分析

利用大数据技术,采集用户的浏览行为数据、购买记录数据、互动数据等,构建用户画像。通过分析用户画像,了解用户的兴趣爱好、消费习惯和需求,实现精准营销。

2.数据驱动的用户分层

根据用户的活跃度、购买频次、消费金额等指标,将用户分为不同层级(如新用户、活跃用户、忠诚用户),并针对不同层级的用户制定个性化的运营策略。

知识链接 8-3

花西子的私域社群运营

花西子通过企业微信和微信公众号沉淀私域流量,建立了多个品牌专属社群。社群运营人员在社群中定期发布国风主题活动、产品试用、优惠信息等内容,吸引用户参与互动。同时,通过用户画像分析,花西子为不同层级的用户提供个性化的服务和推荐,例如,为新用户提供新手礼包,为忠诚用户提供专属折扣和优先购买权。

三、用户运营,提升用户黏性和转化率

（一）个性化服务与互动

基于用户画像和行为数据,为用户提供个性化的产品推荐和服务。例如,通过小程序或公众号向用户推送符合其兴趣和需求的商品。通过举办互动活动(如抽奖、拼团、砍价等),提高用户的参与度和活跃度。同时,通过互动活动收集用户数据,进一步优化运营策略。

（二）会员体系与激励机制

建立完善的会员体系,根据会员用户的消费金额、购买频次、活跃度等指标,将其分为不同等级(如普通会员、黄金会员、钻石会员),并为不同等级的会员用户提供不

同的权益和服务。同时,通过积分兑换、生日特权、专属折扣等方式,激励用户进行更多的消费和互动。例如,为会员用户提供积分兑换礼品、生日当天双倍积分等特权,提高其忠诚度。

林清轩的会员体系运营

林清轩通过其私域小程序和公众号建立了完善的会员体系,将会员分为普通会员、黄金会员和钻石会员,为不同等级的会员提供专属折扣、积分兑换礼品、生日特权等权益。同时,林清轩还通过举办会员专属的线下活动(如护肤讲座、新品体验会),增强会员的归属感和忠诚度。

四、销售转化,实现私域流量的商业价值

(一)精准营销与销售转化

利用私域平台(如微信公众号、小程序)的广告投放功能,向目标用户推送精准的广告内容,提高广告的点击率和转化率。通过私域直播(如微信视频号直播、抖音企业号直播)进行产品销售,利用主播的影响力和互动性,提高用户的购买意愿。

(二)私域电商与社群电商

通过微信小程序搭建企业专属的电商平台,实现产品的在线销售。企业可以通过小程序向用户提供个性化的商品和优惠活动推荐,提高用户的购买转化率;在私域社群中发起团购活动,通过用户之间的分享和推荐,实现裂变式增长。例如,通过拼团、砍价等方式,吸引用户邀请好友参与,扩大私域流量池。

小米的社群运营

小米通过其微信小程序和公众号建立了强大的私域电商平台。小米通过微信小程序向用户推送个性化的产品推荐和优惠活动信息,吸引用户购买。同时,利用私域直播账号进行新品发布和销售,通过主播的讲解和互动,增强用户的购买意愿。此外,还通过社群团购活动,鼓励用户分享和推荐,实现私域流量的裂变式增长。

五、数据管理,驱动私域运营的持续优化

(一)数据采集与整合

通过电商平台、私域社群、小程序、公众号等多渠道采集用户数据,包括用户的基本信息、行为数据、交易数据等。利用数据中台技术,将多渠道的数据进行整合和治理,形成统一的用户画像和用户数据资产。

(二)数据分析与应用

通过分析用户的浏览行为、购买行为、互动行为等,了解用户的需求和偏好,为精准营销提供依据。通过数据分析评估私域运营的效果,如分析用户留存率、转化率、活跃度等指标,根据分析结果优化运营策略。

京东的私域数据管理

京东通过数字中台技术,整合了来自电商平台、私域社群、小程序等多渠道的用户数据。首先,通过数据分析,了解用户的购买行为和偏好,为用户提供个性化的产品推荐和服务。其次,根据数据分析结果评估私域运营的效果,优化营销策略,提高用户的留存率和转化率。

第三节　数智化私域用户运营

一、用户画像分析

（一）用户画像的概念

用户画像又被称为用户角色,是指基于大量目标用户的行为、动机构建用户标签体系,刻画代表某一类用户的典型用户的特征。随着对用户研究的深入,用户画像有助于企业更细腻、多维度、具有时效性地分析用户。

简而言之,用户画像是根据用户的社会属性、生活习惯和消费行为等信息而抽象出的一个标签化的用户模型。构建用户画像的核心工作是给用户"贴标签",而标签是通过对用户信息分析得到的高度精练的特征标识。当把用户的所有标签综合起来,就可以勾勒出用户的立体画像了。除了"贴标签"之外,企业还会同时分配标签的权重,不同标签的权重不一样,权重既可能表明用户的兴趣、偏好指数,也可能表明用户的需求度。

（二）用户画像的用途

用户画像可以帮助企业精准地定位目标群体以及他们的特征,能为企业各方面工作的开展提供方向,大到营销推广战略如何制定、内容平台如何选择,小到如何写一篇文章、如何回复客户的留言。用户画像在企业不同的发展阶段承担着不同的使命,具体可应用于企业初创期、成长期和成熟期。

1.企业初创期用户画像的应用

企业成立之初,产品往往还不成熟,面对市场上的竞争对手,要想差异化地立足于市场,创造出符合市场需求的产品,就需要对消费市场进行市场细分,明确每个细分市场的特点,以便精准切入市场找到突破口。此时,如果企业构建用户画像,就可以很清楚地描绘出每个细分市场的特点,如细分市场的用户喜欢什么样的款式和材质、平均消费水平如何,从而找准用户定位。因此,在企业初创期,用户画像主要应用于业务经营分析以及竞争分析，为企业发展战略的制定提供依据。

利用用户画像进行产品定位

某公司想研发一款智能手表，目标用户是28～35岁的年轻男性。通过在某电商平台调研分析，该公司发现金属材质、硬朗风格、黑色或深灰色、中等价格更符合目标用户偏好，这为该公司新产品的设计提供了非常客观有效的决策依据。

2.企业成长期用户画像的应用

这个阶段企业的产品已在市场上推出，各项数据都更为丰富，企业可以得到用户大量、多维度的数据。而且，企业每一次和用户的交互都会产生数据，而这些数据均有可能隐藏着用户需求。所以，企业在这阶段需要利用这些数据刻画用户画像，从而进行精准营销和精细化运营，以提高营销效率、提升用户体验。

（1）精准营销

精准营销是用户画像最直接和有价值的作用。用户画像为企业的精准营销提供了足够的信息基础，能帮助企业快速找到精准的用户群体，以及分析和挖掘用户需求。当企业基于用户需求去推送信息和销售时，用户的接受度会最大化，企业的精准营销也能最大化实现。

亚马逊利用用户画像精准推荐产品

亚马逊通过用户的浏览轨迹向不同用户智能推荐不同的促销产品，以提高转化率。以韩寒的新书上市为例，亚马逊会筛选出购买过韩寒书籍的用户、浏览过韩寒书籍的用户以及参与过"您最喜欢的作家"的投票活动并且选了韩寒的用户，分析这些目标用户的共同特征，为其定制最适配的促销方式。比如，大多数目标用户的浏览轨迹数据以及购买行为数据显示他们更倾向于邮费低的配送方式，这说明目标用户对于运费金额比较敏感,因此针对此次新书上市活动的营销邮件的主题可以定为"韩寒新书(免运费)"。

(2)精细化运营

随着产品功能和用户数量的增多,用户需求和产品服务之间会存在各种矛盾。而精细化运营就是通过用户分群,为不同需求的用户匹配不同的服务和内容,从而满足用户的个性化需求,更好地完成运营中"拉新"、"促活"和激活的工作。既然要给用户分群,就要给用户建立画像,以更好地区别不同特征的用户的不同需求。

知识链接 8-9

某电商平台运营人员利用用户画像进行精细化运营

某电商平台运营人员从平台上筛选出一批高活跃用户,对这批用户"加入购物车"行为事件的分布情况进行分析,发现大部分用户加购次数在1~3次,仅有少量用户加购5~10次。运营人员判断加购5~10次的用户比加购1~3次的购买欲望更强,于是把这些加购了5~10次的用户单独挑选出来,仅针对这些用户发放红包、优惠券等,促进其下单。

3.企业成熟期用户画像的应用

企业进入成熟期后,有了稳定的运作模式,市场地位也趋于稳定,这时候需要通过迭代产品找寻新的增长点和突破口,而用户画像可以为企业寻找新的增长点提供方向。例如:当产品转型时,老用户会有什么样的反应,是离开还是成为新的核心用户?新产品预计会有多少新用户导入?根据之前获取的老用户的需求,新产品有哪些功能是可以被遗弃的?

某手机厂商根据用户画像进行产品迭代

某手机厂商的目标用户中商务人士居多。该厂商根据分析得知此类用户的较大痛点为手机没电和需要利用手机办公,于是,在进行产品迭代时,该厂商确定调整方向为扩充电池容量、强化手机内置办公功能等。

(三)用户画像的构建过程

构建用户画像的实质是给用户"贴标签",一个比较成熟的画像系统,会有成千上万的标签,形成这些标签大致需要经历三个步骤,即数据收集、行为建模和构建用户画像(见图 8-1)。用户标签的收集和用户画像的构建不是一次就能完成的,而是随着企业业务发展的需要逐步补充完善的,最终呈现出来的是一棵巨大的"标签树",此时用户的画像也是更完善的。

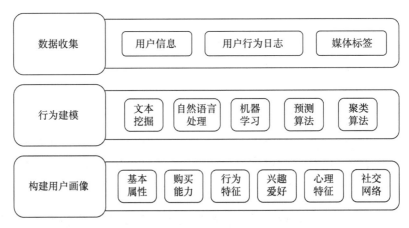

图 8-1　用户画像构建过程

1.数据收集

数据是构建用户画像的核心依据,只有建立在客观真实的数据基础上,生成的画像才有效。一般需要收集的数据有两大类:一类为用户静态数据,另一类为用户动态数据。

(1)用户静态数据

用户静态数据主要包括用户的人口属性、商业属性、消费特征、生活形态、客户关系五大维度,其中:人口属性包括年龄、性别、地域等;商业属性包括收入、职业、所属行业等;消费特征包括各类产品购买情况;生活形态包括生活习惯、娱乐爱好等;客户关系则为客户的状态,如是否为会员、生命价值多少等。这些数据的获取方式有很多种,通过平台的数据后台获取是最为直接也是较为精准的一种方式。而如果数据有限,则需要结合定性与定量方式获取,定性方法如小组座谈会、用户深访等,主要是通过开放性的问题了解用户真实的心理需求,使用户特征具象化。

(2)用户动态数据

追踪用户动态数据可以从场景、媒体、路径这三个维度进行,其中:场景主要包括访问设备、访问时段;媒体指某一时段用户具体访问的媒体的类型,如资讯类、视频类、游戏类、社交类等;路径指用户进入和离开某媒体的路径,可以简单理解为用户的站内与站外行为,如是通过搜索导航进入还是直接打开 App 进入,离开时是站内跳转到其他网页还是直接离开。

2.行为建模

当用户画像所需要的资料和基础数据收集完毕后,需要做一些转化和结构化的工作,即根据用户行为构建模型,生成标签、权重,也就是将原始数据转化为用户特征。在这一步中,企业可将得到的数据映射到构建的标签中,并将用户的多种特征组合到一起。标签的选择直接影响最终画像的丰富度与准确度,因而企业在将数据标签化时,需要与用户画像的功能与特点相结合。表 8-1 所示的是一个用户内容偏好度模型的示例。

表 8-1　用户内容偏好度模型

行为	行为对应标签权重
访问文章页	内容分类标签1　文章附属标签0.5
访问产品页	产品1　产品分类标签1　品牌0.5
访问品牌页	品牌标签1
访问标签页	标签词2
收藏文章页	内容分类标签1　文章附属标签0.5
收藏产品	产品2　产品分类标签1　品牌0.5
申请试用产品	产品3　产品分类标签2　品牌1

续表

行为	行为对应标签权重
用过产品	产品 4　产品分类标签 2　品牌 2
搜索标签	标签词 3
分享页面	内容分类标签 2　文章附属标签 2　产品标签 2

3.构建用户画像

有了数据和模型之后,就要将数据接入模型,提取内容,构建用户画像,最终生成的画像可以用图 8-2 所示的可视化形式展现。当然,用户画像并非一成不变的,因而模型需要具有一定灵活性,可根据用户的动态行为修正与调整。

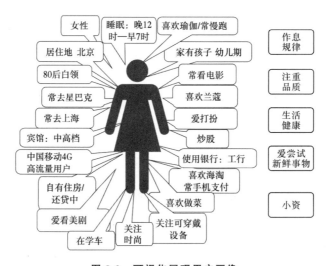

图 8-2　可视化展现用户画像

构建用户画像的目的是充分了解用户,进而为产品设计和运营提供参考,因此用户画像的构建一定是要为运营规划、运营策略制定而服务的,如果构建出来的用户画像无法指导产品设计或者为运营规划及策略制定提供参考,那么这个用户画像一定是失败的。

二、用户运营体系搭建

用户运营体系搭建是一种有效的运营方法,通过运用这种方法,企业可让新用户变成留存用户,然后变成活跃用户,转化成付费用户,进而变成种子用户,最后升级为核心用户。在这个过程中会有部分用户流失,企业要不断尝试将其召回,尽力减少每个环节用户的流失。

(一)新用户

新用户分为两部分:一部分是初始用户;另一部分是新加入的用户,是企业通过营销等方式获取的用户。一般来说,企业对新用户并不了解,所以需要通过观察新用户的行为来分析其可能的走向。

1.新用户的获取形式

第一,打造良好的产品体验。良好的产品体验能够使企业迅速赢得用户的信任感,从而更好地调动用户积极性,为后续转化打好基础。

第二,建立价格优势。许多用户比较关注产品价格,因此,建立价格优势也是一种获客手段,打折对用户的吸引力不言而喻。

第三,寻找合适的合作伙伴。找到合适的合作伙伴可以使企业快速获取一批新用户,避免"从0开始"。

2.新用户的运营策略

对于新用户,应当以提高转化率为运营目标,可以参考如下策略运营。

(1)重视客服质量

客服是贯穿营销过程的关键人员,对用户的消费和售后服务起着至关重要的作用,而且对用户的复购行为有很重要的影响。如果客服质量不高,就可能影响整个新用户群体的满意度。

(2)消费奖励

无论是消费前还是消费后,企业都可以对用户进行一定的奖励,如发红包等,虽然在一定程度上增加了运营成本,但可能会给用户留下好印象。

(3)高质量的店铺页面

高质量的店铺页面往往会有出用户感兴趣的内容,因此有可能迅速吸引新用户,从而实现良好的运营效果。

(二)留存用户

运营人员可以通过如下方法来提高用户的留存率。

1.设置公众号自动回复

某护肤品公众号在用户关注后的自动回复是询问用户需求的相关内容,并引导用户回复相应的数字以获取解决方案,例如:回复"1"可以获取美白顾问关于补水问题的解答,回复"2"可以获取修复顾问关于祛痘问题的解答,回复"3"可以获取美容顾问关于敏感性肌肤问题的解答。通过快捷回复,企业可以及时地对用户进行选购引导,这对企业和用户而言都是方便且有益的。对用户而言,需要咨询的问题可以通过自动回复得到快速解决,体验感很好,这有利于用户留存。同时,企业若在公众号自动回复内表示为用户准备了精美礼品并附上领取链接(链接可直接跳转至官方商城),那么用户点击链接后就可以直接进入官方商城,进而有很大可能产生购买行为。

2.签到留存

通过签到获取积分,并凭借积分抽奖或兑换相应的产品,是留住用户的一大利器。例如,某公众号的菜单栏设置了"积分查询与兑换""21天签到领取精美礼品"等活动入口。从运营角度来看,21天是一个不高不低、恰到好处的门槛,因为这样的天数有利于培养用户持续关注公众号、坚持打卡的习惯。

3.内容留存

内容留存顾名思义就是通过内容留住用户,其核心在于创造一个场景,让用户感知到内容的价值。相较于关注自动回复、签到留存,内容留存需要让用户花费更多的时间。例如,某公众号长期推送养生食方等接地气的养生内容,用户可以通过此公众号了解到各个节气的养生食方。通过连续发布用户感兴趣的内容来留住用户,这是做好用户留存的核心方法。

4.会员留存体系

会员留存是指通过一系列策略和机制,提高会员用户的忠诚度和活跃度,从而延长会员用户与品牌之间的合作关系,减少会员用户流失。其核心目标是通过优化会员用户体验、提供个性化服务和激励机制,增强会员用户对品牌的认同感和依赖性。

5.社群留存体系

社群是用户接收消息极为高效的渠道,通过社群的内容输出,企业可与用户建立更加深入的连接。运营和维护会影响社群的生命周期。社群运营需要对各类工作,如人员分工、内容谋划、互动等提前筹划。规范化的社群运营在培养用户购买习惯的同时,也会让用户放心购买,提升用户信任度,进而提高用户复购率。

6.积分体系

积分体系是指促使用户通过日常消费及做任务等行为不断累积积分,进而利用积分兑换产品或者优惠券的运营体系。这种体系有利于提高用户黏性,促进用户留存。

（三）活跃用户

对于用户运营而言,培养用户使用习惯,使其成为活跃用户至关重要。用户大多希望产品物美价廉,希望获得优惠券、专属福利等。淘宝所采用的淘金币模式就抓住了用户心理,用户每日简单登录便可获得带有福利性质的淘金币,日积月累便可获得不小的优惠。简单操作便有金币可收,少量优惠便使用户活跃登录,这对用户和淘宝上的商家而言实为双赢。另外,为活跃用户提供特权、加倍福利等,也能有效使用户活跃。比如,美妆类 App 可为活跃用户提供新品免费试用、新品首批购买、不定期发放大额优惠券等特权,这可以有效提高用户的活跃度。

（四）付费用户

一般把购买过一次及以上产品的用户称为付费用户。付费用户是用户运营体系中非常值得关注的群体。付费行为说明用户对产品已经产生信任,并进入成交环节。那么如何让用户持续付费呢?这就需要运营人员根据付费用户的付费频次、客单价、消费总额等综合判定,并制定相应的营销策略。

（五）种子用户

在用户运营体系中,第一批用户——种子用户是最核心的群体,具备高度信任、高度参与、高频互动反馈等特性。种子用户通常来源于新用户或付费用户。出于对产品的信赖,种子用户会主动影响身边的朋友,积极参加并宣传企业组织的活动,利用自身的影响力为企业吸引更多的目标用户,并且在高频互动中,诚实地反馈产品或服务的问题,为企业产品的快速更新及服务的完善提供不可替代的意见和支持。

（六）核心用户

核心用户包括早期的种子用户,也包括后来加入的用户,但其必须是企业极其忠实的用户,他们能够为企业不断带来新用户或者促成成交。核心用户需要具备两个特点:一是能够带来资源,二是能够帮助企业传播或实现盈利。

对于运营人员而言,需要深谙核心用户的心理,最大限度让核心用户心甘情愿地分享产品,创造多元化的分享内容。比如,当用户购买了限量销售的美妆新品后,就会有一种如获至宝的兴奋心理和分享欲望,如果运营人员能抓住这一时机并进行有效引导,有望实现很高的分享率。

(七)用户召回

用户运营的每个环节都有可能造成老用户流失,而吸引一个新用户的成本又是维护一个老用户成本的几倍甚至是十几倍,因此要做好用户的召回工作,让老用户留下来。

1.筛选需要召回的用户的标准

(1)用户是否购买过产品

已经对产品进行过消费的老用户,对产品质量等方面有更真实的了解,对产品具有较高的信任度,比较容易被召回。

(2)用户最后登录时间

根据最后登录时间,可以确定用户是否需要被召回。如果用户最后登录时间较近,可能还不需要被立即召回;如果超过一定时间,比如一个产品的消费周期,则可能需要被召回。

(3)用户购买次数

购买次数较多表示用户对产品有较高的认可度,更容易被召回。

(4)用户互动情况

良好的互动说明用户对产品比较关注,同时也是用户需求度较高的一种表现,此类用户比较容易被召回。

2.用户召回的渠道

(1)公众号推送

公众号推送是一种经济有效的渠道。

(2)短信

短信可以直接送达用户手机,确保了消息传达的及时性,同时短信内容比较简练,可以使用户迅速获取产品信息。

（3）电话

电话渠道分为人工频道和录音频道两种。相对来说，人工频道更具有互动性，有利于更好地掌握用户意向，但成本较高，因此，企业可以考虑将人工和录音频道结合使用。

三、社群运营

（一）社群运营的要素

社群是电商进行用户运营的关键渠道。企业要想做好用户的经营，也就是做好社群管理，就要做好如下几个方面的准备：一个品牌故事；基于某种价值观、理念或者兴趣的产品；一个实现聚合和传播的载体（如微信）；一套身份标识和权益兑换机制（如会员制）；一个经营线下活动与线上沟通的组织。

（二）社群运营的含义

社群运营是一种针对具有相似属性的用户群体，通过一定的销售手段，从而达到预期商业目的的运营方式。社群运营具有载体多样性的特点，无论是通过微信等线上平台，还是社区等线下平台，都可以正常进行。

（三）社群运营的逻辑

社群运营的逻辑包含如下六个方面。

（1）社群定位。确定成立社群的目的是什么，同时要评估社群的市场需求匹配度有多高，因为需求和定位决定了社群未来的走势。

（2）寻找流量。通过各个渠道将流量引入社群营销的载体，比如微信群。

（3）输出产品价值。持续向用户输出产品各种优势信息，让用户了解产品的价值，从而增强用户对产品的兴趣。

（4）增强信任感。让用户产生信任感，从而为后续的交易打下良好基础。

（5）产生交易。在信任的基础上，引导用户交易，实现有效转化。

（6）持续裂变。在用户交易后持续跟踪用户，促进老用户推荐更多新用户关注及购买，最终实现社交裂变。

第四节 数智化私域活动运营

一、私域活动运营概述

私域的关键特征在于其个性化和深度绑定。通过数据分析，企业可以深入了解每个用户的喜好、需求和生命周期价值，从而策划出更加符合用户需求的营销活动、内容和服务，提高运营效益。能留存在私域里的大部分用户都是真的认可产品或服务的，因此，比起采取短期流量思维，一波又一波地用活动进行收割，企业管理者需要在私域活动策划时重点思考如何让私域客户池发挥出更高价值。

（一）活动运营的含义与特点

活动运营就是根据既定目标，通过策划并执行短期活动，在一定时间内快速提升产品指标的运营方式。活动运营的定义表明了大部分活动运营的工作要点和工作要求。首先，在开展活动之前，要设立明确且可量化的目标。其次，进行活动的整体规划，如明确活动的主题、时间、对象、方式和流程。最后，进入落地运营的活动执行阶段，包括宣传推广、指标监控和活动效果评估等环节。

与其他运营工作相比，活动运营是基于活动进行的，除了策划阶段需要用文字表现之外，其他环节都具有较强的实操性。活动运营是支撑用户运营的有效方式，如通过开展活动"吸粉引流"、提高用户活跃度和忠诚度、促进用户转化等。相比其他运营，活动运营具有更强的目的性，因为如果没有明确的目的，就变成为了活动而活动，最终一味追求活动的规模，却无法为企业带来实际的利益和价值。

（二）活动的常见形式

互联网带给用户的好处不仅有便利，还有实惠。很多企业借助各种形式的活动，不仅快速开辟了大片市场，也积累了较好的用户口碑。活动可以为企业带来巨大的用户效应，在短时间内召集大量用户参与，在惠及用户的同时也为商家带来客观的收益。

无论是周年庆、新品上市、产品促销，还是公益活动，都将围绕抽奖活动、折扣活动、红包活动和免费活动这几种核心活动形式进行。

1.抽奖活动

抽奖活动是一种常用的活动形式。在保证活动真实性和公正公平的基础上,抽奖活动的策划需要考虑奖品设置、中奖概率和用户参与流程这几个因素。

(1)奖品设置

进行奖品设置时需要考虑奖品是否对用户有足够的吸引力。奖品最好与销售的产品相关、互补,或者是用户想要得到的。例如,买香水送化妆品赠品。

(2)中奖概率

无论是现场抽奖活动还是网络渠道抽奖活动,中奖概率都是用户非常关心的问题,也是抽奖活动效果的关键影响因素,中奖概率的大小决定了用户参与抽奖积极性的高低。

(3)用户参与流程

抽奖活动的流程不能烦琐,以简单为宜,方便用户参与。互联网时代,用户每天都会阅读大量信息,烦琐的活动流程会影响用户的参与体验,使用户不愿意花费精力研究,甚至容易使用户放弃参与。

运营人员在设计抽奖活动时,如果能够协调好以上几个方面的关系,合理优化,就能取得好的效果。

2.折扣活动

折扣活动是一项常规的活动方式。折扣的方式多种多样,如不同金额的折扣、不同产品的折扣、优惠券抵扣等。如今,折扣活动太多,用户经过层出不穷的折扣活动的"洗礼",已经见怪不怪。那么,折扣活动要怎样设计才能吸引用户?运营人员应围绕折扣主题和折扣幅度这两个方面进行设计。

(1)折扣主题

需要注意的是,折扣活动必须有一个主题,如果没有主题就会被用户视为清仓类型的甩卖活动,这将会对企业产生一定的负面影响。有意识地引入主题内容,拟定较有品位的促销标题、宣传标语和口号等,都有利于提升折扣活动的文化品位,如常见的周年庆折扣、节日折扣、庆典折扣、用户回馈折扣等。

(2)折扣幅度

对于抽奖活动,用户关注的是中奖概率和奖品内容。对于折扣活动,用户关注的则是折扣幅度。如果折扣幅度较小,如九折、九五折,其效果不明显,对用户没有吸引力,而如果折扣幅度是八折、八五折,则会对用户有较大吸引力。但是折扣力度也不宜太大,当企业给予较为明显的折扣力度后,用户可能会期望更大的折扣力度,这容易使用户产生观望等待的心理,不购买目前打折的商品,从而影响商品的销售。

3.红包活动

红包活动虽然不再新颖,但依然是非常有效的活动形式。在电商运营中,红包是非常受欢迎的礼品,红包活动能够快速积聚人气。常见的红包活动形式有注册送红包、购买产品参与领红包、扫描二维码领红包、口令红包等。

发红包虽然是一种快捷、高效的活动方式,但红包也不能随意发,若随意发可能无法获得理想的效果。一般来说,活跃气氛、宣布喜讯、发布广告、节日祝贺等情形,都可以适当发红包。另外,选择合适的时间段开展红包营销活动,才能提升活动的关注度和参与度,如果是在用户繁忙的工作时间段开展活动,其效果可想而知是不理想的。

红包活动一般需要提前预告,这样可以起到预热作用,企业可借此推广品牌、产品、服务或开展促销活动。

4.免费活动

对用户而言,免费活动可以让其免费获得试用商品,获得良好的体验和服务。对企业而言,免费活动可以带来流量和用户,提升品牌的知名度。

免费活动的类型多样,活动方案的具体设计和实施应该结合企业、用户的实际营销方式而定,一个理想且效果良好的免费活动必然能给用户提供其真正所需的价值。免费活动的常见设计思路如下。

(1)免费体验

以体验为主的免费活动主要运用在新品上市和品牌推广上,目的是让用户通过体验使用,建立对产品和品牌的初步信任和认可。特别是新品上市阶段,用户容易对新品持怀疑态度,而免费体验的活动可以消除用户的怀疑,还能加强买卖双方的交流。体验式的免费营销以赠送和免费试用为主。赠送主要是让用户免费体验,打造产品成品牌口碑。免费试用主要提供给有需求的用户,促进其后期的付费购买。

（2）免费产品

免费产品是指产品免费或产品附加功能付费。免费产品主要包括三种类型：①诱饵产品，即将产品的部分功能免费，以吸引客户，再通过后续服务引导客户对产品其他功能进行消费。②赠品，即将一款产品或服务设计成另一款产品或服务的附加品。③分级产品，即为产品设计不同的版本，对更高级、更个性化的版本进行收费。

（3）免费增值服务

免费增值服务是指为产品或服务提供免费的增值服务。增值服务是对产品和服务的延伸，可以提高用户的黏性，促进用户的重复消费，如卖产品提供全年保修服务、卖资料提供使用指导服务等。在设计免费增值服务营销策略时，必须先保证增值服务的质量。实惠、用户体验好的增值服务可以提升产品的价值，提高品牌的影响力，达到销售和口碑双赢的效果。

二、活动运营的策划

活动运营的策划是对活动进行整体的规划和设计，要想做好活动策划，首先要学会写活动策划案。

（一）活动策划案的构成

活动策划案的构成如图 8-3 所示。

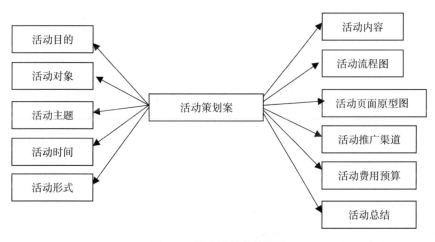

图 8-3 活动策划案的构成

（二）活动策划案构成的详细说明

1.活动目的

运营人员在策划活动时需要先明确活动目的。通常来说,活动目的包括以下四种:一是促进粉丝增长和提高已有粉丝的活跃度与忠诚度;二是促进企业产品的信息推广和产品的销售转化;三是提高品牌的知名度和曝光量;四是实现企业线上商城的导流。活动目的也可以作具体量化,如粉丝增长 1 万人、品牌曝光量 40 万次、活动内容转发量 5 万次等。

2.活动对象

明确活动对象就是进行用户群体定位,用户群体的定位与企业品牌和产品的定位相关。例如:如果企业主要是做教育的,用户群体定位就可以是学生或者初入职场的白领及"宝妈"等;如果企业产品是手机,用户群体定位就可以是大学生或者白领等。此外,进行用户群体定位有助于设计活动主题和形式等。

3.活动主题

鲜明的活动主题可以方便用户快速了解活动,如"××语录征集""××趣味照片""××周年庆,转发有奖"等。

4.活动时间

策划活动必须设置具体的活动参与时间。

5.活动形式

活动的形式一般包括抽奖活动、折扣活动、红包活动和免费活动这几种形式。

6.活动内容

活动内客不仅是用户了解活动热点的载体,也是影响活动吸引力的主要因素。活动内容优质与否,直接关系到用户会不会参与到活动中来。活动内容主要包括活动缘由、活动奖品、参与规则、抽奖工具等。

7.活动流程图

活动流程图与用户的参与步骤相对应。根据活动流程图,技术人员能够更快地设计出相应的功能,减少活动开发的时间。图 8-4 所示为某活动的活动流程图,可作为参考。

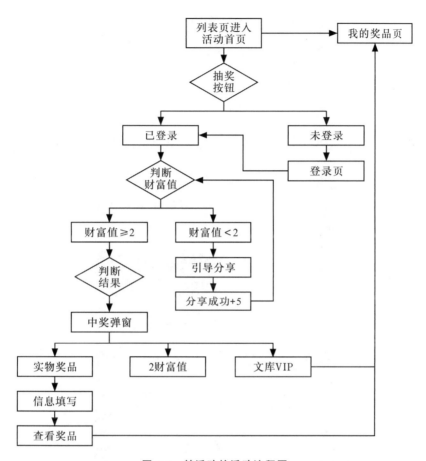

图 8-4　某活动的活动流程图

8.活动页面原型图

活动页面原型图示例如图 8-5 所示。一方面,活动页面原型图反映了活动页面在用户面前的呈现效果;另一方面,活动原型图反映了技术人员设计的页面效果。可以说,活动页面的完成是运营人员和设计人员、技术人员共同努力的结果。为了保证活动能够在预定时间上线,需要运营人员与设计人员、技术人员做到及时对接,运营人员需要提供活动页面原型图、活动流程图等。

9.活动推广渠道

如果仅依靠企业自有渠道推广,那么效果具有一定的局限性,因此需要扩展活动的推广渠道,如微博、微信公众号、QQ 群、微信群、问答平台等。

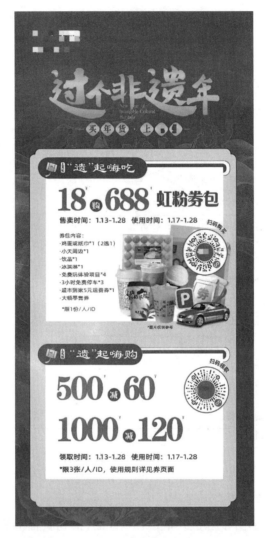

图 8-5　某活动的活动页面原型图

10.活动费用预算

进行活动策划时需要对活动的费用进行评估,主要包括提供品的费用和推广渠道的费用等。需要注意的是,策划方案中的费用必须详细说明,对奖品的数量、价格以及推广渠道的账号都要在表格中进行详细的展示。

三、活动运营的执行

活动运营的执行通常包括活动预热、活动传播、活动数据监控和活动复盘几个环节。

（一）活动预热

活动预热就是前期宣传。在前期宣传中,企业可以有意无意地释放一些内幕消息,如奖品设置、活动参与流程、邀请的重磅嘉宾等。这些消息如果是爆炸性的,就能够引起媒体的争相报道和用户的口口相传。活动预热是最为关键的,应告知用户活动将为其带来的切实利益,让用户觉得不参加此次活动是一个巨大的损失。同时,可通过一些话语制造出急迫感和稀缺感,如"活动报名名额剩下最后 5 个""活动一票难求""过时不候"等。活动预热越成功,营销效果就会越好。但切记,活动预热时不要刻意"欺骗"用户,否则将带来负面效应,造成不可估量的损失。另外,应选择在合适的时间发布活动预热消息,通常可以选择在线人数多的时间,如中午午休时间、晚上等。同时,可借助直播、短视频、微信、微博等多种营销渠道和方式发布活动预热消息。

（二）活动传播

活动营销的对象不同,传播渠道和传播形式也不同。要想实现优质的引流,活动的传播应主要面对三个层面的对象,分别是行业意见领袖、媒体平台和用户。

1.行业意见领袖

如果活动邀请或吸引的活动嘉宾的知名度和影响力比较高,是行业内的知名人物或行业意见领袖,那么这本身就会引起行业的高度关注,自然就会使活动有巨大的影响力。同时,企业可选择行业内知名的合作伙伴,借用其资源和力量,打造含金量更高的活动,以此扩大活动的覆盖人群和影响范围。

2.媒体平台

媒体平台是活动的宣传平台。媒体平台的选择也会影响活动的影响力。企业通常会选择覆盖面更广的媒体平台,如微博、微信等新媒体平台,使活动产生更大的影响力,或通过行业垂直领域内的知名新媒体为活动造势。

3.用户

营销活动需要用户的直接参与,以产生最直接的影响。用户从企业这边获得了好的服务体验,就会成为活动的重要推动力量,经过用户的自发传播,活动口碑自然也就建立起来了。

（三）活动数据监控

一个运营人员需要具备一定的数据监控能力,但是数据监控本身并不重要,重要的是数据结果出来后的后续改进。通常,整个活动中有很多节点都需要进行数据监控。例如:推广渠道的引流效果,包括不同渠道的用户来源、不同渠道的投入产出比等;用户参与活动的情况,包括到达着陆页的用户数量、流失的用户量等。及时关注活动数据的变化,运营人员能够知道哪个渠道的推广效果不好、哪个页面的跳转流程导致用户流失量增大等,以便针对不合理的地方进行及时处理。例如,如果发现某个推广渠道出现问题,就可以对活动推广文案或者传播的地域和目标人群进行调整。

（四）活动复盘

复盘就是重新演绎过去做的事情,从而对这件事有更深的理解。每次活动结束之后,都应该认真做好复盘工作,对整个活动的细节、数据进行分析。进行活动复盘能够得到活动成功的地方、活动的不足、用户的喜好等非常有价值的信息,以便为下一次活动提供经验和参考。活动复盘主要包括图 8-6 所示的四个步骤。

回顾活动目标　　呈现数据结果　　深入分析差异　　导出经验总结

图 8-6　活动复盘步骤

1.回顾活动目标

回顾活动目标就是回顾活动初期定下的运营目标,如计划新增多少用户、次日留存率是多少等。回顾活动目标的目的是为复盘找到一个参照物。

2.呈现数据结果

这一步骤主要是把与活动目标相关的数据结果呈现在复盘会议中,让每个团队成员都明确知道。对相关的数据结果也要进行一个简单处理,如某个活动让企业新增用户 1 万人,那么用户增长的时间段分布情况是怎样的、增长最多的那个时间段有哪些事件发生等是企业需要仔细复盘的。

3.深入分析差异

企业运营团队讨论并深入分析产生活动结果的原因,根据目标和结果的差异,提出部分假设,如"高估了某个渠道的引流效果""没有选择最佳的投放时间点""活动文案没能打动用户"等。有了这些假设之后,就需要去验证,常用的验证方法有采集用户反馈得出结论、通过数据验证。

4.导出经验总结

这一步骤主要是根据分析结果总结经验,将可以改变的项目列出来,并明确可以改善的地方和执行对象。在经验总结上要尽可能地发现问题的本质,避免相同问题再次出现。

思考题

1.你认为私域流量和公域流量的本质区别是什么?请举例说明。

2.描述电商数智化私域运营的关键环节。

3.如何构建精准的用户画像?

4.如何策划一场成功的私域活动?你认为活动运营中最关键的环节是什么?

案例评析

泡泡玛特私域营销策略

泡泡玛特原本是一个拥有自家IP资产的潮玩玩具企业,2016年之前都是亏损状态,2017年之后靠"盲盒+自有IP"模式实现爆发式增长,2年内营收翻10倍,获得市场关注。目前,泡泡玛特已成为中国潮玩行业的龙头企业。

根据谷雨数据对泡泡玛特用户的调研结果,泡泡玛特用户具有如下特征:以18～29岁的年轻人为主,女性占比高达75%;用户职业多为具有一定消费能力的白领,收入为8000～20000元的用户占比达到90%;学生也是核心购买群体。年轻群体购买盲盒主要是为了悦己,购买原因包括追求盲抽刺激感、为颜值买单、满足社交收藏需求等。

泡泡玛特产品主要有四大类,包含盲盒、手办、BJD(球形关节人偶)以及周边衍生品。基于用户群体对于潮玩氛围的热爱以及对产品和品牌的认同,泡泡玛特通过满足用户内心深处的情感需求、兴趣需求,以产品为纽带和社交话题,持续更新 IP 新品、小程序活动,为用户提供交流的平台(无论是平台的官方社群还是用户自建的社群),以用户认同构筑品牌私域运营阵地。这样看来,泡泡玛特的私域运营是教科书级别的,其私域营销策略主要包括以下几个方面。

1.私域流量沉淀

泡泡玛特在传统电商平台(天猫、京东)、微博、小红书以及抖音共拥有超千万的粉丝。这些粉丝除了贡献 GMV(商品交易总额)外,还可以沉淀到私域平台内,作为私域流量来源。除了线上获客外,泡泡玛特还在线下门店以及机器人商店进行私域导流。泡泡玛特当前的门店位置多位于核心商圈一楼或负一楼中心地段,门店展示价值高。由于盲盒属于非刚需、高情感溢价产品,会更依赖于店内体验感和服务,因此店员会在服务中对顾客加以引导。

(1)线上抽盒、查库存

如果顾客想买的盲盒在线下门店断货了,店员会引导顾客关注公众号,再去小程序进行线上抽盒;同时,店员也会提示顾客,以后可以在小程序先查看线下门店的库存,确认有货再来购买,避免买不到想要的盲盒。这样既节省了用户的时间,也有利于泡泡玛特不断沉淀私域流量。

(2)付款时引导顾客注册会员

付款时,店员会询问顾客是否有会员,并告知顾客会员可以积分,兑换限定款盲盒、周边及现金券。如果顾客没有,店员会极力引导顾客去小程序注册会员。通过门店造势和店员引导,线下门店的最终目的已经实现,即对用户进行线上引流,方便后续对用户进行全渠道渗透。

(3)私域沉淀用户

从线上以及线下引流过来的流量,会由泡泡玛特公众号完成承接。公众号不仅是新品发布的消息渠道,也是企业微信、小程序的入口,可以实现流量的统一分配。这样就有利于把用户沉淀在公众号及小程序上,便于后期直接触达。

泡泡玛特私域流量的引入有三个路径:①关注公众号—添加企业微信—进入社群;②小程序入口—进入社群;③视频号—添加企业微信—进入社群。

泡泡玛特的导购统一使用企业微信添加用户,企业微信内会设置欢迎语和群聊链接的自动回复,这有利于提升用户从加好友到进群的转化率。

泡泡玛特基于地域进行用户分群管理:用不定期盲盒、优惠券、"0 元抢"、交流互助和新品发售等方面的信息引导用户进入社群;用户点击群聊链接后,泡泡玛特会自动会获取用户地理位置信息,为用户提供对应社群的二维码,并且二维码仅有一个,即一个用户只能扫描一个二维码,进入一个娃友群。

泡泡玛特创始人王宁曾说过,泡泡玛特不是一家盲盒公司,而是基于盲盒的潮玩公司,最终目的是要做一个基于用户的"消费部落"。泡泡玛特实现这一点的关键就是私域流量的运营,或者说是社群的运营。而最高阶的社群运营是能实现社群的自活跃,当一群有同样兴趣的人聚在一起,有趣的内容将会从用户中产生。

2.群活动策划

泡泡玛特社群每天都有一条固定信息,发送时间为中午 11 点左右,内容为玩家秀摄影(活动)、壁纸、新品预告、优惠活动、手办推荐等,格式大致为"手办推荐语＋高清图片＋链接"。

泡泡玛特社群有如下统一配置。

(1)群昵称:泡泡玛特×××娃友群。

(2)群定位:官方福利群,推送一些日常福利、抽奖等。

(3)群架构:1 名群主,2 名群管理员。

(4)群欢迎语:社群内每进入一位新用户,都会触发欢迎语,欢迎语内容为"新人权益＋社群专属福利告知＋群规"等,并借此将用户引导至小程序。

(5)社群活动:优惠福利、秒杀活动、周三上新、周五"秒杀"、每日抽奖;发送形式:文字、图片、视频、小程序。

(6)社群活动发送频次:日常 3～5 次/天,节假日或者有"秒杀"活动时会根据具体情况进行调整。社群消息发送时间:中午 12 点、下午 5—6 点、晚上 7—8 点这几个黄金时间段,以便及时触达用户。

泡泡玛特社群就是一个小的潮玩社区,社群内用户可以互相助力、分享潮玩资讯、售卖二手商品等。对于泡泡玛特盲盒的忠实粉丝来说,"换娃""卖娃""买娃"是一个永恒的话题。

3.私域用户会员管理

截至目前,泡泡玛特在微信私域沉淀的会员已经超1000万,会员体系所带来的效果显而易见:2021上半年会员贡献销售额占比超九成,会员复购率为49%。

泡泡玛特的会员分为付费型会员和成长型会员。成长型会员只要用户注册就可以成为;而付费型会员则是需要花钱买的,一年价格为699元。对于成长型会员,泡泡玛特按照泡泡值将用户分为四个等级:潮玩萌新(VIP1)、进阶玩家(VIP2)、娃圈新贵(VIP3)、收藏大亨(VIP4)。泡泡值有一套单独的积分体系,是根据泡泡玛特会员近180天在泡泡玛特的消费金额、消费频次、分享互动等综合计算得出的会员价值分,由消费分和奖励分两部分组成。消费分是泡泡玛特会员近180天在泡泡玛特消费金额的综合得分。奖励分是泡泡玛特会员近180天消费相关行为、连续购买次数、任务完成奖励的综合得分。奖励分受到消费分的正向影响,消费分越高,奖励分越高。

(资料来源:https://maimai.cn/article/detail?fid=1719324392&efid=6q13HOeonpBp9u9yZ54q6g。有删改。)

问题:

1.泡泡玛特如何进行私域流量的沉淀?

2.泡泡玛特如何进行社群活动运营?

实训题

实训项目:分析一个私域运营成功的品牌案例。

实训任务:选择一个品牌,剖析品牌在私域活动运营、私域用户运营上的具体策略及成果。

参考文献

[1]张建锋,肖利华,许诗军.数智化:数字政府、数字经济与数字社会大融合[M].北京:电子工业出版社,2022.

[2]张建锋,肖利华,肖剑.新零售之旅:数智化转型与行业实践[M].北京:电子工业出版社,2022.

［3］冯其予.我国连续 11 年成为第一大网络零售市场［N］.经济日报,2024-01-20(003).

［4］傲亿云 SCRM.私域电商如何运营:掌握这几大关键,轻松打造营销新天地［EB/OL］.［2024-05-18］.https://baijiahao.baidu.com/s?id＝1807887314868785294＆wfr＝spider＆for＝pc,https://baijiahao.baidu.com/s?id＝1787560809736543990＆wfr＝spider＆for＝pc,2024-08-20.

［5］邱碧珍,张娜,陶晨晨.网络营销与推广:理论、策略和实践［M］.武汉:华中科技大学出版社,2021.

［6］有赞学院讲师团.社交电商运营全攻略［M］.北京:电子工业出版社,2020.

第九章

数智化渠道管理

学习目标

▶ 知识目标

1.了解渠道管理的定义。

2.理解渠道在整体营销战略中的地位和作用。

3.了解数智化渠道管理定义及趋势。

▶ 能力目标

1.能够进行渠道管理。

2.学会与渠道成员建立及维护良好关系,促进信息交流和协作,共同解决问题。

3.能够掌握处理渠道冲突和问题的技巧,应对各种突发情况,确保渠道畅通无阻。

4.学会运用数据分析工具和方法,对渠道绩效进行评估,提高渠道效率。

5.能够运用数智化渠道管理工具进行实践。

6.能够进行数智化渠道管理人才画像。

▶ 素养目标

1.强化创新意识,不断探索新的渠道模式和合作方式,以适应不断变化的市场环境,保持竞争优势。

2.通过学习数智化渠道管理的专业知识,提升渠道管理战略思维能力和专业能力。

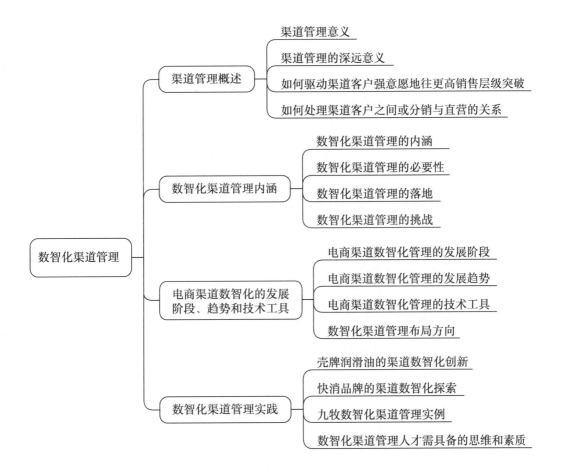

数智化渠道管理

渠道管理概述
- 渠道管理意义
- 渠道管理的深远意义
- 如何驱动渠道客户强意愿地往更高销售层级突破
- 如何处理渠道客户之间或分销与直营的关系

数智化渠道管理内涵
- 数智化渠道管理的内涵
- 数智化渠道管理的必要性
- 数智化渠道管理的落地
- 数智化渠道管理的挑战

电商渠道数智化的发展阶段、趋势和技术工具
- 电商渠道数智化管理的发展阶段
- 电商渠道数智化管理的发展趋势
- 电商渠道数智化管理的技术工具
- 数智化渠道管理布局方向

数智化渠道管理实践
- 壳牌润滑油的渠道数智化创新
- 快消品牌的渠道数智化探索
- 九牧数智化渠道管理实例
- 数智化渠道管理人才需具备的思维和素质

引导案例

太古可口可乐的渠道数字化

太古可口可乐作为全球销量第五名的可口可乐公司装瓶伙伴，在 2019 年就开启了渠道数字化战略计划。太古可口可乐的渠道数字化经验中包含多样的数字化工具和解决方案，以帮助企业实现从 C 端（消费者端）到 b 端（零售店端）的连接。

在线上，太古可口可乐推出了"乐客通"小程序。终端店店主能够在小程序实现一键订货;太古可口可乐则在小程序上面向终端店主开启直播活动,更直观地去讲解新品,为店主培训新颖的产品陈列及销售技巧。同时,"乐客通"小程序有 LBS 功能,系统可自动为消费者推荐距离其最近的线下门店,由此,太古可口可乐将消费者成功引流到终端门店。

在线下,太古可口可乐通过"一物一码"将可口可乐品牌同消费者、终端门店连接,并以此为触点提供消费者营销、渠道营销的数字化解决方案,同时实现 B 端(可口可乐)、b 端和 C 端的数据打通,收集多源数据,建立起强大的后台数据库。基于这个数据链路,太古可口可乐能够为渠道商和终端提供额外的数字化支持,实现费用精准投放和管控。在"一物一码"支持下,太古可口可乐还通过大数据识别出消费者的个人标签,根据消费者喜好,推荐符合其偏好的奖品。比如,如果消费者是一个手游爱好者,那么其扫码之后的奖励可能就是一套手游皮肤;如果消费者爱好网购,那么其扫码之后的奖励可能就是电子优惠券;如果消费者是一个比较时尚的人,那么其可获得新品尝鲜机会。有了数据支持,太古可口可乐也能对终端进行评估,做到"千店千策",同时快速地去做 MVP(最小可行性产品),尝试做新的产品并快速实现变现。

(资料来源:https://mp.weixin.qq.com/s/zdTUbo45oXeIXE-BkELD3A。有删改。)

引导问题:

1.什么是渠道数智化?

2.太古可口可乐如何开展渠道数智化?

第一节　渠道管理概述

一、渠道管理定义

(一)渠道管理理论的演变

渠道管理理论是由欧美学者提出的,随着时间的推移,众多学者从不同角度对其进行深入探索,主要集中在三大核心领域:渠道的内在结构、渠道中的行为互动、渠道间的关系构建。以时间为线索,可以大致将渠道管理理论的发展历程划分为三个阶段。

第一阶段:20 世纪初至 20 世纪 60 年代,营销学者们开始着手建立并快速发展对渠道结构的理论研究,为后续的深入探索奠定了基础。

第二阶段:当时间流转至 20 世纪七八十年代,研究的焦点开始从渠道结构转向渠道行为。学者们更多地关注渠道中的冲突与权力问题,认为渠道成员间既有协同合作,也不乏竞争对抗。

第三阶段:20 世纪 90 年代至 21 世纪初,学者们对渠道的认识和研究进一步深化,研究重心逐渐转移到渠道关系与联盟的建立上。学者们意识到,由于利益纷争,组织间的合作常常难以持久,因此渠道战略联盟等新型关系形式应运而生。20 世纪 80 年代,渠道管理的概念开始在我国被认识和应用。随着全球经济一体化的加速,我国逐渐完成国际接轨。但由于起步较晚,我国目前仍有不少企业仅将渠道管理视作简单的发货与回款工作。然而,在现阶段,渠道已经有了更为广泛的定义,涵盖了产品从生产到消失的整个生命周期,涉及生产企业、商业企业、终端销售点、销售员以及最终消费者等多个角色。

(二)渠道管理的内涵

从广义上来说,渠道管理是指企业对销售和分销渠道的策略规划、组织构建、执行实施以及监控评估的全过程;从狭义上来说,渠道管理特指对营销渠道的管理,即企业对将产品从生产者手中传递到消费者手中的整个流程的管理,包括与渠道成员建立和维护合作关系,确保产品或服务能够高效、顺畅地抵达终端消费者。渠道管理的核心目标在于构建稳定且高效的分销网络,以最大化市场覆盖率和销售额,同时尽可能降低销售和分销成本。

二、渠道管理的深远意义

渠道管理是一个涵盖多个方面的综合性工作,包括选择、评估、激励和协调渠道合作伙伴,优化和监控渠道流程,以及防范和应对渠道风险等。一个高效的渠道管理体系不仅有助于企业稳定渠道、提升效率,更能增强企业渠道伙伴的满意度和忠诚度,进而提升企业的市场竞争力和品牌影响力。同时,渠道管理也对商品流通、经济发展、资源配置等多个方面有积极影响。

（一）渠道管理对企业的深远影响

渠道管理对企业的重要性不言而喻。

首先，有助于企业拓展市场，实现更广泛的市场覆盖。通过精心选择和管理渠道伙伴，企业可以更有效地进入新的市场领域，增加销售渠道，进而提升销售额和市场占有率。

其次，能够提高企业的销售效率和效果。通过优化渠道流程、提升渠道伙伴的协同效率，企业可以更快地响应市场需求，提高销售转化率，降低销售成本。

再次，能够增强企业的品牌影响力。与优秀的渠道伙伴合作，可以为企业树立高品质、高效率的品牌形象，从而增强消费者对企业的信任感和好感度。

最后，能够增强市场的稳定性。通过与渠道伙伴建立长期稳定的合作关系，企业可以确保销售渠道的畅通无阻，减少市场波动对企业的影响，提升抗风险能力。

综上所述，渠道管理对企业而言，是提升市场竞争力、拓展市场份额、增强品牌影响力、提升供应链稳定性与协同性的关键所在。因此，企业应高度重视渠道管理，不断提升渠道管理水平和能力，以适应不断变化的市场环境。

（二）渠道管理对社会的积极影响

渠道管理不仅对企业具有重要意义，也对社会产生着深远影响。

首先，促进商品的流通与经济发展。一个高效的渠道体系能够确保商品从生产者到消费者的顺畅流通，推动市场的繁荣与发展，为经济增长提供有力支撑。

其次，提升消费者的满意度与生活质量。通过优化渠道服务、提升渠道效率，企业可以更快速、便捷地满足消费者的需求，提升消费者的购物体验和生活质量。

最后，推动社会的创新与进步。通过与渠道伙伴的合作与交流，企业可以获取更多的市场信息和创新灵感，推动产品创新和服务升级，进而推动整个社会的创新与发展。

综上所述，渠道管理对社会的积极影响包括促进商品流通、优化资源配置、提升消费者满意度以及推动社会创新等多个方面。因此，加强渠道管理对于社会的和谐稳定与持续发展具有重要意义。

（三）渠道如何管理

1.了解渠道客户的核心诉求

客户终究是以利益为导向的,合作没有盈利必然无法长久,任何渠道商与品牌的合作均是如此,哪怕客户在前期可以策略性亏损,中长期也必须是盈利的。不同行业、不同客户渠道情况可能会不相同。例如,家电行业竞争激烈,品牌集中度高,利润率低,客户更能够接受店铺起店前期投入更多资金、策略性亏损,然后快速扩大规模,降低边际成本,实现利润。又如,家装行业品牌集中度不高、市场机会大,渠道客户选择较多,因此,客户就会希望有足够的销售毛利,并且一开始就可以盈利。九牧卫浴在复盘电商渠道拓展情况时,发现大多数意向客户的诉求是希望一合作便可以盈利。

2.通过渠道政策激励,刺激销售指标达成

大多数品牌会制定激励政策刺激销售指标达成,比如月度、季度、半年度、年度销售激励,当渠道客户在完成各自的阶段任务指标时,品牌方给予对应的销售激励,提升渠道客户积极性。因此,业务操盘者需要针对年度任务制定合理的费用预算,对激励的费用进行管控,实现费用合理使用及全年任务指标达成。九牧在费用预算及过程监管上做得相对合规,比如,明确控制费率,任务的达成率及费用的使用进度需要匹配,费用与业绩完成情况成正比。

3.建立渠道管理及过程管控机制,确保渠道客户销售指标达成

例如:九牧卫浴在渠道管理上,首先进行分平台店铺管理,再由平台细分品类旗舰店及品类专卖店,拓展品类专商,进行品类店铺管理。店铺分为大、中、小层级,不同层级对应不同的店铺日常及大促活动要求,具体会细化到主推品类 SKU 的流量、客单及转化率的不同要求上。并且,九牧对于与品牌价值观相背、无法达成指标的店铺会进行淘汰,如对连续三个月未达成销售指标的店铺取消授权。

4.组织赋能

品牌方需要有一支能助力渠道客户打仗并且能打胜仗的组织提供渠道支持、品类赋能、运营赋能。渠道支持指的是品牌方为客户提供从合作到退出整个生命周期中的服务支持,如合同走签、授权、详情素材输出、中后台支持等,使得客户能够高效地开展合作,聚焦精力做好销售;品类赋能是指品牌方定期做好各品类杂各平台市场的分析报告,以及市场、竞争、用户调研,同时收集市场一线客户信息,协同内部团队,从前中后台优化自身产品的竞争力以及渠道客户的价值链,为渠道客户销售提供"枪支弹药";运营赋能是指品牌方从专业电商运营视角,帮助渠道客户解决流量、转化率等方面的问题,提升店铺销售量。

三、如何驱动渠道客户强意愿地往更高销售层级突破

(一)激励差异

品牌方要通过激励的差异,鼓励渠道低层级客户主动往高层级发展。以一般电商渠道分销客户管理为例,为了渠道管理的公平性及持续发展,品牌一般会统一供货价,但是,高、中、低层级渠道客户的任务目标不同,面临的压力及风险也不同,若品牌方制定统一的激励政策,高层级高目标的渠道客户会想着把规模缩小,低层级低目标的渠道客户不会想着把规模扩大。即便是想扩大规模、增加利润的渠道客户,也会试图在年度目标的确定上跟渠道管理人员拉扯,增强渠道管理人员的管理难度,缺乏做大做强的主观能动性。

(二)建立区别于低层级客户的有效竞标资源,促进代理商有序竞争

针对线下渠道,品牌方可对不同位置的门店匹配不同的销售任务目标;针对线上渠道,品牌方可通过匹配不同资源的方式来激励渠道客户往更高层级的销售任务目标去努力。

(三)建立有效的销售赋能体系,降低渠道客户的销售风险

很多品牌方在跟渠道客户签约后就任其发展,导致客户在摸索中逐步迷失,可能项目盈利的策略及模式是多样化的,但是未知的领域和不清晰的流程,使得客户初始的热忱被耗尽,进而选择放弃。有些时候,品牌方合作多年的客户对于新老产品迭代或者新老系统迭代不清楚,而如果品牌方未及时进行信息同步和信息赋能,就可能导致新老产品销售迭代不及时或销售断层。所以,品牌方针对新老渠道客户都必须作定期的销售赋能,如新老产品迭代宣导、销售策略赋能等。

四、如何处理渠道客户之间或分销与直营的关系

（一）建立差异化产品，减少渠道客户的顾虑

现有成熟品牌很多是通过线下渠道发展壮大的，但是线上渠道目前对于各品牌来说是不可或缺的，所以，在各渠道布局中，品牌方往往通过产品相对差异化来减少线上线下销售冲突的问题。2023 年，某主播线上直播间在带货过程中将慕思品牌线下 2 万元左右的床垫以 4980 元的价格销售，引发该品牌线下代理商强烈不满。倘若慕思给线上直播开发专供型号的产品，与线下有所区别，或许可以避免线下代理商产生恐慌。

（二）建立产品价格管理体系，提升渠道销售市场的稳定性

2021 年，公牛集团因涉嫌违反《中华人民共和国反垄断法》而被处以 2.9481 亿元的罚款。有关部门在调查时发现，公牛集团与交易相对人如经销商等达成了固定和限定价格的垄断协议，试图通过控制产品价格来维护其市场地位。这种行为不仅损害了消费者的利益，也排除了市场竞争的可能性。为避免渠道间的恶意竞争，企业应建立严格的价格管理体系，通过设定价格标准、合同约束、建立价格监督机制等约束渠道客户的价格行为。

（三）尽力保障分销和直营销售权限资源等同，提升渠道客户对品牌的归属感

很多渠道客户认为直营店是品牌的"亲儿子"，所以在资源上或者销售违规问题上不敢有任何的发声。因此，渠道管理部门需要加强对于直营渠道的约束和管控，尽力保障分销和直营销售权限资源等同，并建立问题反馈机制，及时回应渠道客户的反馈，提升渠道客户对于品牌的归属感。

第二节 数智化渠道管理内涵

一、数智化渠道管理的内涵

数智化渠道管理是指企业借助数字技术和智能化工具,对其销售渠道进行全面、高效的管理和优化。它涵盖了对线上、线下各种渠道的整合与协调,以及通过大数据、人工智能等技术手段,对渠道运营进行的精准分析、决策和优化。具体来说,数智化渠道管理包括以下几个方面。

1.数据整合与分析

通过收集、整合和分析销售数据、用户行为数据等,洞察市场趋势和消费者需求,为渠道策略的制定和调整提供数据支持。

2.渠道优化与整合

对线上和线下渠道进行统一管理和优化,确保渠道之间的协调与互补,提升整体销售效果。

3.智能化决策支持

利用人工智能等技术进行市场预测、消费者画像描绘和个性化推荐等,以数据驱动的方式辅助企业进行渠道决策。

4.用户体验提升

通过数智化手段优化用户体验,比如为用户提供个性化服务、便捷的购物流程、快速响应服务等,增强用户忠诚度。

5.渠道风险管理

通过数据分析识别潜在风险,如欺诈风险、库存积压风险等,并采取相应的措施进行预防和管理。

6.销售管理与赋能

引导合作伙伴实现销售管理的规范化、系统化,提升销售效率和业绩。通过数智化工具,为合作伙伴提供销售支持和赋能,助力其提升市场竞争力。

7.招商流程与机制创新

优化招商流程,完善招商机制,确保招商工作的科学、规范和高效。通过数智化手段,实现对招商信息的全面掌控和有效利用,提升招商质量和成功率。

8.活动管理与效能提升

强化活动管理的计划性、针对性和实效性,提升市场活动的效果和转化率。通过数智化工具,实现活动信息的快速传递和精准触达,提升市场活动的覆盖面和影响力。

9.渠道商管理与优化

建立完善的渠道商管理体系,实现对渠道商的全面掌控和有效管理。通过数智化手段,优化渠道商结构,提升渠道商质量,确保渠道的健康稳定发展。

10.用户管理与服务提升

深化用户管理,提升用户服务质量和满意度。通过数智化工具,实现对用户需求的精准把握和快速响应,提升用户黏性和忠诚度。

以上几个方面共同构成了数智化渠道管理的完整框架,为企业在数字化时代提供了更加全面、高效和创新的渠道管理方式。

二、数智化渠道管理的必要性

数智化渠道管理是指利用数字化技术和智能化工具来优化和管理企业的销售渠道。其必要性主要体现在以下几个方面。

1.提高效率

利用数字化和智能化工具,可以自动化处理大量数据,减少人工操作,从而提高销售效率。例如,通过自动化的销售流程,企业可以更快地响应客户需求,提高客户满意度。

2.优化决策

通过收集和分析销售数据,企业可以更好地了解市场趋势和客户需求,从而作出更明智的决策。这种数据驱动的决策方式可以帮助企业优化产品策略、定价策略和销售策略。

3.降低成本

数字化和智能化工具有利于降低企业的运营成本。例如,通过自动化的销售流程,企业可以减少人力成本;通过智能化的数据分析工具,企业可以更有效地利用资源,减少浪费。

4.适应市场变化

随着市场的不断变化和竞争的加剧,企业需要不断创新和优化销售渠道。数智化渠道管理可以帮助企业更好地适应市场变化,保持竞争优势。

5.强化渠道协同

数智化渠道管理可以使企业加强与渠道伙伴之间的协同合作。通过数据共享和智能分析工具,企业可以更好地了解渠道伙伴的业绩、需求和问题,从而更有效地进行协调和支持。这种协同合作可以提高整个渠道体系的效率和竞争力。

6.实现精准营销

数智化渠道管理中,企业可以利用大数据和人工智能技术,实现精准营销。通过对客户数据的深入挖掘和分析,企业可以了解客户的兴趣、需求和购买行为,从而制定更加精准的营销策略。这种精准营销可以增强营销效果,降低营销成本,促进企业的销售额和市场份额提升。

7.应对市场挑战

随着市场竞争的加剧,企业需要不断创新和变革来应对挑战。数智化渠道管理可以为企业提供更多的创新机会和变革动力。通过数字化和智能化技术的支持,企业可以开发新的销售渠道、产品和服务,以满足不断变化的市场需求。

8.增强数据安全性

数智化渠道管理可以增强数据的安全性。通过加密技术和数据备份措施,企业可以保护客户和销售数据,避免数据泄露或丢失。这可以提高客户的信任度,为企业赢得好的声誉,树立好的品牌形象。

9.提升销售预测准确性

数智化渠道管理依托于先进的数据分析工具开展,因此企业可以更精确地预测销售趋势。通过对历史销售数据、市场趋势和客户需求等信息的分析,企业能够预测未来的销售情况,从而提前做好库存管理和生产计划,避免库存积压或供应不足的问题。

10.拓展新的销售渠道

数智化渠道管理有助于企业拓展新的销售渠道。通过利用互联网、社交媒体等新兴平台,企业可以迅速接触到更广泛的潜在客户群体,扩大市场份额。同时,数智化渠道管理还可以帮助企业优化线上线下融合的销售模式,提升整体销售效果。

11.提升员工工作效率

数智化渠道管理可以使企业简化员工工作流程、提高工作效率。通过自动化的销售流程、智能化的数据分析工具等,企业员工可以更加高效地处理工作任务,减少烦琐、重复的操作。这不仅可以降低企业的人力成本,还可以提高员工的工作满意度和忠诚度。

数智化渠道管理对于企业的可持续发展具有重要意义。通过为企业建立提高销售效率、优化决策、降低成本、适应市场变化以及促进可持续发展等方面的优势,数智化渠道管理为企业带来了更广阔的发展空间和更强大的竞争力。因此,企业应积极进行数智化渠道管理,不断提升自身的竞争力和市场地位。

三、数智化渠道管理的落地

数智化渠道管理是一个涵盖了多个方面和步骤的复杂过程,以下是一些关键的步骤和策略。

1.明确渠道定位和战略

首先,企业需要明确自己的渠道定位和目标市场。例如,确定使用的社交媒体平台是否适合产品或服务,以及在这些平台上如何定位自己的品牌形象。同时,还需要明确竞争策略,这可能包括差异化、成本领先等方式。

2.数据分析

通过数据分析,企业可以了解用户的兴趣和需求,以及各个渠道的效果和转化率。这有助于企业优化渠道和产品,以满足用户需求和提高业绩。为此,企业可以利用各种工具和平台,如谷歌分析、百度指数、社交媒体数据分析等,或者建立自己的数据分析团队。

3.渠道商管理在线化

在线渠道管理可以大大提高效率。首先,企业需要梳理自身的组织架构,包括员工、渠道商的信息,然后完成渠道商的后台导入和在线绑定。其次,企业的渠道商可以在线管理员工、绑定产品、管理用户,将传统的渠道商商业计划书直接系统化地由线下搬到线上。再次,企业可以通过在线为渠道商提供智能物料系统中的各种物料及智能营销系统的各种"鱼饵",帮助渠道商在线进行获客管理,从而将公域流量池的客户转化到私域流量池。最后,用户可以通过扫描产品上的"一物一码",鉴别真伪,完成产品(消费数据)绑定。

4.优化渠道运营

根据数据分析的结果,企业可以不断优化渠道运营,包括调整渠道策略、优化产品、提高用户体验等。同时,企业还需要关注渠道的稳定性和安全性,确保用户信息和数据的安全。

5.持续创新和学习

数智化渠道管理是一个持续的过程,需要企业不断创新和学习。企业可以通过参加行业会议、培训、分享会等方式,获取最新的行业信息和最佳实践,然后将其应用到自身的渠道管理中。

6.建立多渠道协同机制

随着消费者触媒习惯变得多元化,企业需要考虑构建多渠道协同的销售和服务体系。体系包括线上商城、社交媒体、线下门店、电商平台等。企业需要确保这些渠道之间的信息流通,避免渠道冲突,并为用户提供一致的服务体验。

7.优化用户体验

数智化渠道管理应以优化用户体验为核心目标。企业可以利用 AI 技术来同用户个性化交互,提供定制化的服务和产品。同时,企业还可以通过用户反馈机制,及时了解用户需求,优化产品和服务。

8.建立智能客服系统

智能客服系统可以提高企业客户服务的效率和满意度。基于自然语言处理和机器学习技术,智能客服可以自动回答用户问题,处理用户投诉,并为用户提供个性化的服务。

9.运用大数据和 AI 技术进行预测分析

利用大数据和 AI 技术,企业可以预测市场趋势,分析消费者行为,优化库存管理和供应链。此外,企业还可以将在此过程中得到的数据用于制定营销策略,提高营销活动的有效性。

10.保障数据安全和隐私

在数智化渠道管理中,企业需要特别关注数据安全和隐私保护,确保用户数据的安全存储,避免数据泄露,并遵守相关的数据保护和隐私法规。

11.培训员工和合作伙伴

数智化渠道管理需要企业员工和合作伙伴具备一定的数字化技能。因此,企业需要定期为员工提供培训,帮助他们掌握新的技术和工具。同时,企业也需要为合作伙伴提供相应的支持,帮助他们更好地与企业合作。

12.持续优化和创新

数智化渠道管理是一个持续的过程,需要企业不断进行优化和创新。企业可以通过定期的评估和调整,维持好的渠道管理效果。同时,企业也需要关注行业动态和技术发展,以便及时调整自己的策略。

综上所述,数智化渠道管理需要企业具备全面的战略视野、强大的执行力和持续的创新精神。只有这样,企业才能在竞争激烈的市场中保持领先地位。

四、数智化渠道管理的挑战

数智化渠道管理面临的挑战主要包括以下几个方面:

1.渠道碎片化

在数字化时代,消费者可以从多渠道购买商品或服务。这导致渠道管理变得更为复杂,企业需要更加灵活地管理不同的渠道,并实现渠道之间的协同和整合,以提供一致的全渠道购物体验。

2.需确保顾客体验

在数字化时代,顾客体验成为影响顾客购买决策的重要因素。因此,企业在进行渠道管理时需要从顾客角度出发,为顾客提供个性化、便捷、愉悦的购物体验。同时,企业需要利用人工智能、大数据分析等技术来实时了解顾客需求,并作出相应的调整和优化。

3.技术更新与投入

数智化渠道管理需要企业引入先进的技术和系统,如大数据分析、人工智能、云计算等。然而,这些技术、系统的应用和维护需要大量的资金和人力资源投入,对于一些中小企业来说,可能导致其面临较大的经济压力。

4.数据安全与隐私保护

在数智化渠道管理中,涉及大量的用户数据,如用户个人信息、购物习惯等。如何保障这些数据的安全性,避免数据泄露和滥用,是企业数智化渠道管理面临的重要挑战。

5.渠道冲突与协调

在多渠道销售的情况下,不同渠道之间可能存在冲突和竞争,如线上渠道与线下渠道的价格差异、服务标准不统一等。如何协调和管理这些冲突,确保渠道之间的和谐共生,是企业在数智化渠道管理时需要解决的问题。

6.快速变化的市场环境

数字化时代,市场环境变化迅速,消费者需求、市场趋势、竞争对手策略等都在不断变化。企业需要快速适应这些变化,及时调整和优化渠道策略,以保持竞争优势。

7.跨部门和跨团队协作

数智化渠道管理需要多个部门和团队的协作,如销售、市场、技术、供应链部门和团队等。如何确保各部门和团队之间的顺畅沟通和协作,避免"信息孤岛"和重复工作,是企业数智化渠道管理需要解决的问题。

8.培训和提升员工能力

数智化渠道管理需要企业员工具备数字化思维以及数据分析和技术应用等能力。因此,企业需要加强员工培训,提升员工在数字化和智能化方面的能力,以适应数智化渠道管理的需求。

9.投入与回报的平衡

数智化渠道管理需要企业在多个方面投入大量的资金,包括技术研发、系统建设、人才培训等。然而,这些投入并不一定能立即带来明显的回报。企业需要在投入与回报之间寻求平衡,确保数智化渠道管理的可持续发展。

总之,数智化渠道管理面临的挑战是多方面的,需要企业从多个角度进行综合考虑和应对。只有不断创新和改进,企业才能在激烈的市场竞争中保持领先地位。

第三节　电商渠道数智化的发展阶段、趋势和技术工具

电商渠道数智化是一个从电商站内本身的数据累积和应用,拓展到打通其他平台/线下数据,描绘出消费者全息画像,积累消费者数智资产,满足消费者个性化体验,提升转化率,并循环优化的过程。

一、电商渠道数智化管理的发展阶段

（一）电商渠道数智化管理的基础阶段

基础阶段以实现数智化技术应用与效果评估为目标,聚焦于电商站内的平台运营,沉淀消费者数智画像,指导本平台内活动的重定向,以提升活动的转化效果,并对活动效果进行评估和分析,形成电商站内运营的良性循环。

如今的消费者有非常多购买商品的渠道,不再有固定的消费渠道逻辑。比如,在买菜、日常用品的时候会选择社区团购、社区电商平台,在购买快消品、美妆等产品时候会选择综合电商、同城零售平台或线下便利店、商超,还会因在社交媒体电商平台、直播带货平台被"安利"而产生购买行为。多渠道电商布局不再是选择题,而是必选项。企业要在市场中抢占先机,就要以数智化为基底,打造多个电商渠道。

1.综合电商

在电商市场中,长时间维持着以淘宝、京东等传统综合型电商为主导的局面,因为它们所提供的商品品类丰富、货源广布,供应链系统成熟且完善,能够在多地区实现本地化仓储和配送,大幅降低配送成本和运营成本。2017年,拼团、私域等依赖社交媒体关系的电商类型兴起,最后拼多多突出重围,并不断完善营销体系,其对电商营销市场的影响力也从2018年起开始逐步加大。

2.社交媒体电商

社交媒体电商全称社交媒体化电子商务,是电子商务的一种新的衍生模式,但是其中"社交媒体"的概念与我们一般认知中的不同,因为社交媒体电商中的用户之间不一定会发生交流来往。社交媒体电商中的社交媒体之于电商像管道之于水一般的存在,总的来说,社交媒体电商是基于社交媒体关系,利用互联网社交媒介,实现电商中的流量获取、商品推广和交易等环节中的一个或多个,进而产生间接或直接交易行为。

社交媒体电商包括以下四种模式:一是拼购型社交媒体电商,以低价为核心吸引力,聚集 2 个及以上的用户,通过拼团减价模式,激发用户分享、形成自传播。二是会员制社交媒体电商,由电商平台统一提供货、仓、配送及售后服务等全供应链流程,通过分销提成刺激用户成为分销商,利用用户自有社交媒体关系进行分享裂变,实现自购省钱、分享赚钱。三是社区型社交媒体电商,以社区为基础,社区居民加入社群后,通过小程序等工具下订单,社区团购平台在指定时间内将商品统一配送至团长处,再由居民到团长处自取或由团长进行"最后一公里"配送。四是内容型社交媒体电商,电商平台通过各类型内容影响、引导用户进行购物,同时通过内容进一步了解用户偏好,实现商品与内容的协同,提升营销转化效果。

3.即时电商

即时电商是指通过即时物流等履约能力,拓展和连接实体商户、仓储等本地零售供给方,满足消费者即时需求。这种电商渠道往往依托网络和数智平台建立,为消费者提供快速送达服务。典型平台如盒马、美团、京东到家等。

4.直播带货

直播带货是一种通过直播平台进行商品销售和推广的商业模式。在直播带货中,主播通过直播平台实时展示和介绍商品,同时与观众进行互动和交流。观众可以通过直播平台实时发表评论、提问,与主播进行互动,并通过链接或二维码参与购买。主播可以通过直播的方式向观众展示商品的特点、使用方法、实际效果等,直接引导观众进行购买。直播带货的特点是实时性强、互动性高,能够提供更加真实和直观的购物体验,不仅为商家提供了一种新的销售渠道,也为消费者提供了更加便捷和有趣的购物方式。

（二）电商渠道数智化管理的进阶阶段

进阶阶段以实现数据积累与会员打通为目标,沉淀消费者全路径的数智资产,达成会员体系的一体化运营,针对不同消费者形成精准运营策略与投放策略,覆盖消费者完整生命周期旅程,并进行 A/B 测试,选择最优的策略/内容,在重定向的基础上,实现消费者站内的个性化服务与体验。

1.电商数据资产

数据能直观地展现品牌与消费者价值之间的关系,并为品牌提供持续运营的能力。企业利用数据反映消费者对品牌的认知、兴趣、购买、忠诚,通过数据实现全链路透视,使消费者数据资产变得可评估、可优化、可运营,最终实现消费者数据资产的激活和增值。

2.站内 DMP(Data Management Platform,数据管理平台)人群圈选

目前,主流电商平台均提供了 DMP,为品牌方/商家提供海量标签供其自由组合,帮助其快速有效地圈定目标人群,同时,为品牌方/商家提供精细化人群画像洞察功能,联动多渠道进行人群投放,并提供人群投放的后链路追踪,助力品牌方/商家进行全链路消费者运营。典型的电商平台 DMP 有阿里巴巴的"达摩盘"、京东的"京准通"等。

3.电商与外部会员体系打通

打通全渠道用户触点,构建围绕会员生命周期可持续性的一体化运营体系。会员体系打通是 MAP(营销自动化平台)和 CEM(客户交互平台)功能的基础,能够大幅提升品牌的互动运营能力。同时,会员体系打通也是 CDP(客户数据管理平台)和 DAC(数据分析中心)构建第一方用户数据库的前提,能够为品牌提供精细化运营用户的基础,让品牌直面用户,深入了解用户的真实需求。例如,目前天猫平台提供的"会员通"体系,便可让品牌在消费者授权后获取消费者的相关个人信息,以方便品牌全域会员体系的打通。

4.站内 A/B 测试

A/B 测试是指在借助多种信息传递方式触达同类型消费者时,通过小样本测试消费者对不同内容和接触策略的接受度,找到最优的传播策略。站内的 A/B 测试,本质上就是把平台的流量均匀分为几个组,每个组添加不同的策略,然后根据这几个

组的消费者行为数据指标,如留存率、人均观看时长、基础互动率、收藏率、加购率和购买率等核心指标,选择一个最好的策略。

5.站内体验个性化

站内体验个性化指平台系统根据当前消费者的特征和需求,以及平时的搜索习惯、加购行为、收藏行为等,筛选、推荐符合消费者预期的个性化商品,从而提高品牌店铺访客的成交转化率。

6.站内外投放转化数据分析

品牌方/商家通过后链路电商数据,分析站外硬广的落地效果,对营销活动做整体评估,寻找高效利用广告触达人群的机会,实现购买转化率提升。

（三）电商渠道数智化管理的领先阶段

领先阶段以实现品效协同为目标。在进阶阶段的基础之上,通过聚合跨渠道的电商数据,分析购买转化数据,结合消费者数智资产,反哺电商运营,实现电商运营的智能化,运营的智能化数据再回流到消费者数智资产中,最终实现智能化消费者洞察及资产积累。在此过程中,需要兼顾消费者的个性化体验及活动转化效果,以逐步实现品效协同。

1.聚合跨平台数据,智能化产出运营策略

品牌方/商家通过一体化运营平台,聚合并透视跨平台的运营及投放数据,对各电商渠道的店铺指标、运营、投放做统一的管理。一方面,一站式管理各电商渠道的常规运营内容,灵活切换店铺;另一方面,基于沉淀的历史数据,结合机器学习与算法技术,针对后期的运营、投放、预算分配形成自动化、智能的运营策略产出,在运营效率与投放效率两方面做出提升。

2.智能化消费者洞察与运营

品牌方/商家通过智能化消费者洞察,探测消费者比较突出的特征,包括人口属性、身份属性及购物意向偏好等。经由特征分析,品牌方/商家可以更清晰地掌握某类消费者的画像,同时也可以针对具有这类特征的消费者进行圈选再投放,提升投放效率。经过覆盖人群洞察、人群触达、效果衡量、数智资产沉淀,品牌方/商家可以提升人群精细化运营能力,完善消费者运营链路闭环。

二、电商渠道数智化管理的发展趋势

经过多年的稳定发展,各传统电商平台的核心"打法"已基本落定,并无太大波澜。但如今随着营销链路拉长,触点及营销内容的多元,仅关注传统意义上的电商平台已不足够,社交媒体电商平台已成长为品牌方重要的转化与输出渠道。与此同时,品牌方多渠道、多触点的统一电商数智化运营诉求也愈加强烈。

(一)社交媒体电商崛起,成长为重要电商渠道

在中国市场,优衣库一向以敢于尝鲜著称,2009年就入驻天猫平台,成为第一个进入天猫的海外品牌,而那时诸多品牌还对电商一知半解。2022年9月,优衣库在抖音举行了首场品牌自播,并上架了多款新品,并不以销售库存货为主。几年前,微信小程序上线后,优衣库也是首轮入驻的商家。大量消费者见证了社交媒体消费量的增长,相当数量的消费者会持续加大对社交媒体的使用并产生购买行为。当下,社交媒体已从早些年被认为有机会成为一种销售渠道,逐渐演变为被主流品牌所广泛认可的重要电商渠道。

(二)跨渠道聚合运营,提升运营效率与全局认知

出于对流量的渴望,品牌方开始趋向于多渠道、跨渠道运营,但在多渠道、跨渠道运营的过程中,也遇到了一些挑战:一方面,运营人员需要跨多个系统操作,需要花费时间分析、配置数据,这样不仅效率低而且易出错;另一方面,对于跨渠道电商运营来说,运营人员需要统筹多个渠道的预算分配,做好运营投放的归因分析,确定适合品牌调性的最佳电商转化渠道。这些都是品牌方从单一渠道向多渠道转变过程中所需要克服的困难,品牌方需要形成跨渠道聚合运营能力去应对。

三、电商渠道数智化管理的技术工具

电商渠道数智化管理的技术工具主要有数据可视化、电商机器人流程自动化(电商RPA)、支付技术、数智人直播、营销组合模型(MMM)、智能客服、智能推介和多触点归因(MTA)。

(一)数据可视化

数据可视化是通过图表、图形和其他可视元素将数据呈现出来的过程,旨在更直

观地理解和分析数据。通过将数据转化为可视形式，数据可视化可以帮助我们发现数据中的模式、趋势和关联，从而得出更准确的结论和决策。

（二）电商 RPA

电商 RPA 是指利用机器人自动化技术来执行电商业务中的各种重复、烦琐的任务和流程。通过 RPA 技术，可以将人工操作转化为机器人自动执行的任务，提高工作效率，减少人力资源的消耗。

在电商领域，RPA 可以应用于多个方面。例如，订单处理和管理是电商中的一个重要环节，通过 RPA 技术，可以使订单的接收、处理、跟踪等流程自动化，减少人工介入，提高订单处理的速度和准确性。又如，库存管理和补货也是电商中的关键任务。通过 RPA 技术，可以实现对库存的监控和预测，并自动触发补货流程，确保商品的及时补充，避免缺货情况的发生。此外，RPA 还可以应用于客户服务和售后支持，处理常见的客户问题和请求，提高响应速度，减少人工客服的工作量，提升用户体验。

（三）支付技术

电商领域的支付技术是指用于在线购物和交易过程中的各种支付系统方式。随着电子商务的快速发展，各种支付技术被广泛应用于电商平台，为消费者提供安全、便捷和多样化的支付选择。以下是一些常见的电商支付技术。

1.在线支付平台

像支付宝、微信支付、PayPal 等在线支付平台提供了电子钱包和第三方支付服务，消费者可以使用银行卡、信用卡或预付费账户进行支付。

2.银行转账

消费者可以通过网银或手机银行将款项直接转入商家的银行账户。

3.信用卡支付

消费者可以使用信用卡进行在线支付，商家通过与银行合作的支付网关来完成支付流程。

4.手机支付

通过使用 NFC 技术或扫描二维码，消费者可以使用手机进行支付，例如使用支付宝、微信支付、Apple Pay 等支付。

5.货到付款

消费者可以在商品送达后支付现金给快递员或商家,这种支付方式在某些地区和情况下依然常见。

6.虚拟货币支付

一些电商平台接受虚拟货币支付,例如比特币、以太币等。

（四）数智人直播

数智人直播是指借助数智化技术打造虚拟人物形象,并通过实时互动技术实现虚拟人物直播带货的新型直播形式。通过使用计算机生成虚拟人物,结合动画、声音和互动功能,数智人直播可以呈现生动逼真的虚拟人物形象,并与观众进行实时互动。

（五）MMM

MMM 是一种用于分析市场营销活动效果的统计模型。该模型通过分析市场营销活动和市场绩效之间的关系,帮助企业了解不同营销变量对销售、收入、市场份额等指标的影响,并进行预测和优化决策。

MMM 通常基于历史数据,综合考虑多个市场营销变量,如广告投入、促销活动、定价策略等,以及外部因素如季节、竞争环境等,量化不同营销变量对业绩的贡献度,揭示各项营销活动的效果和 ROI（投资回报率）,从而帮助企业优化资源配置、制定更有效的市场营销策略。

MMM 在市场营销决策中具有重要的应用价值,可以帮助企业评估和比较不同营销活动的效果,优化推广策略,提高市场绩效和投资回报率。同时,随着数据分析和建模技术的不断发展,MMM 也在不断演进和改进,未来有望为企业提供更准确、可靠的市场营销决策支持。

（六）智能客服

智能客服是指电子商务平台上运用人工智能技术的客服系统。基于自然语言处理、机器学习和大数据分析等技术,智能客服能够自动回答用户的咨询、提供产品信息、解答问题、处理投诉等。智能客服可以通过聊天机器人、语音助手等形式与用户进行交互,提供快速、准确、个性化的服务,提升用户体验和销售效率;还可以根据用户的需求和行为进行学习和优化,逐渐提升服务质量,为电商平台提供更好的用户支持和运营效果。

(七)智能推介

智能推介是指利用人工智能技术,在电子商务平台上为用户提供个性化的商品推荐和推介服务。通过分析用户的浏览历史、购买记录、兴趣偏好等数据,智能推介系统可以自动筛选和推荐用户可能感兴趣的商品或服务。这样的推介可以通过多种方式实现,比如在网页上显示相关推荐商品、通过短信或邮件进行个性化推荐等。通过智能推介,电商平台可以优化用户的购物体验,提高用户的满意度和忠诚度,同时也能提高销售转化率和交易额。

(八)MTA

MTA是一种用于确定营销活动中不同触点对转化行为的贡献的方法。传统的单一触点归因模型往往只将转化归因给最后一个接触点,而MTA更加细致地考虑了用户在转化过程中多个接触点的影响。

MTA利用数据分析和统计建模技术,结合用户行为数据和触点数据,可以追踪和记录用户在整个营销路径中的多个接触点,并量化每个接触点对转化行为的影响。这样可以更准确地评估不同营销渠道、广告媒体或营销活动的贡献度,帮助企业优化资源配置、制定更有效的市场营销策略。通过MTA,企业可以更好地理解用户转化路径,优化营销投资,提高营销效果和ROI。

课程思政 9-1

数智化时代,技术的发展日新月异。数智化渠道管理依赖于先进的技术手段,如大数据、人工智能、云计算等。这就要求企业需要具备创新精神,勇于尝试新技术、新方法,从而确保渠道管理系统的先进性和高效性。这种精神不仅体现在对现有技术的优化升级上,更体现在对新技术的探索和应用上,例如:利用AI算法优化客户画像,提高营销精准度;利用大数据分析预测市场趋势,指导产品开发和库存管理等。

数智化渠道管理不仅是技术层面的变革,更是管理理念和模式的深刻转变。企业应打破传统思维束缚,构建以数据为核心、以用户为中心的新型管理模式。这要求企业具备快速响应市场变化的能力,灵活调整渠道策略,实现线上线下融合,提升用户体验和满意度。

四、数智化渠道管理布局方向

1.重构业务模式

业务数据的中台模式和全场景触达消费者的要求不仅涉及系统平台搭建和架构重构,而且涉及原有组织结构、职责分工、考核体系等的转变。

2.优化渠道运营效率

渠道全链路数字化转型的实质是运用数字化手段提升渠道的运营效率,主要包括三个方面:一是通过获取产品铺货、门店陈列信息,优化产品投放策略;二是通过全渠道一盘货,提升产销协调效率;三是通过获取活动执行的效果,优化市场策略。

3.赋能终端

终端是渠道全链路数字化连接的最后一个环节,其运营质量直接关系到品牌方的品牌建设、销售情况、消费者互动情况。品牌方应充分挖掘终端的需求和面临的挑战,采取措施持续赋能,以提升终端的动销能力和服务质量。

4.BC 一体化运营

消费者全场景触达和渠道全链路连接,需要企业以一种有效的方式整合 B 端和 C 端的运营,使线上的 C 端和线下的 B 端有机联动,即 BC 一体化运营。

第四节　数智化渠道管理实践

进入 21 世纪以来,数字信息技术的蓬勃发展,云计算、区块链和人工智能等新兴技术的广泛应用,不仅推动着企业目标的转变和治理结构的创新,而且推动着企业内部管理模式的一系列变革。与此同时,数智化消费场景正不断创新与升级,消费者获得数字化赋能,其需求越来越难以满足。企业在触达消费者时,其途径呈现碎片化、分散化的特点,因此,消费者在各个渠道间无缝衔接、完成其购物旅程,如何对各渠道实现协同经营管理、高效精细化运营,从而为消费者提供一致的购物体验,是数智化时代给企业带来的课题。

众所周知,渠道管理是企业在销售过程中不可忽视的一个重要环节,涉及如何有效地管理和协调与企业合作的各个销售渠道,以确保产品能够顺畅地到达消费者手中,以及保证渠道成员之间的利益平衡和长期合作。随着技术的发展和市场的变化,传统的渠道管理模式已逐渐无法满足企业的需求,企业需要的是更加灵活、高效的管理策略,因此数智化渠道管理应运而生。数智化渠道管理有利于优化资源配置、提高效率,成为企业提升竞争力的关键策略之一。本节将介绍不同行业数智化渠道管理的成功案例。

一、壳牌公司的渠道数智化创新

壳牌公司作为拥有超过100年历史的跨国企业,长久以来通过固有的"渠道驱动销量"发展模式,抢占市场份额。但在传统的渠道体系下,企业与渠道商之间逐渐变成了博弈关系,信息不通畅及"数据孤岛"的形成,也使得企业对各渠道管理的效率低下、成本提升,极大限制了业务的快速发展。壳牌公司在进行转型的过程中,除了运用数智化手段提升品牌价值、持续建立与消费者的关系,更多的是通过数智化工具给予渠道全面支持,在存量市场中抢占更多份额。其数智化渠道转型路径主要包括以下几个方面。

(一)运营提效

壳牌公司为经销商提供多样的营销工具及丰富的交易场景,利用数字化工具赋能日常经营。例如,将传统订货会模式搬到线上,基于账号体系管理、直播带货、数据追踪三大能力板块打造定制化的线上直播,为经销商提供丰富的交易场景及灵活的销售策略,激励终端门店根据自身业务需求进行采购,激活下游碎片化采购动能,促进订货转化。经销商也可灵活制定对下游的销售政策,如针对不同渠道客户,设置差异化、多样化的渠道订货策略。在日常运营方面,壳牌公司借助"超凡精养"小程序,系统化管理和优化经销商与用户交互的每个阶段。

（二）数据驱动

壳牌公司通过全链路数字化打通了业务、财务间的完整数据链条，为各关键角色业务的持续迭代与决策提供数据支撑，实现了基于数据驱动的全链路营销闭环。例如：通过使用智能工具整合各个应用系统的业务流程，实现端到端的对接，打破了部门与系统之间的"数据孤岛"，为前台业务开展提供强有力的支持；构建以数字资产为基础的用户运营平台，沉淀各个业务端口数据至数据中台，为后续智能分析提供数据基础。

（三）渠道赋能

壳牌公司以企业微信为载体，整合与经销商之间的各种业务交互入口，实现"单入口多应用"的管理策略。同时，通过销售政策、营销活动、费用管理等各项交易赋能工具，全方位实施数字化渠道管理，打通与经销商及其员工的信息链路，全面掌握渠道数据。

二、快消品牌的渠道数智化探索

青岛啤酒、雪花啤酒等快消品牌在渠道数智化转型方面同样进行了积极尝试。

青岛啤酒进行了线上线下全渠道布局，对全域经营深刻探索。线上形成官方旗舰店、官方商城、网上零售商、分销专营店"四位一体"的立体化电子商务渠道领先优势；线下持续推进 O2O、B2B、社区团购等业务，通过产品赋码，利用带码的啤酒瓶盖连接生产者与消费者、经销商，打通渠道全链路。

雪花啤酒在数智化转型上明确了平台赋能、数据驱动、智慧运营的建设总目标，并以"五化、三集中、一核、四平台"为转型框架，全面推进数字化战略落地。其中："五化"指的是供应协同化、生产智能化、渠道可视化、终端精益化以及营销数智化；"三集中"指管理集中、信息集中、操作集中；"一核"指的是企业运营要围绕消费者，以消费者为核心。

从以上的案例可以看出，这些企业通过运用数字化工具和解决方案，打破了传统稳定的渠道利益格局，为渠道赋予了新的活力和动力。数智化渠道管理不仅需要强大的技术支持，更需要企业对市场趋势有敏锐的洞察、对客户需求有深入的理解。随着数字化转型的不断深入,预计未来会有越来越多的企业采用数智化渠道管理模式,以应对激烈的市场竞争。

三、九牧数智化渠道管理实例

九牧作为中国卫浴行业的领军企业,近年来在数智化管理方面取得了显著成就。通过持续的科技创新和数智化转型,九牧不仅成功提升了自身的核心竞争力,也为整个行业的数智化转型提供了宝贵的经验和模式。当然,转型并非一蹴而就,而是经过了长时间的探索和实践,自 2016 年提出"科技卫浴"概念以来,九牧便开始着手构建数智化管理体系。

九牧电商作为九牧线上拓展的重要板块,在电商渠道策略上有着深度布局和创新实践。九牧的电商渠道策略体现在多个方面,主要是通过建立多元化的电商渠道结构,充分利用不同平台的生态环境,满足不同店型的营销需求,同时保护每个层级代理商的利益。这种精细化管理策略,使得九牧能够在激烈的电商市场竞争中保持稳固地位。精细化的管理离不开数智工具的加持,下面将详细论述九牧是如何进行电商数智化渠道管理的。

(一)数智化系统工具的开发

数智化系统工具的开发是企业实现数智化转型的关键一环,核心目的是提高管理效率、优化业务流程和创新业务模式。由于九牧的经销商和分销商数量众多,九牧渠道部门管理难度较大,需要进行完善的战略布局,制定好管理策略,约束并引导渠道客户,以打造良好的营商环境,提升渠道客户的合作体验。在过去传统的管理模式下,一个业务员要对接多个渠道客户,进行"保姆式"服务。此种模式通常存在如下弊端:首先,在客户互动、沟通以及服务上要投入大量资源,不仅包括人力资源,还涉及数据分析、技术支持等方面的资源。随着市场竞争的加剧,企业需要不断加大投资以维持或提升市场份额,这无疑会增加渠道管理的运营成本。其次,在敏感性数据的保护方面,数据泄露或滥用的风险仍然存在。最后,在策略制定及问题解决方面,一旦市场环境发生变化,此种模式便显得缺乏全局视野,因为在该模式下,业务员对于客户情况的分析往往停留在表面,并极具主观性,缺乏深入的系统性思考。

考虑到传统管理模式的弊端,九牧渠道部门开始寻找和开发数智化工具,对传统管理模式进行数智赋能。目前涉及的主要工具有如下几个。

1.RPA

解决了传统手动抓取数据慢且烦琐的痛点,促使核心业务人员的精力能够放在更有价值的策略性工作内容中。

2.企业微信

将经销商及分销商的团队纳入统一架构的管理系统工具中,有效地管理经销商关系,确保信息的畅通,提升客户服务质量。

3.CRM

用于渠道的推广管理以及客户数据管理等相关业务内容,以及结合企业微信进行客户数据联动。

4.订单管理系统

将所有订单管理系统转移至线上,利用数智化工具协助客户进行订单预测与管理。

5.牧商云

该平台是九牧与B端合作伙伴业务协同的平台,赋能九牧全渠道零售业务。主要功能模块包含产品资料库、营销素材库、移动助销工具、巡店管理、定制订单跟踪等。

6.JRM(九牧任务协作平台)

该平台是九牧内部提升协作效率,实现目标分解、事项追踪的数字化平台。

7.墨刀

该工具是九牧经营数据的可视化看板,能够分渠道、分模块、分品类建立符合业务逻辑的交互式报表,简化大量复杂数据,帮助决策层明智地制定战略。

(二)工具与业务的完美融合

尽管数智化工具为九牧带来了诸多好处,但它们与业务的深度融合也面临着一些挑战,为了实现数智化工具与业务的完美融合,九牧采取了以下策略。

1.将工具进行功能交互

当工具与工具之间缺乏联动时,往往会出现效率低下、错误率增加以及工作流程复杂化等问题,九牧考虑到了以上情况,巧妙地将工具进行功能交互。例如,九牧运用自己开发的 CRM、订单管理系统、牧商云与企业微信进行系统对接,赋能渠道一线管理人员实现客户关系管理、流程监控、订单操作、信息沉淀等,并从传统的一对多模式转变为扁平化管理模式,从而建立了触达 B 端客户的数字化网络平台。同时,通过 RPA、墨刀等工具的联动,九牧从数据的抓取、分析到可视化展示进行了全链路打通,让核心数据可得、可览、可用。

2.结合业务实际使用工具

渠道业务复杂多变,尤其在瞬息万变的电商行业中更是如此,因此实际业务的痛点需得到精准解决。九牧在选择与使用数据化工具时,遵循的是实用且适用的原则。例如,在使用企业微信进行客户管理时,九牧充分利用账号继承、群聊、通知等一系列功能,将经销商及其员工纳入组织架构中管理,而不是将其作为组织外部客户进行沟通;在使用智能机器人及看板工具时,九牧会结合业务所需,对数据进行多次加工萃取,形成符合业务需要的数据。

四、数智化渠道管理人员需具备的思维和素质

随着经济结构的优化升级,行业竞争差距拉大,数智化转型成为企业缩短差距、提高核心竞争力的必然路径。这就要求企业进行数智化管理,通过数据技术整合资源,改善资源分配,优化决策,提高竞争力。与此同时,企业的渠道发展离不开合理的策略制定与落地,平台、客户、产品等的差异化、精细化运营往往是渠道发展制胜的关键所在。因此,对于制定策略的渠道管理人员来说,其能力与综合素质成为数智化渠道管理的保障性因素。本小节将对数智化渠道管理人员应具备的思维和素质进行分析,以期为企业培养渠道管理人才、优化渠道管理决策提供参考。

(一)数智化管理思维

数智化时代,毫无疑问是借助数智化工具提升管理效率及可行性,为经营和管理提供思维驻点的时代。因此,渠道管理人员需转变管理思维,树立前沿性的数据具体化思维,将问题导向思维与结果导向思维相结合,以看板管理的方式来运营,最终形成一种闭环式的系统化思维,进而实现对渠道的全面掌控,提高经营决策的科学性。

1.数据化思维

身处信息数据爆炸的时代,我们必须承认数据的重要性,任何动态、非动态的数

据均可能影响经营管理决策。渠道管理人员应从不同的维度与高度精准抓住数据要点,树立量化的思维模式,这样才能把握市场前沿动态,抓住机遇,构建智能系统,以科学的数据量化分析为决策提供支持,提高决策质量,进而提升自身的竞争力。同时,渠道管理人员还要培养使用技术和工具的能力,学会解读和应用数据,以便推断、作出决策和解决问题。

2.问题导向性思维

基于问题导向思维,决策者可以找到决策事项的关键细节,始终坚持瞄着问题走、追着问题走、以问题倒逼各级更新管理理念,创新管理方式,从而夯实决策基础,提高决策的正确性。因此,渠道管理人员在决策的全过程中,应以问题导向为抓手,让因果关系辅助相关关系,通过运用大数据技术横向挖掘,找到问题背后的内在逻辑关系,不是就问题论问题,而是保证分析问题的动态性和全局性,从战略层面找到合适的应对之策,优化经营决策,确保企业整体战略得以良好实现。

3.结果导向性思维

结果导向性思维是一种以结果为导向的思考方式,强调从结果的角度出发来分析问题和制定策略。在数智化渠道管理中,这种思维尤为重要,因为它要求管理者不仅要关注过程,更要关注最终结果和效果。渠道管理中决策效果不佳、销售量下跌等问题的出现就是因为过于强调形式化过程,而没有真正创造价值。在决策过程中,不能仅仅凭借调研考察的次数、分析报告的多少或决策方案选择的数量来评判决策优劣,把过程当结果、把痕迹当效果的想法或做法是不注重结果导向思维的表现。当利用数智化工具完成了大部分数据收集和分析工作后,渠道管理人员对重要指标精准快速判断,将资源集中分配、运用到重要环节,进行有效决策,解决问题并得到良好的结果,才是用科技赋能渠道业务的意义所在。

4.系统性思维

整合先进的数据分析、AI和物联网技术,优化现有的渠道结构,促进渠道之间的协同合作,从而加速产品和服务的流通,提高整个供应链的效率和响应速度。以上整合过程,就是系统化思维的体现。在大数据时代,渠道管理人员要构建一个整体、全面的框架,使思维和决策专注在真正要解决的问题上,从而设计和制定出更有效的策略。一方面,基于整体性视角,将渠道看作一个系统,重视各渠道之间的关系,科学有效地构建运行机制；另一方面，综合以问题导向和结果导向的方式，形成看板管理模式，创新思维，推动各部门员工高度协作，提高整体决策水平，提升经营质量。

（二）数智化综合素质

数智化系统的使用，能将管理人员从基本的低价值工作活动中解放出来，但这也意味着管理人员要具备更强的综合素质才能适应数智化时代下的管理工作。渠道管理的核心内容包括产品定位、选择目标市场和明确销售目标，这些内容的合理规划与决策需要管理人员对关键数据和因素深入了解，不能再仅以销售论渠道管理，因此，对产品、财务、法务、订单、供应链、技术等均有理解，即复合型的管理人员才是现代企业数智化渠道发展所需的人才。复合型人才的存在，使企业能够更有效地适应市场变化，把握新的商业机会，因为他们不仅熟悉本行业内的专业知识，还能在面对复杂多变的市场环境时，理解并运用上述相关领域的知识，更加灵活地调整策略，实现业务的可持续发展。

当然，企业也需要建立科学合理的人才培养机制，创造一个积极向上、支持创新的工作环境，鼓励员工不断学习和自我提升。对高水平人才的管理是一个体系化、整合性的过程，通过科学合理的岗位培训和职业发展计划，企业可以提高员工的综合素质，这不仅能够帮助企业在激烈的市场竞争中脱颖而出，还能够促进企业的持续发展和繁荣。

思考题

1.如何进行渠道的管理？

2.数智化渠道管理的要素有哪些？

3.描述电商数智化渠道的发展阶段。

4.数智化渠道管理的关键技术工具有哪些？

5.数智化渠道管理人员应具备的能力有哪些？

案例评析

"卤味一哥"绝味食品:全渠道数智化与 AI 共舞的增长传奇

"卤味一哥"绝味食品拥有超 1 万家终端门店、超 5 万家美食生态连锁门店,每天拥有超百万稳定消费群体,年营收规模达百亿级别,有着庞大的业务基本盘。在经历了规模化的高速增长后,近年来,绝味食品将目光转向精细化运营,注重消费体验升级和单店营收质量的稳健发展。而且,随着在线零售年收入超 50 亿,绝味食品已将数智增长作为核心战略。

2005 年 4 月,绝味食品在湖南长沙南门口开出第一家绝味鸭脖门店。20 年后,绝味食品已成为全球最大的休闲卤制食品连锁品牌。在我国,辣味食品的消费者以年轻人群为主,市场增长前景可期。绝味集团首席数智增长官谌鹏飞表示:"如何运用更先进的能力,为更多消费者提供更好的产品、服务和消费体验,拥抱年轻人,进而实现企业新的增长,是绝味每天都在思考的问题。"

目前,绝味食品正积极推动行业创新发展,通过全渠道数智化更好地理解消费者,为市场带来优质产品与服务。同时,绝味食品也全面拥抱 AI,以 AI 数智驱动引领行业迈向更智能化、高效化的商业未来。

1.全渠道数智增长,从精准洞察到"爆款效应"

当下,年轻人的消费观念和需求正发生深刻变化,他们追求多元化、个性化,高度注重消费体验和情感价值。为了深化与年轻消费者的沟通与连接,2024 年 7 月,绝味在长沙召开了一场与消费者双向奔赴的品牌战略升级发布会,推出"绝味 2.0"战略,涵盖品牌年轻化、在线化、数智化和全球化,官宣了新的品牌符号、口号、IP 形象及首位全球品牌代言人。

谌鹏飞提道:"我们希望绝味品牌朝着年轻、激情、新鲜、爽感的方向持续创新。"2024 年,绝味与腾讯元梦之星展开合作,打通线上线下。在线上,绝味在元梦之星广场开设虚拟门店,玩家玩游戏就能收到绝味奖励礼券,为线下门店引流;在线下,绝味的高铁站门店获得腾讯授权,被改造成元梦之星主题店,创造数实融合的新消费体验。

为满足年轻人的个性化需求,绝味还积极探索新玩法。2024 年 12 月,绝味微信小店上线送礼物功能,这使绝味成为卤味行业第一家发"微信蓝包"的品牌,获得忠实会员一致好评。谌鹏飞认为,这一功能有效实现了品牌与消费者的连接,是社交电商增长的新机会。他透露:"我们上线'微信蓝包'限量特供版绝味礼盒,是因为会员反馈希望春节送礼能送绝味。"

除了与消费者建立情感共鸣,绝味还实现了全渠道 AI 赋能数智增长。过去,绝味以线下门店服务为主,而如今,通过全渠道数智化战略布局,绝味已将业务从线下门店扩展到外卖平台、小程序、抖音、小红书及其他互联网主流平台,使得消费者能在任何场景获取绝味的产品与服务。由此,绝味实现了全网全平台数据打通,通过数据洞察和技术分析,绝味可以捕捉消费者的需求和消费习惯变化,进而帮助供应链进行新品研发、品质管控和仓储调度,并实施全渠道整合营销。

基于消费者洞察的产品与服务升级,为绝味创造了"爆款"效应。2024 年,绝味打造了"爆好翅""爆大腿""绝弹龙虾尾"等多款销售额破亿的爆品,全渠道整体数智增长业绩已超 50 亿元。谌鹏飞在诠释绝味战略升级时表示:"我们在战略上,从一个渠道品牌,转变为一个品牌渠道,着重提升消费者体验和单店营收质量。"在他看来,消费者满意是业绩增长的前提,绝味以消费者为导向,增长是必然的,这是消费者和品牌双赢的过程。

2.共创零售连锁 AI 垂直大模型,打造下一个五年核心竞争力

AI 的应用显著提升了绝味的门店运营效率和服务质量。绝味打造了专属的超级 AI 应用——绝知,赋能万店店长提升经营能力。通过 AI 技术,绝知汇集了所有优秀店长的知识和经验,借助人工智能自研垂直大模型,打造出 AI 智体"小火鸭",即绝味最优实战店长 AI 分身。门店店长可随时使用,边学边干,提升门店服务效率和水平。绝味 AI 智能体还在不断进化,科技正成为绝味数智增长的核心竞争力。

2024 年 11 月,绝味与腾讯达成战略合作,双方基于腾讯大模型技术资源与绝味的专业能力,联合共创零售连锁 AI 垂直大模型技术产品,为绝味美食生态中的零售门店赋能,创新 AI 数智增长解决方案。随着双方深度融合,绝味未来的商业能力将进一步提升。绝味门店将升级为全渠道在线化的数智门店,可通过 AI 生成的分析数据,实时掌握热门产品市场表现、洞察市场需求变化,快速调整促销策略和供应链运作策略,最大化资源利用效率。面向消费者,绝味正与腾讯共创 AI 数智营销平台,与会员体系打通,通过统一数据管理深度理解消费者,为不同消费者提供高匹配度的内容和产品优惠,实现"万人万面"的精准营销和服务,将内容和情绪价值作为产品的一部分提供给消费者。

除了探索 AI 与自身业务深度融合的新路径外,2024 年 12 月,绝味集团还携手腾讯智慧零售,联合其他 5 家不同细分领域的头部企业,共同发起 AIPC(AI-Powered Consumption,人工智能赋能消费)计划。未来,AIPC 计划将吸纳更多零售连锁品牌,合力推动 AI 技术研发与行业应用落地,通过技术与经验共享,全面推动 AI 大模型技术在零售连锁领域的深度应用,实现产业数实融合新发展。

谌鹏飞预测,对中国零售连锁企业而言,AI 是一个跨越性的领先机会,包括 AI 智能选址、AI 数智预测、AI 数智运营和 AI 智体员工等方面。无论是传统企业还是互联网企业,都需要学会使用和理解 AI,"与 AI 共生"是绝味未来三到五年的必选之路。谌鹏飞表示:"我相信这将会是绝味增长的核心竞争力之一。"

站在 AI 应用加速落地的时代前沿,作为行业创新的排头兵,绝味保持初心,脚踏实地、志存高远,其全渠道数智化增长的实践和在 AI 方面的前瞻性布局,将为更多零售连锁企业的转型提供参考范例,引领行业走向新的数智化增长时代。

(资料来源:https://mp.weixin.qq.com/s/QkK-cK7gMvWzF0g-fTSffQ。有删改。)

问题:

1.绝味门店如何升级为全渠道在线化的数智门店?

2.绝味如何帮助供应链进行新品研发、品质管控和仓储调度,并实施全渠道整合营销?

实训题

实训任务:选择一个品牌,剖析品牌数智化渠道运营的具体策略及成效。

参考文献

[1]戚聿东,肖旭.数字经济时代的企业管理变革[J].管理世界,2020,36(6):135-152,250.

[2]畅鲟.穿透经营迷局,实现精细化渠道管理[EB/OL].[2024-06-08].https://www.vchangyi.com/case/show/14.html.

[3]米多大数据引擎.快消2023年渠道数字化案例推荐:东鹏特饮/可口可乐/康师傅[EB/OL].[2024-06-08].https://www.sohu.com/a/749431912_505786.

[4]广州一物一码.一物一码:青岛啤酒年营收300亿的营销思维,确定不看看?[EB/OL].[2024-06-08].https://www.sohu.com/a/304542048_753877.

[5]米多大数据引擎.扫码率从1%飙升到82%,向雪花啤酒学习数字化[EB/OL].[2024-06-08].https://www.163.com/dy/article/HJ6CIURR0538QQXU_pdya11y.html.

[6]松果财经.千亿赛道突围,九牧数智卫浴做对了什么?[EB/OL].[2024-06-08].https://we.yesky.com/blog/286029.

[7]薛勇.九牧的电商方法论[EB/OL].[2024-06-08].https://www.newmotor.com.cn/html/jyyd/47978.html.

[8]马文飞.数智化环境下企业管理思维与决策[J].合作经济与科技,2022(24):118-119.

[9]CSDN.什么是数据思维?有什么比较好的案例?[EB/OL].[2024-06-08].https://blog.csdn.net/zhang9880000/article/details/129269993.

[10]时间轴.以结果为导向的五大执行思维,打造高效执行力[EB/OL].[2024-06-08].https://news.mbalib.com/story/255572.

[11]复合型人才[EB/OL].[2024-06-08].https://baike.baidu.com/item/%E5%A4%8D%E5%90%88%E5%9E%8B%E4%BA%BA%E6%89%8D/7676918.

[12]商讯网.复合型人才是什么意思(复合型人才的定义及特点)[EB/OL].[2024-06-08].https://heimaobook.com/zhiku/88371.html.

[13]CRM玩家.渠道管理是什么意思(渠道管理的6项核心内容)[EB/OL].[2024-06-08].https://www.fxiaoke.com/crm/information-44051.html.

[14]MBA智库.人才竞争对企业发展的重要性是什么?[EB/OL].[2024-06-08].https://www.mbalib.com/ask/question-de55592f8717efff8741365d8fc08285.html.

[15]葛桓志.人力资源成本管理新趋势:战略人力资源成本管理,赢得竞争优势[EB/OL].[2024-06-08].https://www.fdsm.fudan.edu.cn/Aboutus/fdsm1393501386142.m.

第十章

电商数智化运营复盘

⊙ 学习目标

▶ 知识目标

1.了解电商数智化运营复盘的定义、原因及价值。

2.了解电商数智化运营复盘全流程步骤。

3.了解电商数智化运营复盘思维模型及思维方式。

4.了解电商店铺流量、转化、客单价运营复盘思路。

▶ 能力目标

1.能够了解复盘的价值及基本步骤。

2.能够掌握数智化复盘思维模型及分析方法。

3.能对电商平台店铺进行基础复盘。

▶ 素养目标

1.深化对电商数智化运营的认知,培养面对问题时的思考方式及问题解决能力。

2.关注天猫、京东平台上品牌方店铺如何复盘、持续提升竞争力,培养调研分析
  能力。

知识图谱

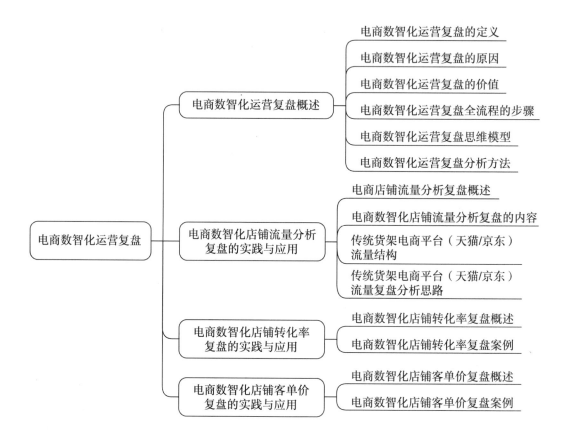

引导案例

某互联网公司的运营复盘数据分析

在如今的数据驱动时代下,数据分析已经成为优化运营决策的关键手段。以下是一个真实的运营复盘数据分析案例,从中可以看到公司如何利用数据分析实现运营优化。

1.案例背景

某互联网公司推出了一款新的社交应用,为了吸引更多用户,公司投入了大量资源进行推广。然而,在推广结束后,用户留存率却并不理想。为了找出问题并优化运营策略,公司决定进行一次全面的运营复盘数据分析。

2.数据分析过程

(1)数据收集:收集应用下载、注册、登录、活跃度、卸载等多个方面的数据。

(2)数据清洗:清洗异常数据,确保数据的准确性。

(3)数据分析:运用统计学和数据挖掘技术对收集的数据进行分析,发现潜在问题。

(4)数据呈现:将分析结果以图表、报告等形式呈现,以便团队成员快速了解数据。

3.发现的问题

经过数据分析,发现以下问题。

(1)用户留存率低,尤其是次日留存率。

(2)用户活跃度低,每天打开应用次数较少。

(3)用户普遍反映应用操作复杂、功能繁杂。

4.优化建议

针对以上问题,得出以下优化建议。

(1)提升次日留存率:增加新手引导,提供更多激励措施以鼓励用户在次日再次使用应用。

(2)提高用户活跃度:增加应用内活动,激发用户的积极性;推送个性化的消息,提高用户的使用频率。

(3)简化操作流程:优化应用界面,降低功能复杂性;提供操作指南,帮助用户更快上手。

5.实施效果

在根据上述优化建议改进后,该公司再次对应用的数据进行了分析。分析结果显示:次日留存率显著提高,增长了 30%;用户活跃度明显提升,用户平均每天打开应用的次数增加了 25%;用户反馈普遍较好,尤其是应用操作和功能得到了用户的一致好评。

这个案例让我们看到了复盘运营的重要性,在复盘时,通过深入挖掘数据,可以发现问题,提出针对性的解决方案,从而提升运营效率和用户满意度。但同时,我们也要认识到,数据分析和复盘是一个持续的过程,需要不断地对数据进行监控和优化,以适应市场和用户需求的变化。

(资料来源:https://aiqicha.baidu.com/qifuknowledge/detail?id＝10032830451。有删改。)

引导问题:

1.什么是复盘,为什么要复盘?

2.复盘的步骤有哪些?

第一节　电商数智化运营复盘概述

一、电商数智化运营复盘的定义

电商数智化运营复盘是指在电商数智化运营过程中,利用数据分析和智能化工具对一段时间内的运营活动进行全面的回顾、分析和总结。这个过程主要涉及记录数据、对比计划和实际成果,以及发现问题并提出解决方案。电商数智化运营复盘不仅关注整体的销售数据和业绩指标,还关注细节,如客服满意度、发货速度等,以便更全面地评估运营效果。

在电商数智化复盘过程中,数据分析是关键。电商企业需要收集并分析各种数据,如店铺层级、类目排行、利润率等,这些数据通常以表格形式展示,便于对比和发现问题。此外,电商数智化运营复盘还包括从不同角度审视运营活动,例如预售预热数据对比、商品信息对比、流量和销售时段对比等。

通过电商数智化运营复盘,电商企业可以深入了解运营活动的成功之处与不足之处,从而调整策略,优化流程,提高运营效率。同时,电商数智化运营复盘也有助于企业发现问题,找出问题的根源,并制定相应的改进措施,为未来的运营活动提供有价值的经验。

具体来说,电商数智化运营复盘有助于企业统计和分析电商活动的销售数据、用户行为数据等,评估活动的整体效果;发现活动中的问题,如哪些商品受欢迎、哪些促销活动更有效、用户在购买过程中的痛点是什么等；预测市场趋势，优化库存管理和采购策略；通过用户反馈和数据分析，改进产品和服务，提高用户满意度。

总的来说，电商数智化运营复盘是一个利用数据分析和智能化技术对电商运营活动进行全面回顾、分析和总结的过程，旨在发现问题、优化流程并提升运营效率。

具体来说，电商数智化运营复盘大致包括以下几个关键步骤。

1.数据收集与整理

收集运营过程中的关键数据，如销售额、转化率、流量来源等，并进行清洗和整理，确保数据的准确性和有效性。

2.数据分析与评估

利用数据分析工具和方法，对收集到的数据进行深入剖析，评估店铺的运营状况和市场表现。

3.问题识别与解决

通过数据分析，找出运营过程中存在的问题和短板，如流量转化率低、用户流失严重等，并制定相应的解决方案和改进措施。

4.经验总结与分享

总结复盘过程中的经验和教训，分享给团队成员，以便共同学习和提升。

二、电商数智化运营复盘的原因

电商数智化运营复盘的原因主要可以归纳为以下几点。

1.评估运营效果

电商数智化运营复盘是一个全面、系统评估电商运营效果的过程。通过对销售数据、流量数据、用户行为等关键指标的分析，企业可以清晰地了解店铺的运营状况，包括哪些策略有效、哪些环节需要改进。

2.发现问题

复盘过程中，企业能够深入剖析运营中的问题。这些问题可能包括转化率低、流量来源单一、用户流失严重等。通过发现问题，企业可以更有针对性地制定改进措施，优化运营策略。

3.总结经验教训

电商数智化运营复盘不仅是对过去工作的总结,更是一个学习和提升的过程。通过复盘,企业可以总结经验教训,提炼出成功的运营模式和策略,为未来的电商工作提供有价值的参考。

4.优化资源配置

复盘有助于企业更好地了解资源的使用情况,包括广告投入情况、人力配置情况、库存管理情况等。根据复盘结果,企业可以优化资源配置,提高资源利用效率,降低成本。

5.提升团队能力

电商数智化运营复盘是一个团队协作的过程,通过共同分析、讨论和制定改进措施,可以提升团队成员的专业能力和协作能力。同时,复盘过程中的经验分享和教训总结也有助于团队成员的个人成长和发展。

6.应对市场变化

电商行业竞争激烈、市场变化迅速。通过复盘,企业可以及时了解市场动态和竞争对手的情况,调整运营策略,以应对市场的变化和挑战。

三、电商数智化运营复盘的价值

电商数智化运营复盘的价值体现在多个方面,对于电商企业来说具有深远的意义,主要包括如下几个方面。

1.策略优化与效果提升

通过复盘,企业可以深入了解运营策略的实际效果,发现哪些策略有效,哪些策略需要调整。基于这些发现,企业可以优化运营策略,提升销售业绩和用户满意度。

2.问题识别与风险规避

复盘过程中,企业能够识别出运营中存在的问题和潜在风险,如供应链问题、用户体验不佳等。及时发现问题并采取相应的措施,有助于企业规避潜在风险,确保运营的稳定性。

3.资源利用与成本控制

通过复盘,企业可以对资源的利用情况进行评估,发现资源浪费或配置不合理的地方。这有助于企业优化资源配置，提高资源利用效率，降低成本，实现更高效的运营。

4.团队成长与能力提升

复盘是一个团队协作和学习的过程。通过共同分析、讨论和总结经验教训，团队成员的专业能力和协作能力可以得到提升。同时，复盘也有助于形成团队文化，增强团队凝聚力。

5.数据驱动决策

复盘依赖于对数据的深入分析，这使得企业能够基于客观事实进行决策。数据驱动决策可以提高决策的准确性和有效性，减少因主观臆断和盲目跟风而产生的风险。

6.市场洞察与竞争应对

通过复盘，企业可以更好地了解市场趋势和竞争对手的动态。这有助于企业及时调整战略，应对市场变化和挑战，保持竞争优势。

四、电商数智化运营复盘全流程的步骤

1.明确复盘目标与范围

复盘的启动基于对某次运营活动或一段时间内整体运营状况的回顾需求，旨在揭示数据背后隐藏的问题、机会和规律。例如，在"双十一"购物节结束后，企业电商团队可针对活动期间的各项关键指标，如流量来源、转化率、客单价、用户留存率等进行设定，以此来确定复盘的具体内容和边界。

2.收集与整理数据资料

这一步骤是复盘的基础，需要全面收集涉及运营活动的所有相关数据，包括但不限于销售数据、用户行为数据、市场反馈数据、竞品分析数据等。企业应通过大数据工具和技术手段，对原始数据进行清洗、整合和标准化处理，形成可供分析解读的数据集。

3.深入分析与洞察

基于整理好的数据，企业可运用数智化分析方法进行深度挖掘，识别出运营活动中的亮点与不足。比如，通过对流量渠道的效果评估，企业可能发现某一社交媒体投

放策略使得新用户质量较高;而通过用户购买路径分析,企业或许能洞察到某个页面设计对转化率产生了负面影响。

4.总结提炼与反思

在数据分析的基础上,企业需要客观地总结活动的成功之处与教训,剖析产生这些结果的根本原因。以 A/B 测试为例,如果测试结果显示新版页面相较于旧版有显著提升,那么就需要深入探究新版设计中哪些元素起到了积极作用。

5.制定并实施改进措施

基于复盘得出的结论,企业电商团队应针对性地提出优化方案,并将其融入后续的运营策略之中。这包括但不限于调整推广策略、优化用户体验、强化产品功能等具体举措。

6.跟踪验证与持续优化

复盘并非一次性的活动,而是循环迭代的过程。将改进措施落地执行后,需密切关注相应指标的变化情况,以数据为依据,进一步确认改进效果,并根据实际情况继续调整优化,实现运营效率与效果的螺旋式上升。

电商数智化运营复盘的全流程是一个完整的闭环过程,充分体现了数据驱动决策与持续改进的理念,对于推动企业长期发展与竞争力的提升具有重要意义。

课程思政10-1

电商行业作为数字经济的重要组成部分,不仅极大地丰富了消费者的购物体验,还促进了商品的便捷和高效流通。然而,随着行业的快速发展,一些不诚信的现象也逐渐出现,如夸大宣传、虚假营销等,这不仅损害了消费者的权益,也影响了行业的健康发展。在电商运营复盘过程中,坚守诚信原则,确保数据的真实性和准确性,是维护行业生态、促进行业可持续发展的基石。

诚信经营是电商企业与消费者建立信任关系的基础。在虚拟的网络环境中,消费者无法直接接触到商品,只能通过商家的描述、评价等信息做出购买决策。因此,商家必须提供真实、准确的信息,避免夸大宣传或虚假营销,以赢得消费者的信任和忠诚。

诚信经营有助于维护电商市场的公平竞争环境。在激烈的市场竞争中,一些商家可能会采取不正当手段,如"刷单"、好评返现等,以获取短期的竞争优势。这些行为不仅违反了市场规则,也损害了其他商家的合法权益,破坏了市场的公平竞争秩序。

五、电商数智化运营复盘思维模型

在电商数智化运营复盘过程中,思维模型起着关键的指导作用。复盘思维模型作为一种结构化、系统化的分析工具,旨在通过科学的方法论和流程,帮助运营者深入剖析过往活动或决策的有效性与不足之处,提炼出有价值的经验教训,并对未来的运营策略进行优化调整。其中,STAR思维模型、PDCA思维模型、麦肯锡结构化思维模型这三种思维模型是电商数智化运营复盘中广泛应用且颇具代表性的模型。

(一)STAR思维模型

STAR思维模型以情境、任务、行动和结果四个维度为核心,强调对具体运营场景进行全面回顾,主要包含以下四个部分。

(1)S(Situation)情景:描述事情发生的背景和情况。

(2)T(Task)任务:说明面临的具体任务或目标。

(3)A(Action)行动:解释在特定情况下采取的行动方式。

(4)R(Result)结果:讲述行动带来的结果以及从中得到的启示。

STAR模型广泛应用于企业知识管理,帮助企业高效地组织和利用知识资源,提高企业竞争力。随着技术的不断进步,如人工智能和大数据技术的发展,STAR模型可以更好地实现知识的智能化管理。随着互联网的发展,STAR模型也开始被广泛应用于个人知识管理,为个人提供个性化的知识服务。

(二)PDCA思维模型

PDCA思维模型也被称为"戴明环",由美国质量管理专家戴明博士提出,是进行全面质量管理所应遵循的科学程序。PDCA是Plan(计划)、Do(执行)、Check(检查)和Act(行动)四个单词首字母的合称。可见,PDCA模型包括四个部分,这四个部分不是孤立的,而是相互联系的,共同构成一个循环不止的科学程序。

1.Plan(计划)

(1)定义目标:明确要解决的问题或改进的流程。

(2)收集数据:了解问题产生的根本原因。

(3)制定计划:制定解决问题的方法和措施,明确目标的实现路径。

2.Do(执行)

(1)实施计划:按照制订的计划进行具体的操作。

(2)记录数据:记录实施过程中的关键数据和结果。

3.Check(检查)

(1)分析数据:对收集的数据进行分析,与目标进行对比。

(2)判断有效性:评估实施过程是否有效,是否达到预期的目标。

4.Act(行动)

(1)针对问题:如果结果不如预期,则分析原因并采取纠正措施。

(2)持续改进:根据实施结果和经验教训,优化计划并进行持续改进。

PDCA 模型的应用非常广泛,可以应用于各种类型的项目和流程中,如建筑工程项目、市场推广项目、新产品开发项目等。在每个阶段,企业都可以根据 PDCA 模型的要求有序开展工作,确保项目的顺利进行和目标的达成。

通过持续地进行 PDCA 循环,企业可以不断地优化流程、提高效率,并持续改进产品和服务,以满足客户的需求和期望。这种循环的过程有助于企业在不断变化的市场环境中保持竞争力,实现可持续发展。

（三）麦肯锡结构化思维模型

麦肯锡结构化思维模型结合了批判性思维、以数字和逻辑为基础的理性科学方法论和实用技巧。这种思维模型的核心在于结构化,它能够教会学习者从整体到局部、层级分明的思考模式,通过一些思维框架来辅助思考,将碎片化的信息进行系统化的思考和处理,从而更全面地思考问题。

麦肯锡结构化思维模型的应用,强调定义问题的重要性,即需要清晰地定义需要解决的问题,并遵循 SMART 思维模型进行问题的界定。SMART 思维模型是一种目标设定和管理的方法,SMART 是 Specific(具体)、Measurable(可衡量)、Achievable(可达成)、Relevant(相关)和 Time-bound(时间限制)五个单词首字母的合称。这个模型有助于将抽象或模糊的目标转化为具体、可衡量的任务，从而帮助使用者更容易地实现目标。

1.Specific(具体)

目标需要明确具体，以便让执行者清楚地知道他们需要做什么。例如，对于健身者而言，一个具体的目标可能是"每周跑步 3 次，每次 5 公里"，而不是泛泛地说"我要多运动"。

2.Measurable(可衡量)

目标需要是可衡量的，这样执行者才能知道是否达到了目标。延续上面的例子，健身者可以记录每周跑步的次数和距离，以衡量是否达到"每周跑步 3 次，每次 5 公里"的目标。

3.Achievable(可达成)

目标需要是实际、可达成的，既不过于容易，也不过于困难。一个可达成的目标应顾及执行者现有的资源和能力，以及合理的时间框架。

4.Relevant(相关)

目标需要与整体目标或策略相关。企业在设定企业目标时，需要确保这些目标与企业长期规划或愿景相一致。

5.Time-bound(时间限制)

应为目标的完成设定一个明确的截止日期，这样有助于保持专注并确保按时完成目标。例如，在接下来的 3 个月内，每周跑步 3 次，每次 5 公里。

SMART 思维模型可以应用于各种场景，从个人发展到项目管理，甚至是企业战略规划。通过使用 SMART 思维模型来设定和管理目标，可以提高效率和成功率。然而，SMART 思维模型也有局限性。例如，过分追求具体和可衡量的目标可能导致执行者思考得不够广泛和长远。此外，目标设定得过于简单或过于困难，都可能影响执行者的积极性和成果。因此，在使用 SMART 思维模型时，需要综合考虑各种因素，以确保目标的合理性和有效性。

此外，麦肯锡结构化思维模型的应用还遵循 MECE(Mutually Exclusive, Collectively Exhaustive，即相互独立、完全穷尽)模型，要求将问题拆解成不重叠、不遗漏的子集，以确保分析的全面性和准确性。MECE 模型的主要原则包括：互斥性原则，每个指标都要具有独立性,不与其他指标重复或重叠;完备性原则,即指标要完全覆盖整个业务领域,确保指标体系的全面性。

MECE模型帮助管理者建立清晰、有效的指标体系,以便更好地管理和评估业务绩效。

在使用MECE模型时,首先,可以将问题分解为互相独立但覆盖全面的子问题,并对问题进行分类,确保每个类别都是互相独立的;其次,在每个类别下进一步细分,直至达到具体、可操作的层次;最后,针对每个细分的问题进行独立的分析并制定解决方案。

总的来说,MECE模型是一个强大的工具,能够帮助人们系统性地思考和解决问题,提高思考效率,确保解决方案的全面性和有效性。在实际应用中,需要根据具体情况灵活调整和优化模型,以更好地适应不同的问题和场景。

六、电商数智化运营复盘分析方法

电商数据复盘分析的常用方法主要包括以下几种。

(一)对比分析法

对比分析法是一种重要的分析方法,它通过将两个或更多的相关数据进行比较,以揭示它们之间的差异和相似点,进而深入理解业务现象和本质。在电商数智化运营领域,对比分析法常被用于以下几个方面。

1.时间对比

比如,将今年的销售额与去年同期销售额进行对比,可以看出销售增长或下降的趋势。这种对比有助于发现销售季节性规律或者市场需求的变化。

2.产品对比

对比不同产品的销售额、点击率、转化率等指标,可以发现哪些产品更受欢迎,哪些产品需要改进或下架。

3.渠道对比

分析不同销售渠道(如线上官方商店、第三方平台、社交媒体等)的表现,以确定哪些渠道更有效,哪些渠道需要优化。

4.用户行为对比

比较不同类型用户(如新用户与老用户、男性用户与女性用户等)的行为模式,以更好地满足不同用户群体的需求。

5.市场区域对比

对比不同地理区域或市场的销售数据,以发现市场趋势和地域差异,从而调整市场策略。

6.广告活动或促销策略对比

评估不同广告活动或促销策略的效果,以确定哪种活动或策略能够带来更高的回报。

进行对比分析时,需要注意以下几点:(1)选择合适的对比标准。确保对比的对象具有相似性和可比性,以避免误导性的结论。(2)数据的一致性。在对比不同时间段或不同来源的数据时,要确保数据是标准化的,以便进行准确的比较。(3)控制变量。在对比分析中,要尽可能控制其他变量的影响,以便更准确地评估特定因素对结果的影响。通过对比分析,电商企业可以更加明确地了解市场动态、用户需求以及产品性能,从而作出更明智的商业决策。

(二)A/B测试法

A/B测试法用于比较两种或多种不同版本的设计、功能或策略对用户行为的影响。通过A/B测试,电商企业可以科学地评估哪种版本更能提升用户体验、增加转化率或提高销售额等关键指标。

A/B测试的基本原理是将用户随机分成两组或多组,每组用户分别体验不同的版本(如A版本和B版本),然后收集并分析用户在这些版本上的行为数据,以判断哪个版本更有效。

在进行A/B测试时,需要注意以下几点。

1.确定测试目标

明确想要通过测试解决的问题或达到的目标,例如提高转化率、提升用户满意度等。

2.选择测试指标

选择与测试目标紧密相关的指标进行衡量,如点击率、转化率、跳出率等。

3.设计测试方案

制订详细的测试计划,包括测试的时间周期、分组方法、数据收集方式等。

4.分配流量

将用户随机分配到不同的测试组中,确保每个组都有足够的用户数量以进行统计分析。

5.收集与分析数据

在测试期间收集用户行为数据,并使用统计方法对数据进行分析,比较不同版本之间的差异。

6.作出决策

根据测试结果作出决策,选择表现更好的版本进行全量部署。

A/B测试在电商数据分析中的应用非常广泛。例如,电商企业可以通过A/B测试来比较不同页面布局、按钮颜色、促销策略等对用户购买行为的影响,从而更加精确地了解用户喜好,优化产品设计,提升用户体验,并最终提高转化率和销售额。

(三)漏斗拆解法

漏斗拆解法是一种非常有效的策略,用于深入剖析用户从浏览到购买的整个转化过程,从而识别出潜在的优化点,提升转化率。以下是漏斗拆解法在电商店铺数据分析中的具体应用步骤。

1.确定漏斗模型

首先,需要根据电商店铺的实际情况,确定一个完整的购买漏斗模型。这个模型通常包括用户进入店铺、浏览商品、加入购物车、提交订单、完成支付等关键环节。

2.收集数据

接下来,需要收集每个步骤的用户行为数据,包括用户数量、转化率等。这些数据可以通过店铺后台、数据分析工具等渠道获取。

3.分析转化率

在收集到数据后,需要对每个步骤的转化率进行深入分析。转化率是指在当前步骤完成预期动作的用户数量与上一步骤的用户数量的比值。通过比较不同步骤的转化率,可以找出转化率低下的关键步骤。

4.定位问题

根据转化率的分析结果,可以定位出导致用户流失的具体问题。这些问题可能包括商品信息不清晰、价格不合理、购物流程烦琐等。

5.制定优化策略

在定位问题后,需要制定相应的优化策略。例如,如果商品信息不清晰导致用户流失,可以优化商品描述和图片;如果购物流程烦琐,可以简化流程或提供便捷的支付方式等。

6.实施并监控效果

在制定好优化策略后,需要将其付诸实施,并持续监控效果。通过对比实施前后的数据变化,可以评估优化策略的有效性,并根据实际情况进行调整。

通过漏斗拆解法,电商企业可以更加精准地了解用户行为和需求,发现潜在的问题和优化点,从而提升用户转化率,提高店铺业绩。同时,这种方法还可以帮助店铺更好地制定营销策略,提升用户体验和满意度。

(四)细分分析法

细分分析法是一种重要的分析方法,它能够帮助电商企业深入研究数据,以更好地理解不同用户群体、产品类别、细分市场或业务流程中的具体情况。细分分析法的核心是将整体数据拆分成更小、更具体的部分,以便更精确地洞察各个部分的特点和行为模式。在电商领域,细分分析法可以应用于多个方面。

1.用户细分

根据用户的购买历史、浏览行为、搜索意图、地理位置、性别、年龄等属性,将用户划分为不同的群体。这有助于理解不同用户群体的需求和偏好,从而为他们提供更加个性化的服务和产品推荐。

2.产品细分

将产品按照类别、价格、销量、用户评价等进行细分,有助于发现哪些产品类别或具体产品更受欢迎,哪些产品可能需要改进或调整定价策略。

3.市场细分

根据地理区域、消费群体、销售渠道等因素将市场进行细分,有助于企业识别不同市场的特点,制定更加精准的市场营销策略。

4.流量细分

分析网站或应用的流量来源，如用户直接访问、搜索引擎、社交媒体、广告等，以了解哪些渠道带来的流量质量更高、转化率更好。

细分分析法通常与其他数据分析方法，如对比分析、趋势分析等结合使用，以获取更全面的视角。通过细分分析，企业可以更加精准地定位问题，发现机会，优化资源配置，提升用户体验和销售业绩。

在实施细分分析法时，需要注意以下几点。

1.选择合适的细分维度

根据业务目标和数据特点选择合适的细分维度，确保细分后的群体具有代表性和分析价值。

2.确保数据有好的质量

细分分析依赖于高质量的数据，因此需要确保数据的准确性、完整性和一致性。

3.结合业务实际

细分分析的结果需要结合具体的业务场景进行解读和应用，避免脱离实际。

（五）假设检验分析法

假设检验分析法是一种重要的统计方法，用于根据样本数据对所提出的假设进行推断和决策。这种方法的核心思想是小概率反证法原理，即"小概率事件在一次试验中基本上不会发生"。因此，如果在一次试验中某个小概率事件发生了，我们有理由怀疑原假设的真实性，从而拒绝原假设。

在电商数据分析中，假设检验分析法常用于以下几个方面。

1.产品效果评估

当电商企业推出新的功能、设计或营销策略时，可以使用假设检验分析法来分析这些改变是否对关键指标（如转化率、用户满意度等）产生了显著影响。

2.用户行为分析

在分析用户行为数据，比如点击率、购买率等时，可以利用假设检验分析法来判断不同用户群体或同一用户群体在不同条件下的行为是否存在显著差异。

3.市场调研

在市场调研中，假设检验分析法可以用于分析不同市场策略、广告策略或产品价格调整策略是否对消费者行为产生了显著影响。

4.A/B 测试解析

在进行 A/B 测试时,假设检验分析法是判断两个版本之间是否存在显著差异的关键方法。

实施假设检验分析法的一般步骤如下。

1.提出假设

假设通常包括原假设(Null Hypothesis,记作 H0)和备择假设(Alternative Hypothesis,记作 H1)。原假设通常是我们想要拒绝的假设,而备择假设则是我们希望通过数据支持的假设。

2.选择检验统计量

根据数据的特征和所要解决的问题选择合适的检验统计量,如 z 检验、t 检验等。

3.确定显著性水平

设定一个显著性水平(如 0.05),用于判断观察到的数据是否足够极端,以至于可以拒绝原假设。

4.计算检验统计量和 p 值

根据样本数据计算检验统计量的值,并查找对应的 p 值。

5.做出决策

如果 p 值小于显著性水平,则拒绝原假设,接受备择假设;否则,不能拒绝原假设。

在电商数据分析中应用假设检验分析法时,需要注意数据的代表性、样本量的大小以及检验的适用性等,以确保分析结果的准确性和可靠性。

第二节　电商数智化店铺流量分析复盘的实践与应用

一、电商数智化店铺流量分析复盘概述

电商数智化店铺流量分析复盘是一个对店铺流量数据进行深入剖析和总结的过程，旨在发现流量来源、流量质量以及流量转化等方面的问题和优化机会，进而提升店铺的运营效率和业绩。

二、电商数智化店铺流量分析复盘的内容

（一）流量来源分析

店铺流量来源通常包括自然搜索流量、付费广告流量、社交媒体流量、合作伙伴引流等。通过对比不同来源流量的占比和变化趋势，可以了解各个来源的贡献程度和稳定性。

（二）流量质量评估

在了解流量来源的基础上，还需要对流量的质量进行评估，主要包括分析访问者的行为特征、停留时长、跳出率等指标。高质量的流量通常表现为访问者行为活跃、停留时间长、跳出率低等特点。通过对比不同来源的流量质量，可以找出优质流量来源，并优化流量引入策略。

（三）流量转化分析

流量转化分析是流量分析复盘的核心环节，通过分析访问者在店铺内的转化路径和转化率，可以了解流量转化的效率和瓶颈。流量转化分析主要包括分析商品详情页的浏览量、加入购物车的数量、提交订单的数量以及最终完成支付的数量等关键指标。同时，还需要关注不同流量来源的转化效果，以便优化广告投放和营销策略。

（四）问题与机会识别

在流量分析的过程中,需要重点识别存在的问题和潜在的机会。例如,某些渠道的流量虽然大但转化率低,可能需要调整投放策略或优化落地页;某些商品或活动吸引了大量高质量流量但转化效果不佳,可能需要优化商品详情页或提升服务质量。同时,还需要关注行业趋势和竞争对手的流量策略,以便发掘新的流量获取机会。

（五）优化策略制定

基于流量分析的结果,可以制定有针对性的优化策略。例如:增加优质流量来源的投入,减少低质量流量的引入;优化商品详情页的设计和内容,增强访问者的购买意愿;加强客户服务,提升客户购物体验;等等。同时,还需要制订具体的执行计划,确保优化策略能够得到有效实施。

（六）总结与展望

最后,需要对整个流量分析复盘过程进行总结,提炼出经验教训。同时,还需要展望未来的流量趋势和市场需求,为店铺的持续发展制定明确的流量获取和转化策略。

通过电商数智化店铺流量分析复盘,可以深入了解店铺流量的来源、质量和转化情况,发现存在的问题和机会,并制定针对性的优化策略。这将有助于提升店铺的运营效率和业绩,为企业电商数智化的发展提供有力支持。

三、传统货架电商平台(天猫/京东)流量结构

（一）站内免费流量（以京东为例）

站内免费流量指的是不需要商家直接支付广告费用,但同样能为商家带来潜在的客户和销售机会的流量。以下是一些电商平台站内免费流量的主要来源。

1.搜索流量

电商平台站内搜索流量是指用户在电商平台内部通过搜索关键词来寻找商品或服务时产生的流量。这种流量对于电商平台和商家来说非常重要,因为它反映了用户的购买意图和需求,有助于商家精准地推送相关商品和服务,从而提高转化率和销售额。图 10-1 是京东站内搜索流量的示例。

图 10-1 京东站内搜索流量

为了获取更多的站内搜索流量,商家可以采取以下策略。

(1)优化商品标题和描述

确保商品标题和描述中包含用户可能搜索的关键词,以提高商品在搜索结果中的排名。

(2)提高商品权重

权重高的商品更容易在搜索结果中展示,因此商家可以通过提高商品质量、增加好评等方式提高商品权重。

(3)利用电商平台提供的搜索优化工具

许多电商平台都提供搜索优化工具,商家可以利用这些工具来分析和优化商品的搜索表现。

2.自主访问流量

自主访问流量是指用户自发、主动访问店铺所带来的流量。用户可能是通过电商平台软件中的"宝贝收藏""我的""购物车""店铺收藏"等功能模块进入店铺的。图

10-2 是京东站内自主访问流量示例。自主访问流量有利于为店铺带来流量和人气，是电商运营中不可忽视的一部分。

图 10-2　京东站内自主访问流量

为了提升自主访问流量，商家可以采取多种策略。首先，优化店铺设计和商品展示，使其更具吸引力和用户友好性。其次，通过社交媒体推广、内容营销等方式，发布有趣、有吸引力的内容,吸引用户点击和访问。最后,举办优惠和促销活动,如限时折扣、买一送一等,吸引消费者前来浏览和购买产品。

同时,商家还可以利用搜索引擎优化(SEO)技术,通过关键词优化、网站结构优化和外部链接建设等方式,提高店铺在搜索引擎中的排名,从而增加自主访问流量。

3.内容流量

内容流量主要指的是通过店铺发布的内容吸引的流量。这种流量通常来自商家的社交媒体账号等渠道,商家通过发布有趣、有用、与产品相关的内容,吸引用户浏览,优化品牌形象。图 10-3 是京东站内内容流量示例。

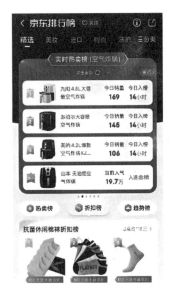

图 10-3　京东站内内容流量

具体来说,内容流量可以通过以下几种方式获取。

(1)视频和图片

商家制作与产品相关的视频和图片,并通过社交媒体和视频网站进行分享。这种方式可以更直观地展示产品特点和使用效果,吸引用户点击和分享,进而提升流量。

(2)社交媒体营销

积极利用微博、微信、抖音、小红书等社交媒体平台,发布与产品相关的内容,增强品牌曝光和用户互动。商家可以与"网红"、意见领袖合作,通过他们的影响力吸引更多用户访问店铺。

（3）用户生成内容

鼓励用户产生内容,如评价、晒单等。这些真实、生动的用户反馈不仅能提升用户参与度,还能提高产品在搜索引擎中的排名,从而为商家带来更多流量。

4.活动与频道流量

活动与频道流量主要指的是商家通过参与平台活动或利用平台频道功能所获得的访客流量。这些流量对于提升商家曝光度、为商家吸引潜在客户以及促进商家销售具有重要作用。图 10-4 为京东站内活动与频道流量示例。

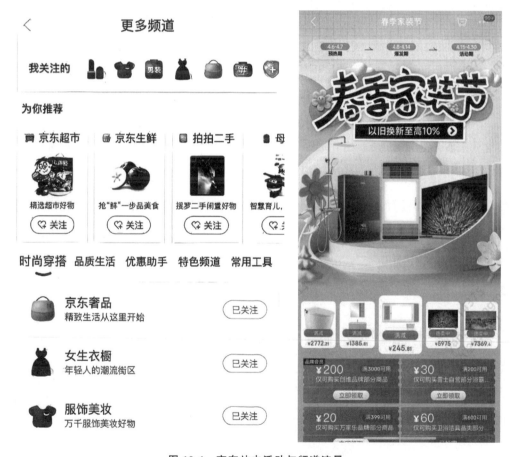

图 10-4　京东站内活动与频道流量

首先,参与平台活动是获取活动流量的主要途径。电商平台经常会举办各种促销活动,如限时折扣活动、满减优惠活动、"秒杀"活动等。商家通过参与这些活动,可以获得平台额外的流量扶持和曝光机会。在参与活动时,商家需要注意活动的规则和要求,确保商品符合活动条件,并合理设置活动价格和优惠力度,以吸引更多用户关注和购买。

其次,利用平台频道功能是获取频道流量的有效方式。电商平台通常会有各种频道或板块,如首页推荐、热门榜单、分类导航等。商家可以通过优化商品信息、提升店铺权重等方式,使自己的商品在频道中获得更好的展示位置,从而吸引更多用户点击和浏览。

为了更好地获取活动及频道流量,商家可以采取以下策略:(1)密切关注平台动态和活动信息,及时参与符合自身店铺定位的活动。(2)优化商品详情页和店铺页面,提升用户体验和购买转化率。(3)加强与用户的互动和沟通,提高用户满意度和忠诚度。(4)利用数据分析工具,分析用户行为和流量来源,以便更精准地制定营销策略。

(二)站内付费流量(以京东为例)

站内付费流量主要指的是商家通过支付一定费用,在电商平台内部获得的额外流量。这种流量通常是通过广告推广、付费推广工具等方式实现的,商家可以根据自己的需求和预算进行选择。图 10-5 是京东主要站内付费流量工具。

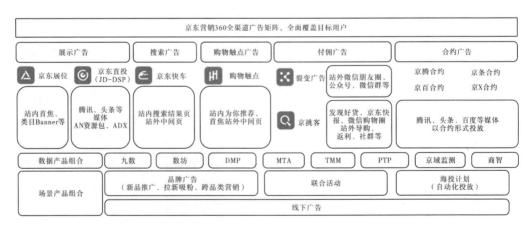

图 10-5　京东主要站内付费流量工具

1."京东快车"流量

"京东快车"能为商家提供站内搜索广告服务,通过对搜索关键词实时竞价,将商品或店铺展示在京东站内丰富的广告位上,可支持推广商品、店铺等。

"京东快车"一般展示在京东 PC 端、京东 App、微信及手机 QQ 京东购物入口、京东 M 端关键词搜索结果页的广告位,右下角标注"广告"字样;在首页推荐位、商品详情页推荐位、订单详情页推荐位等位置也有展示。

2.智能投放流量

基于 AI 算法的自动化投放产品,能帮助商家一键批量推广,目前覆盖了搜索、推荐、站外中间页等多种渠道,可实现商品广告一站式投放,使商家获得智能投放流量。

自动化投放的广告一般展示在京东 App 商品搜索结果页、京东 App 首页底部、商品详情页、"我的京东"、购物车的"为你推荐"、首页焦点图、App 手机消息通知栏等广告位。如图 10-6 所示。

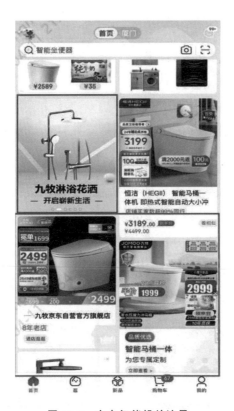

图 10-6 京东智能投放流量

3.推荐广告流量

站内推荐广告是根据用户购物路径中的购前、购中、购后的三大推荐场景进行聚类的实时竞价类投放产品,可支持推广商品、店铺、活动等,能为商家带来推荐广告流量。广告一般展示在京东首页推荐位、商品详情页推荐位、订单详情页推荐位等,如图 10-7 所示。

4.CPS 流量

CPS 流量是指电商平台商家通过以商品销量为基础的广告投放方式所获得的流量,如图 10-8 所示。在 CPS 广告模式中,商家只需按照实际销售产品数量来支付广告费用。

图 10-7　京东推荐广告流量

图 10-8　京东 CPS 流量

四、传统货架电商平台(天猫/京东)流量复盘分析思路

(一)流量来源分析

分析店铺流量的来源渠道,如搜索引擎、社交媒体、付费广告、平台推荐等。了解各渠道的流量占比、变化趋势以及转化效果,有助于商家确定哪些渠道是有效的,哪些渠道需要进一步优化。

(二)用户行为分析

深入分析用户的浏览路径、停留时间、点击率等数据,了解用户的兴趣偏好和购物习惯。通过用户行为分析,商家可以发现潜在的问题和机会,如商品页面的设计是否合理、促销策略是否有效等。

(三)转化率分析

转化率是衡量店铺运营效果的重要指标。商家应注意分析转化率的变化趋势,找出影响转化的关键因素。商品详情页的质量、价格策略、用户评价等都可能影响用户的购买决策。

(四)流量质量评估

除了关注流量数量和转化率,商家还需要对流量的质量进行评估。高质量的流量通常具有较高的用户黏性、较低的跳出率和较长的页面停留时间。商家可以通过分析这些指标来评估流量的质量,并据此优化流量来源和用户体验。

(五)问题诊断与优化建议

根据以上分析,商家可找出店铺在流量获取、用户行为、转化率等方面的问题,针对这些问题,生成具体的优化建议,如调整商品布局、优化详情页设计、提升客服响应速度、制定更有效的营销策略等。

第三节　电商数智化店铺转化率复盘的实践与应用

一、电商数智化店铺转化率复盘概述

电商数智化店铺转化率复盘是电商运营中的关键环节,涉及对店铺流量、用户行为、商品展示、营销策略等多方面的综合分析。

首先,需要明确什么是转化率。在电商平台上,转化率通常指的是在一定时间内访问店铺或商品页面的用户中,实际完成购买或执行特定行动(如加入购物车、提交订单等)的用户所占的比例。这一指标是衡量店铺运营效果和用户购买意愿的重要指标。

其次,为了进行转化率分析(分析模型如图 10-9 所示),需要收集相关数据,包括店铺的访问量、访客数、订单量、购买用户数等。通过对这些数据的统计和分析,可以计算出转化率,并观察其变化趋势。接下来,需要对转化率进行深入的分析,主要包括以下几个方面。

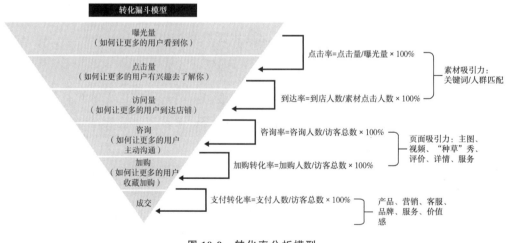

图 10-9　转化率分析模型

1.流量来源分析

通过分析店铺流量的来源,如搜索引擎、社交媒体、付费广告等,了解各渠道的流量质量和转化率。这有助于企业确定哪些渠道是有效的,哪些渠道需要进一步优化。

2.用户行为分析

通过分析用户在店铺内的浏览路径、停留时间、点击率等数据,了解用户的兴趣和需求。这有助于企业发现潜在的问题和机会,如商品页面的设计是否合理、促销策略是否有效等。

3.商品分析

分析商品的种类、价格、销量等数据,了解商品的受欢迎程度和竞争力。这有助于企业优化商品结构,提高商品的吸引力。

4.营销策略分析

评估店铺的促销活动、优惠券、会员权益等营销策略的效果,了解这些策略对转化率的影响。这有助于企业制定更加有效的营销策略,提高用户的购买意愿。

在分析过程中,还需要注意一些关键因素,如页面加载速度、用户体验、客服响应速度等。这些因素都可能影响用户的购买决策和转化率。

根据分析结果,可以提出针对性的优化建议。例如,优化商品页面的设计,提高页面的加载速度和易用性;调整营销策略,制定更加符合用户需求的促销方案;加强客服团队建设,提高客服响应速度和专业度等。

需要注意的是,转化率分析是一个持续的过程,需要定期进行。随着市场和用户需求的变化,需要不断调整和优化店铺的运营策略,以保持和提高转化率。

此外,电商平台和店铺的转化率还会受到许多其他因素的影响,比如行业平均水平、竞争态势、产品特性、市场趋势等。因此,在进行转化率分析时,还需要结合这些因素进行综合考虑。

总的来说,转化率分析是一个综合性的工作,需要从多个角度进行。通过科学的分析和有效的优化措施,企业可以提高店铺的转化率,进而提升整体的销售业绩和用户满意度。

二、电商数智化店铺转化率复盘案例

（一）背景介绍

某厨卫店铺在电商平台上运营多年,拥有一定的用户基础和市场份额。然而,近年来随着市场竞争的加剧,店铺的转化率逐渐下滑,影响了整体销售业绩。为了提升转化率,该店铺决定进行深入的转化率分析,找出问题所在,并制定相应的优化策略。

（二）数据分析

1.流量来源分析

通过数据分析工具,店铺发现流量主要来自搜索引擎、社交媒体和付费广告三个渠道。其中:搜索引擎带来的流量最多,但转化率相对较低;社交媒体渠道的流量虽然不多,但转化率较高;付费广告渠道的流量和转化率均处于中等水平。

2.用户行为分析

该店铺进一步分析用户在店铺内的行为路径,发现:用户在浏览商品页面时,停留时间较短,且跳出率较高;用户对店铺的促销活动表现出较高的兴趣,但参与度和转化率并不高。

3.商品分析

该店铺对店铺内的商品进行分析,发现部分商品的销量和转化率较低,可能存在价格、款式或描述等方面的问题。同时,店铺的热门商品虽然销量较高,但转化率仍有提升空间。

（三）问题诊断

根据数据分析结果,该店铺诊断出以下问题。

(1)搜索引擎渠道的流量质量不高,需要优化关键词和页面内容,提高流量质量。

(2)用户对店铺的促销活动感兴趣但参与度不高,可能是因为活动设计不够吸引人或宣传不到位。

(3)部分商品存在价格、款式或描述等方面的问题,需要调整和优化。

（四）优化策略

针对以上问题,该店铺制定了以下优化策略。

（1）对搜索引擎渠道的关键词进行优化，提高页面内容的质量和相关性，吸引更多潜在用户。

（2）重新设计促销活动，提升活动的吸引力，同时加强活动宣传和推广。

（3）对销量和转化率较低的商品进行调整和优化，包括价格调整、款式更新和描述优化等。

（五）效果评估

经过一段时间的调整，该店铺的转化率得到了显著提升，主要表现为搜索引擎渠道的流量质量明显提高，用户参与度也有所增加；促销活动的效果显著提升，为店铺带来了更多的销量和曝光量；销量和转化率较低的商品在经过调整后也逐渐有了更好的表现。

综上所述，通过深入的电商转化率分析，该店铺成功地找出了存在的问题并制定了相应的优化策略，最终实现了转化率的提升。这个案例表明，电商转化率分析是提升店铺运营效果的关键手段。

第四节　电商数智化店铺客单价复盘的实践与应用

一、电商数智化店铺客单价复盘概述

客单价分析是电商运营中的重要环节，它直接关系到店铺的盈利能力和市场竞争力。客单价是指每个买家一段时间内在店铺里购买商品的总金额的均值，可以用一段时间内店铺的总收入除以买家人数来表示。

影响客单价的因素有很多，包括店铺装修风格、商品储备、补货能力、促销活动方案设计、员工服务态度、员工对专业知识的熟悉程度、推销技巧、商品质量与价格等。此外，竞争对手等外部因素也可能对客单价产生影响。

客单价分析可以帮助商家了解用户的消费习惯和购买力。通过分析客单价的变化趋势，商家可以判断用户是否愿意以更高价格购买店铺的商品，从而调整定价策略。同时,客单价也可以作为评估店铺运营效果的重要指标之一,如果客单价持续上升,说明店铺的运营策略是有效的。

商家可以通过多种途径来提升客单价。例如,促进顾客同类商品多买、不同类商品多买、买价值更高的商品等。通过数据分析可以发现提升客单价的潜在机会,商家可以利用数据分析工具,对用户的购买行为进行深入挖掘,发现用户的购买偏好和需求,从而制定更加精准的营销策略。

需要注意的是,客单价并非越高越好。过高的客单价可能会让用户感到压力,从而减弱购买意愿。因此,商家在定价时,需要综合考虑用户需求、市场竞争和店铺定位等因素。

总之,店铺客单价分析是电商运营中的重要环节。通过深入分析影响客单价的因素和提升客单价的途径,商家可以制定更加有效的运营策略,提升店铺的盈利能力和市场竞争力。

二、电商数智化店铺客单价复盘案例

(一)背景介绍

某高端家居用品店铺主打高品质、高价格的家具用品,在电商平台上销量不错,且拥有一批忠实用户。然而,近年来随着市场竞争的加剧和消费者购买力的变化,店铺的客单价出现下滑趋势,整体盈利水平受到影响。为了提升客单价,该店铺决定进行深入的客单价复盘并制定相应的策略。

(二)问题分析

通过数据分析和市场调研,该店铺发现以下问题。

(1)用户群体定位不够精准,导致部分低消费能力的用户进入店铺,影响了整体客单价。

(2)商品组合和套餐销售不够灵活,未能满足用户多样化的需求,限制了客单价的提升。

(3)营销活动和促销策略缺乏创新,未能有效激发用户的购买欲望、提高用户购买金额。

（三）策略制定与实施

针对以上问题,该店铺制定了以下策略。

1.精准定位用户群体

通过分析用户购买数据和行为,该店铺重新定位了目标用户群体,即高收入、高消费能力的用户。同时,该店铺还加强了与用户的互动和沟通,了解用户的需求和偏好,以便更好地满足用户的购物需求。

2.优化商品组合和套餐销售

该店铺根据用户需求和购买习惯,重新设计了商品组合和套餐销售方案。例如,推出多款高品质、高价格的家居套餐,满足用户一站式购物的需求。同时,店铺还加强了对商品的描述和展示,提高用户对商品价值的认知。

3.创新营销活动和促销策略

该店铺设计了一系列具有吸引力的营销活动和促销策略,如满额赠礼、限时折扣等,以激发用户的购买欲望并提高用户购买金额。此外,店铺还加强了与社交媒体和意见领袖的合作,扩大了知名度和影响力。

（四）效果评估

经过一段时间的调整,该店铺的客单价有了显著提升,具体表现在以下几个方面。

(1)用户群体定位更加精准,高消费能力的用户占比明显提高,带动了整体客单价的提升。

(2)商品组合和套餐销售方案得到了用户的认可,销售额和客单价均有所增长。

(3)创新的营销活动和促销策略有效激发了用户的购买欲望,用户购买金额和客单价明显提高。

综上所述,通过精准定位用户群体、优化商品组合和套餐销售以及创新营销活动和促销策略,这家高端家居用品店铺成功地提升了客单价,提升了盈利水平。这个案例表明,客单价提升需要商家从用户定位、商品组合、营销策略等多个方面着手进行。

思考题

1.复盘的全流程步骤有哪些？

2.简述复盘的思维模型有哪些。

3.简述复盘的分析方法。

4.电商数智化店铺流量分析复盘的内容有哪些？

5.电商数智化店铺转化率复盘的内容有哪些？

6.电商数智化店铺客单价复盘的内容有哪些？

案例评析

某儿童行李箱品牌店铺复盘案例

某儿童行李箱品牌在行李箱设计中融入隐藏式儿童座椅,让孩子在旅途中可以舒适地坐在行李箱上,极大地减轻了妈妈带孩子出行时的负担。该品牌的品牌理念与产品的差异化设计都得到了市场的好评。然而,目前该品牌天猫店铺发展遇到瓶颈,店铺层级停滞不前,迫切需要通过有效的策略来进一步拓展市场份额,实现新的增长突破。该品牌天猫店铺原本就具备良好的运营基础,但要突破瓶颈,还需在细节上精益求精。于是,品牌方着手对目标消费群体进行精细化划分,并优化内容营销策略,进一步拓宽流量获取渠道。在进行一系列的举措后,该店铺的销售额实现了显著提升。

1.优化人群定位,提升下单转化率

品牌方首先对店铺整体数据进行了分析,发现店铺下单转化率只有0.46％,低于行业平均水平。在深入探究后发现,店铺产品定价与人群定位存在偏差,即店铺产品定价高于市场同类竞品但目标消费群体的消费层级偏低,这种价格与消费层级的不协调制约了转化率提升。

为了有效解决这一问题,品牌方调整策略。在人群定位上,将目标消费群体锁定在高端消费群体上。进一步地,品牌方注意到自家品牌行李箱在外形设计上简约大气,风格高度契合大城市白领、中产阶级人群的审美偏好。因此,品牌方将核心目标消费群体锁定在年龄为30～39岁、对生活质量有要求的妈妈与资深中产阶级群体。

在明确目标人群后,品牌方迅速调整了店铺的推广计划,针对新定位的人群进行广告投放,提升推广效果。经过优化,店铺的下单转化率有了显著提升,从原先的0.46%跃升至1.33%。

2.顺应淘宝"出海"计划,拓展海外渠道

行李箱作为耐消品,产品使用年限长,迭代周期长。该品牌的行李箱产品售价偏高,因此消费者在购买决策时往往更加审慎,这导致该品牌的行李箱产品难以实现短期的爆发式增长。

该品牌店铺想要迅速提升店铺层级及销售额,需要采取更具创新性的市场策略,以探索新的增长点。恰巧,淘宝将原有的"大服饰出海计划"升级为"淘宝天猫出海增长计划",打破了计划仅针对服饰商家的限制,向全行业商家敞开了"出海"的大门。面对这一机会,品牌方紧跟淘宝的全球化战略步伐,积极融入"淘宝天猫出海增长计划",开拓海外市场,实现业务的多元化和全球化拓展,有效触达目标海外市场的潜在消费者群体。

3.全域内容种草,驱动店铺流量激增

该品牌的儿童行李箱采用了独特的创意设计,相较于传统行李箱及市面上常规的儿童行李箱,在外观、功能及用户体验上有较大的差异化,但仅依靠图片展示难以充分诠释产品的所有亮点与卖点。若采用视频形式进行展示,则能够全方位、多角度地展示产品特性,消费者可以更加直观地感受到产品的实用价值,被"种草"的概率也就会直线提升。因此,品牌方通过短视频将产品放入真实的生活场景,利用场景化的内容,调动消费者情绪,极大地提升了产品的点击率与转化率。为了增强短视频的吸引力及提升制作效率与质量,品牌方对产出的短视频内容进行了多维度的数据对比,明确了优质创意类型,确保短视频内容能够更有效地触动消费者,促进消费者购买决策的形成。为进一步提升内容"种草"视频的触达率,品牌方还对精准人群实施了定向投放,有力推动了短视频数据指标的全面提升。

品牌方通过深耕内容形式,精准地把握了消费者偏好的内容呈现方式,从而有效为店铺引流。该店铺一个月的内容"种草"直接成交金额达 30 万元,占全店支付金额的 35.97%;内容引导访客数达 47556 人,占全店访客数的 44.27%。

(资料来源:火蝠电商资讯微信公众号。有删改。)

问题:

1.案例中的行李箱品牌遇到了什么问题?

2.针对遇到的问题,案例中的行李箱品牌采取了什么优化策略? 这些策略的效果如何?

实训题

实训任务:选择一个品牌,对其电商平台上的店铺进行流量、转化率和客单价复盘。

参考文献

[1] 阿里巴巴商学院.新电商精英系列教程:电商数据分析与数据化营销[M].北京:电子工业出版社,2019.

[2] 徐小磊.运营之路:数据分析+数据运营+用户增长[M].北京:清华大学出版社,2022.

[3] 教育部教育管理信息中心.新电商数据分析[M].北京:人民邮电出版社,2024.

[4] 郑常员,邓竹,舒军.Excel 电商数据分析与运营实战[M].北京:北京大学出版社,2021.

[5] 王顺民,宋巍.电商数据分析(微课版)[M].北京:人民邮电出版社,2024.